肖 滢◎著

资源型城市
产业绿色转型研究

Research on the Green Transformation of
Industry in Resource-based Cities

经济管理出版社
ECONOMY & MANAGEMENT PUBLISHING HOUSE

图书在版编目（CIP）数据

资源型城市产业绿色转型研究/肖滢著 . —北京：经济管理出版社，2021.3
ISBN 978-7-5096-7874-9

Ⅰ.①资… Ⅱ.①肖… Ⅲ.①城市经济—产业结构调整—研究—黄石 Ⅳ.①F299.276.33

中国版本图书馆 CIP 数据核字（2021）第 054944 号

组稿编辑：张莉琼
责任编辑：张莉琼　姜玉满
责任印制：张莉琼
责任校对：陈　颖

出版发行：经济管理出版社
　　　　　（北京市海淀区北蜂窝 8 号中雅大厦 A 座 11 层　100038）
网　　址：www. E-mp. com. cn
电　　话：（010）51915602
印　　刷：北京晨旭印刷厂
经　　销：新华书店
开　　本：720mm×1000mm/16
印　　张：15
字　　数：245 千字
版　　次：2021 年 5 月第 1 版　2021 年 5 月第 1 次印刷
书　　号：ISBN 978-7-5096-7874-9
定　　价：78.00 元

前　言

　　资源型城市是以自然资源开采和加工为主导产业的城市，曾经为我国经济发展做出了巨大贡献。由于资源型产业的生命周期发展规律，全国 262 个资源型城市中约 80%已步入成熟期和衰退期。资源型产业粗放式生产加工方式影响了资源的综合利用效率，资源型城市产业发展的资源约束问题日益凸显。同时，资源型产业典型的高耗能、高排放特征导致严重的环境污染和生态破坏，资源型城市产业发展也面临着严峻的生态环境考验。在我国工业化发展阶段，资源型城市以牺牲环境的代价换取经济的快速增长，这种发展方式是不可持续的。当前，在我国绿色经济与高质量发展的战略背景下，资源型城市亟待通过产业绿色转型化解资源优势陷阱和生态环境困局。目前学术界对于产业绿色转型的理论体系尚处于探索阶段，而针对资源型城市产业绿色转型的研究更鲜有涉及。本书从理论研究和实证研究的层面对资源型城市的产业绿色转型演进规律和政策选择进行了论证和检验，为资源型城市进行产业绿色转型的合理性和有效性提供了科学依据。

　　本书尝试初步建立资源型城市产业绿色转型的理论分析框架。以产业结构优化理论阐释资源型城市产业绿色转型的内涵；以产业生命周期理论、产业结构演化理论、主导产业选择理论、比较优势陷阱理论和适度规模理论，阐释资源型城市产业绿色转型的必然性；以资源诅咒理论阐释资源型城市产业绿色转型的制约机制；基于供给需求的视角分析资源型城市产业绿色转型的动因。通过理论分析，系统解释了什么是资源型城市产业绿色转型，为什么资源型城市必然面临产业绿色转型，产业绿色转型面临巨大阻力的原因是什么，以及如何推动产业绿色转型。在此理论基础体系与理论假设上运用计量统计相关方法，评价了资源型城市的产业绿色转型水平，检验了资源型城市产业绿色转型的制约效应及其传导机制。基于资源型城市产业绿色转型的现状与水平，从产业规划的角度提出不同类型资源型城市产业绿色转型的模式及转型策略，并对湖北省典型资源衰退型城市黄石市进行了案例分析。本书通过研究得出以下结论：

（1）资源型城市产业绿色转型的本质是绿色经济与高质量发展理念下的转型，是要在产业转型升级同时设置多重约束目标。其内涵包括资源型城市产业结构的优化升级、资源型城市产业发展与资源环境的逐步协调以及资源型城市工业化绿色效率的提升。

（2）产业绿色转型是资源型城市转型发展的必然选择与现实出路。我国资源型城市在"资源繁荣"的背景下，容易陷入"比较优势陷阱"形成以资源开采和加工为主导的产业体系，导致产业发展呈现产业结构重工化、产业关联度不高、产业挤出技术创新、产业对生态环境破坏严重的特征，并且在资源型产业生命周期性衰退规律下还将面临资源枯竭的产业发展危机。从长期来看，在资源型产业边际效应递减规律下，产业增长速度将放缓甚至逐渐负增长。同时，适度规模理论指出，经济增长与资源消耗、环境压力消耗的不同步变化也将导致经济不可持续发展。从产业结构的演进路径来看，资源型城市必然通过产业绿色转型摆脱传统工业化、传统重工化和传统制造业发展模式，实现工业增长对资源依赖减小和与环境污染的逐步脱钩。产业绿色转型可以通过传统工业改造拉动产业技术升级、以主导产业转换推动新兴产业发展，从而实现资源型城市产业的绿色高效化转型。

（3）"荷兰病效应"、挤出效应和制度弱化效应及其间传导作用形成了资源型城市产业绿色转型的制约机制，而资源与环境、人力资源、资金供给、生产技术体系及政策制度变动是推动资源型城市产业绿色转型的重要因素。供给因素变化、政策制度是推动产业绿色转型的重要因素。本书在基于"资源诅咒学说"路径锁定的理论分析框架下，构建了资源型城市产业发展的两部门和三部门数理推导模型，明晰了资源型产业自我强化的发展机制。由于荷兰病效应使得资源部门具有自我强化能力，通过虹吸效应、低关联效应和锁定效应对投资、储蓄、技术创新和人力资本产生明显的挤出效应，导致资源型城市的资源高度依赖、产业结构单一和制度弱化等问题，形成了低技术进步、低人力资本积累和低投资的"三低型"经济，制约了资源型城市产业绿色转型。

（4）从产业结构升级、产业发展的资源环境约束和工业绿色高效转型的角度综合评价资源型城市产业绿色转型：首先，资源型城市产业结构合理化问题显著，其中成熟型城市、成长型城市较之再生型城市、衰退型城市产业结构单一化现象更为明显；产业结构具有向高级化发展趋势，其中成熟型城市和成长型城市第二产业具有超前发展趋势，而再生型城市和衰退型城市第二产业发展滞缓并具有向第三产业转型的趋势；产业结构转型速度整体加快，其中衰退型城市整体转型速度较快。其次，资源型城市工业增长与矿产资源依赖、能源消耗和水资源消耗的脱钩状态较弱且不稳定，其中能源对工业增长的阻力系数最大反映出高耗能特征，产业发展的资源约束现象依然显著需进一步优化；资源型城市工业增长与工业废水排放、工业烟尘排放和工业二氧化硫排放基本为脱钩状态，产业发展的环境污染现象具有向好趋势，污染减排治理初见成效。最后，资源型城市工业绿色转型效率整体水平较低，但随时间具有逐步改善趋势，从分类型城市来看整体表现为成长型城市>再生型城市>成熟型城市>衰退型城市；而平均绿色全要素生产率呈现出再生型城市>衰退型城市>成熟型城市>成长型城市的特征，其增长主要源于技术进步而非技术效率的改善。

（5）资源型城市资源的开发对产业绿色转型效率存在诅咒效应，资源的开发不利于资源型城市产业绿色转型。资源开发进一步通过资源诅咒传导效应，产生了不同强度的对制造业和物质资本的挤出、对制度因素的弱化、对生态环境的破坏、对人力资本积累的制约和对技术创新的制约，通过对这些因素的负向影响，使资源型城市产业绿色转型难度加大，导致一些城市虽然积极推动产业绿色转型，但收效甚微。体制机制问题、资金问题、制造业落后问题、人才问题、核心技术问题和环境问题是影响资源型城市产业绿色转型的重要因素。

（6）基于资源型城市产业绿色转型评价，从产业发展的角度提出了资源型城市产业绿色转型模式，包括成长型城市主导产业振兴模式、成熟型城市支柱产业调整模式、衰退型城市接续产业替代模式以及再生型城市新兴产业扶持模式；构建了产业绿色转型的宏观和微观层面的策略体系，其中宏观层面包括产业援助策略、金融支持策略、环境保护策略和人才保障策略，微观层面包括推动产业结构优化升级、提高能源综合利用效率、提升科技创新能力和加强生态环境保护策略。

（7）黄石市是湖北省典型的资源衰退型城市，产业绿色转型存在产业结构失调、能耗水平高、工业污染和生态破坏、人力资源不足、体制机制不灵活和技术创新不足等问题。黄石市采掘业专业化指数低于全国平均水平、制造业专业化指数高于全国平均水平、产业多样化指数高于全国平均水平，第三产业发展较之第二产业发展仍显滞后，产业结构转型速度一直处于调整状态。黄石市工业增长与资源环境之间呈现不稳定的脱钩状态，2016 年黄石市工业绿色转型效率值为 0.301。黄石市应以产业绿色转型为目标，通过大力改造传统产业、着力培育战略性新兴产业和推动产业跨界融合发展的现实路径，积极实施科技创新战略、人才引进战略，突破产业发展资金制约，促进体制机制理念创新，以期更好地实现产业绿色转型发展。

资源型城市产业的绿色转型是一项长期而系统的工程，在我国经济绿色与高质量发展的背景下，是资源型城市转型发展的必然选择。相关研究还处于探索阶段，尚没有成熟的模式，还有待进一步深入和完善。由于时间和水平的限制，本书还存在一些不足，恳请读者批评指正。

肖滢

2021 年 2 月

目　录

第一章 绪论

第一节 研究背景与意义

一、研究背景

20 世纪 50 年代，资源型城市的发展问题首先出现在德国、英国和美国等发达国家的老工业基地。第二次世界大战后，世界经济快速复苏，而一些依托煤炭、铁矿等兴起的城市却出现了经济衰退问题，如法国的洛林、德国的鲁尔等地区。主要源于新能源兴起引起的能源生产与消费结构改变，使老工业基地资源型产业竞争力下降、投资吸引力不足、就业压力增大以及经济增长滞缓。另外，资源型经济导致的环境污染也是资源型城市衰退的主要原因，如美国的矿业城镇特莱塞镇，被美国环境保护局列为美国污染最严重的地区之一，被称为"毒镇"。随着居民的逐步搬离，特莱塞镇成为"鬼城"。面对发展的现实压力，一些城市与地区通过构建多元化产业体系、促进科技创新、治理环境污染和实施城市改造等措施实现产业升级、结构优化和增长动能的转换推动转型发展，如美国匹兹堡、休斯敦和德国鲁尔等城市或地区实现了成功的转型。但也存在不少转型失败或者放弃转型的城市，出现"矿竭城衰"的现象，随着自然资源衰竭，开采企业逐步搬离、服务业和商业开始衰退，产业逐步退出，人口逐步流失，城市迅速收缩。

目前，我国界定的资源型城市有 262 座，约占全国城市总数量的 40%，数量多，分布广。资源型城市作为我国能源资源安全的保障地，对建立独立完整的工业体系、促进国民经济发展做出了历史性的贡献。由于我国在20世纪50年代提出实行重工业优先战略，对能源、原材料产生了巨大的需求。国家在资源开发区域给予了大量的政策倾斜与支持，催生了一批以自然资源开采与加工为主导产业的资源型城市的兴起与繁荣。随着我国改革开放政策的实施以及经济结构与消费结构的调整，国家政策支持与资金转向沿海地区。资源型城市大多位于内陆地区或边境，区位条件较差，国家资金支持较少，我国资源型城市逐渐失去了原有的优势经济地位。大部分资源型城市随着主导产业的衰退，面临着失业问题突出、城市财政困难、社会保障不足、基础设施落后、城市功能不健全、生态环境恶化和城市竞争力下降等问题。如东北地区经济出现了断崖式下降，经济运行各项指标的问题都较明显，产业结构高级化发展相对滞后，大部分仍处于工业化加速阶段，产业结构转型面临经济增速放缓和产业结构高度不充分的双重挑战，而2003~2016年实施的第一轮东北振兴战略也并未取得预期的效果，东北的企业陷入经营困难的怪圈[1~2]。2016年北京大学国家资源经济研究中心发布的《中国资源型城市转型指数报告》指出，我国资源型城市经过长期不合理的资源开采及产业发展等因素，生态资源、水资源和土地资源等遭到破坏及不合理开发利用，环境污染问题不断积累，有近一半的资源型城市面临着严重的转型问题。随着资源环境问题的日益突出，低端产业结构、低效产业发展给资源型城市经济社会发展带来了前所未有的冲击与矛盾。如2019年鹤岗市"低价房屋"引发了全国热议，引起了社会各界对资源型城市转型发展问题的思考与研究。对于资源型城市来说，目前正面临"三危现象"（资源危机、环境危机和经济危机）的窘境，转型升级已经迫在眉睫。现代经济增长不仅是一个总量增长的过程，也是一个产业结构成长、演进的过程，两者具有相辅相成的内在关联。资源型城市转型本质上是要求产业转型，产业转型是实现资源型城市可持续发展的关键。

国家出台了一系列政策推动资源型城市可持续发展与产业转型。2001年，我国开始进行资源枯竭型城市经济转型试点工作。2007年，国务院出台《关于促进资源型城市可持续发展的若干意见》，这是我国首次专门针对资源型城市可持续发展问题制定出台的综合性政策文件，提出要在全国范围内普遍建立、健全资源开发补偿机制和衰退产业援助机制，确立使资源型城市经济社会步入可持续发展轨道的工作目标。2008年，国务院机构改革，原国务院振兴东北地区等老工业基地领导小组办公室的职责划入国家发展和改革委员会，成立东北振兴司并设资源型城市发展处，专门推动资源型城市可持续发展工作，这在国家机关机构设置中是首次。2009年，国务院确定了第二批32个资源枯竭城市，中央财政给予确定的两批资源枯竭型城市财力性转移支付资金支持。发展改革委发布《编制资源枯竭城市转型规划的指导意见》，要求界定资源枯竭型城市并编制转型规划。2013年8月，中华人民共和国国家发展和改革委员会第4号令对《关于编制资源枯竭城市转型规划的指导意见》等五件规范性文件进行了修改，其中包含"将分两批界定了全国44个资源枯竭城市"修改为"分三批界定了全国69个资源枯竭城市"。2013年11月，国务院发布了首个关于资源型城市可持续发展的国家级专项规划——《全国资源型城市可持续发展规划（2013-2020年）》。2016年9月，国家发展改革委、科技部、工业和信息化部、国土资源部和国家开发银行联合制定印发了《关于支持老工业城市和资源型城市产业转型升级的实施意见》，明确提出要争取通过十年左右时间，健全内生动力机制、建立平台支撑体系，支撑产业转型升级，构建特色鲜明的现代产业集群，重新建立起老工业城市和资源型城市的转型竞争力。2017年，国家发展改革委又联合多部门共同发布《关于加强分类引导培育资源型城市转型发展新动能的指导意见》，并针对产业转型升级示范区建设出台了一系列政策举措。2018年1月，在云南省自贡市举行了全国首届老工业城市和资源型城市产业转型升级示范区建设政策培训会。国家连续密集出台一系列政策，体现了国家对资源型城市转型的高度重视。在相关政策中，转型举措始终都关注于如何推动资源型城市产业转型升级，把产业转型升级作为推动资源型城市转型发展的关键。可见，产业转型是资源型城市转型及可持续发展的根本途径，这在学术界与实践层面已经达成了共识。

随着资源环境约束增强，改变生产方式、发展绿色经济成为一个大趋势，绿色发展已经成为我们国家发展的战略目标与方向。另外，党的十九大报告中明确判断中国经济已由高速增长阶段转向高质量发展阶段，经济高质量发展必须推动经济发展质量变革、效率变革和动力变革，提高全要素生产率也是当前乃至未来中国经济建设的主题，报告中还明确指出要支持资源型地区经济转型发展。在绿色发展和我国经济结构转型升级、高质量发展的内在要求下，产业绿色转型发展是资源型城市摆脱资源依赖，改善生态环境质量的必然选择。从中国资源型城市产业绿色转型发展的现实来看，虽然一些资源型城市已经进行、正在进行或者准备进行产业绿色转型探索，但是目前对产业绿色转型是什么、产业绿色转型的评价标准、推动产业绿色转型的动因及制约因素以及实现资源型城市产业绿色转型的策略等问题尚缺乏系统的研究，相关领域的研究也仍处于探索阶段。

二、研究意义

本书综合应用产业经济学、区域经济学、资源环境经济学的相关理论，尝试初步建立资源型城市产业绿色转型的理论分析框架。笔者运用产业结构优化理论阐释了资源型城市产业绿色转型的内涵；基于产业生命周期理论、产业结构演化理论、主导产业选择理论、比较优势陷阱理论以及适度规模理论阐释了资源型城市产业绿色转型的必然性，解释了为什么资源型城市必然面临产业绿色转型问题；基于资源诅咒理论阐释了资源型城市产业绿色转型的制约机制，解释了资源型产业绿色转型面临着巨大阻力的原因；基于供给需求视角分析了资源型城市产业绿色转型的动因，从理论上分析了如何实现资源型城市产业的绿色转型。研究资源型城市产业绿色转型，是研究资源型城市这一特殊类型城市的产业演进规律和政策，对于丰富产业经济理论、促进多学科融合发展具有一定的意义。

另外，本书对资源型城市产业绿色转型进行评价，探析资源型城市产业绿色转型的制约与推动因素，并总结不同类型资源型城市产业绿色转型的模式与策略，分析资源型城市产业转型的现状、产业绿色转型的方向以及产业绿色转型的实现途径等转型中亟待解决的现实问题，为决策者科学地把握资源型城市产业生命周期，确定资源型城市产业绿色转型方向、重点和路径，实现资源型城市产业绿色可持续发展提供了决策参考，对于资源型城市经济的良性运转具有一定的实际意义。

第二节　研究内容与思路

一、研究内容

本书围绕资源型城市产业绿色转型的主题，进行三个方面的研究：探究资源型城市产业绿色转型的必然性、分析资源型城市产业绿色转型的制约机制、评价资源型城市产业绿色转型的水平。为了实现以上三个研究目标，本书的研究内容也分为三个部分。

1. 资源型城市产业绿色转型的必然性分析

研究资源型城市产业绿色转型，首先要明确其概念与内涵。运用产业结构优化理论，阐释资源型城市产业绿色转型的内涵。基于产业生命周期理论、产业结构演化理论、主导产业选择理论、比较优势陷阱理论及适度规模理论，阐释产业绿色转型是资源型城市转型发展的必然选择的理论思路。并基于供给需求视角，阐释推动资源型城市产业绿色转型的动因。

2. 资源型城市产业绿色转型的制约机制分析

通过理论分析，基于资源诅咒理论阐释资源型城市产业绿色转型的制约因素及其间传导作用，形成资源型城市产业绿色转型的制约机制。为了对资源型城市产业绿色转型的制约效应及其影响因素进行实证检验，通过资源与产业绿色转型之间的回归分析，检验资源要素的制约效应。进一步通过建立资源诅咒传导效应模型，识别资源要素制约的传导效应，精确分析各传导途径的强度。

3. 资源型城市产业绿色转型的评价分析

根据资源型城市产业绿色转型的概念与内涵，从资源型城市产业结构升级、工业发展与资源约束、工业发展与环境约束、工业绿色高效转型四个方面对资源型城市产业绿色转型现状进行综合评价。为了更好地进行量化分析，对产业结构升级的评价，通过计算产业专业化指数、多样化指数、产业结构超前系数和产业向量夹角，对产业的专业化水平、多样化水平、产业升级方向和产业转型速度进行分析；对工业发展与资源约束的评价，通过计算工业增长的资源消耗脱钩指数、资源消耗对工业增长的阻力系数，对工业增长的资源约束效应水平以及资源容量对工业增长的约束程度进行分析；对工业发展与环境约束的评价，通过计算工业增长的环境污染脱钩指数，对工业增长的环境污染脱钩水平进行分析；对工业绿色高效转型的评价，通过计算工业绿色转型超效率、工业绿色全要素生产率，对工业发展的绿色高效化程度进行分析。

以上内容具体组织形式分为七章。第一章主要介绍资源型城市产业绿色转型的研究背景与意义、研究内容与思路、研究方法和研究创新之处。第二章主要对国内外经典文献进行文献综述和研究进展跟踪。主要包括资源型城市产业绿色转型的制约机制、资源型城市产业绿色转型的影响因素、资源型城市产业绿色转型的评价以及资源型城市产业绿色转型的模式与路径的研究综述。第三章主要构建资源型城市产业绿色转型的理论分析框架。首先界定资源型城市产业绿色转型的内涵，然后根据"为什么要产业绿色转型—什么制约了产业绿色转型—如何推动产业绿色转型"的逻辑脉络，充实相关理论支撑，构建资源型城市产业绿色转型"内涵界定—必然性分析—制约机制—动因分析"的理论分析框架。第四章主要对资源型城市产业绿色转型进行综合评价。基于资源型城市产业绿色转型的内涵，从理论上构建综合评价的思路，从不同层面多个角度结合多种研究方法进行综合评价。其中通过相应衡量指标的计算和测度进行量化分析，衡量产业结构升级水平、工业增长与资源消耗的脱钩水平、工业增长与环境污染的脱钩水平以及工业发展的绿色高效化水平。第五章主要对资源型城市产业绿色转型的制约效应及其传导机制进行检验。首先对资源型城市产业绿色转型障碍进行分析，其次基于资源诅咒理论，通过构建资源要素的制约效应模型，分析资源要素的制约效应，进一步构建资源诅咒传导效应模型，分析资源要素制约的传导效应。第六章主要总结不同类型资源型城市产业绿色转型的模式，以及从宏观和微观层面分析产业绿色转型的策略。第七章主要以黄石市为案例进行产业绿色转型分析。包括黄石市产业绿色转型存在的问题、产业绿色转型的评价、产业绿色转型的路径与对策。

二、研究思路

本书主要研究我国资源型城市这一特殊类型城市产业绿色转型的规律、问题与如何推动资源型城市产业绿色转型，全书围绕着提出问题—理论分析—实证检验—政策启示—案例分析的逻辑主线展开。

第一，提出问题。在经济高质量发展下，资源型城市面临着经济增长乏力、失业压力增大、环境污染与生态破坏等一系列经济、社会和环境问题，一些城市甚至出现了产业迅速紧缩的现象，资源型城市的可持续发展面临着巨大的挑战。尽管有宏观经济换挡减速的环境背景，但是资源型城市自身存在的产业结构失衡是影响资源型城市发展的关键因素，资源型城市的可持续发展需要产业绿色转型升级作为支撑。这便引出了本书要研究的主要问题：资源型城市为什么必然会面临产业绿色转型问题？目前资源型城市产业绿色转型状态及效果如何？为什么资源型城市陷入了产业绿色转型难的困境？如何破解资源型城市产业绿色转型难的困境？

第二，理论分析。基于对现有文献的系统梳理，分析了资源型城市产业绿色转型的机理机制。首先，结合产业结构优化理论界定了资源型城市产业绿色转型的内涵；其次，基于产业生命周期理论、产业结构演化理论、主导产业选择理论、比较优势陷阱理论以及适度规模理论阐释了资源型城市产业绿色转型的必然性；最后，基于资源诅咒理论阐述了资源型城市产业绿色转型的制约机制，并基于供给需求视角阐述了资源型城市产业绿色转型的动因。

第三，实证检验。基于资源型城市产业绿色转型的概念与内涵，从资源型城市产业结构升级、工业增长与资源环境约束的脱钩以及工业绿色转型效率方面评价了资源型城市产业绿色转型的现状；基于资源型城市产业绿色转型的制约机制检验了资源型城市产业绿色转型的制约效应及制约效应的传导机制。

第四，政策启示。根据理论分析和实证分析，对不同类型资源型城市推动产业绿色转型的模式进行了总结归纳，并提出有针对性的策略选择建议。

第五，案例分析。基于资源型城市产业绿色转型特征与规律的总结，选取典型资源衰退型城市湖北省黄石市进行案例分析。主要针对黄石市产业绿色转型现状、面临问题、转型评价及转型路径与对策这几个方面进行分析。

本书的总体结构框架安排如图1-1所示。

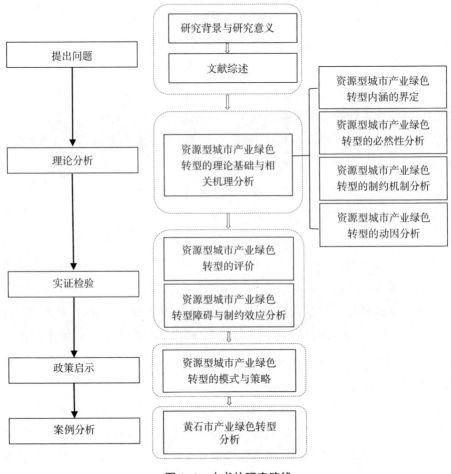

图1-1　本书的研究路线

第三节　研究方法

本书主要采用理论与实证相结合、定性与定量相结合、多种数理统计及模型相结合、多学科理论融合分析以及规范分析与案例分析相结合的研究方法。

理论与实证相结合：首先阐释了资源型城市产业绿色转型的内涵，基于产业绿色转型内涵的界定，构建了资源型城市产业绿色转型评价标准，并实证评价了我国资源型城市产业绿色转型水平；其次从理论上阐述了我国资源型城市产业绿色转型的制约机制，并实证检验了资源型城市产业绿色转型的制约效应及制约传导机制的强度。

定性与定量相结合：对于资源型城市产业发展特征、产业转型障碍等运用了定性的分析方法，对于资源型城市产业绿色转型效果、产业绿色转型制约效应以及产业绿色转型驱动效应采用了定量分析方法。

多种数理统计及模型相结合：对资源型城市产业绿色转型评价综合运用了产业结构专业化指数、反工业化指数、产业结构多样化指数、产业结构超前系数、More 值模型、脱钩模型、"增长尾效" 分析模型、全局 Super-SBM 模型与 Global Malmquist-Luenberger 指数等多种数理统计与分析模型的方法，分析了资源型城市产业结构优化升级、工业发展与资源环境脱钩以及工业绿色转型发展效率评价等问题。

多学科理论融合分析：本书综合运用了产业经济学、区域经济学和资源环境经济学多学科的理论，对我国资源型城市产业绿色转型问题进行系统研究，使研究内容更丰富、视角更多样，同时更具有客观性与科学性。

规范分析与案例分析相结合：本书规范性分析了我国资源型城市产业绿色转型的必然性与必要性、产业绿色转型制约机制与动因、产业绿色转型的规律与特征以及产业绿色转型的模式与策略。并且，以典型资源衰退型城市湖北省黄石市的产业绿色转型为案例进行分析，分析了黄石产业绿色转型现状、存在的问题及转型路径、对策，从而使得本书更具有实用价值。

第四节　本书创新点

目前，对资源型城市产业绿色转型的研究仍处于探索阶段，定性分析的多，定量研究的少，很少有文献对资源型城市产业绿色转型的机理机制进行系统的梳理。本书的可能创新之处在于：

第一，目前还没有一个专门的理论体系将产业绿色转型纳入产业经济学的研究框架，也缺少对产业绿色转型相关理论的系统梳理。本书较为系统地构建了资源型城市产业绿色转型的理论分析框架，其中包括资源型城市产业绿色转型的必然性、产业绿色转型的制约机制和产业绿色转型动因的机理机制分析，并对资源型城市产业绿色转型的制约效应进行了实证检验。

第二，界定了资源型城市产业绿色转型的概念及内涵，并基于这一概念与内涵提出了资源型城市产业绿色转型的综合评价标准，运用多角度多种研究方法相结合的评价思路对资源型城市产业绿色转型进行了综合评价。

第二章　文献综述

20世纪30年代，Innis发表的论文《加拿大的原材料生产问题》及《加拿大的毛皮贸易》中采用"飓风"来形容资源型城市随着资源的开发从发展到衰退的特征，被认为是对资源型城市的开创性研究。到20世纪50年代，一些发达国家与地区资源型城市开始出现棘手的社会、经济和环境问题，引起社会各界对资源型城市发展问题的广泛关注，尤其是资源型城市产业的可持续发展问题。由于资源型城市对自然资源的依赖程度过高，产业结构处于扭曲状态[3]，学术界针对一些资源型城市的产业转型进行了研究，主要集中于产业转型的概念、理论、经验和路径研究[4~6]，研究目标多为确定并解决产业面临的问题，提高产业竞争力，促进地区经济发展。在绿色经济、绿色发展逐步成为研究焦点，而资源型城市产业发展的资源约束与环境污染问题日益凸显的情况下，使得资源型城市产业绿色转型成为学术界关注的重点议题之一，尤其产业与环境的关系以及产业绿色转型路径成为目前资源型城市产业绿色转型研究的主要热点[7]。本章主要对已有研究从资源型城市产业绿色转型的内涵研究、产业绿色转型的制约机制研究、产业绿色转型的影响因素研究、产业绿色转型的评价研究及产业绿色转型的模式与路径研究五个方面进行梳理。

第一节　资源型城市产业绿色转型的相关研究

一、资源型城市产业绿色转型内涵的研究

关于转型，一般认为转型是事物的结构形态、运转模式及人们观念等的

转变，是一个创新的过程。产业绿色转型是基于绿色发展思想提出的概念，目前学术界对产业绿色转型的研究并不多，对于其概念与内涵的诠释，还没有形成统一的观点。郑翀等提出产业绿色转型实质是生产方式的变革，通过保护和提升生产要素的构成与质量，目的是推动生产力发展[8]。朱斌和史轩亚则认为产业绿色转型是一个复合的系统工程，是以经济结构转型为主题，企业为主体，生态环境为依托，技术和工艺绿色化为支撑，资源的高效利用、产业节能减排为标志的社会体制完善的综合体系[9]。刘治彦等认为产业绿色转型是基于自身的资源禀赋优势，利用技术、管理创新对传统产业进行改造，建立资源环境消耗小、技术先进、产业附加值高、劳动吸纳能力强的现代化产业体系[10]。可以看出，产业的绿色转型从表面上看是产业结构的改变，从更深层次来讲，实质是产业发展过程中生产要素的配置和使用过程的改变[11]。学者普遍认为产业绿色转型是产业的转型升级，同时实现产业绿色化方向发展。新结构经济学中，产业结构升级的核心内容是产业升级、产业多样化[12]。可以看出，产业转型的目标多分解为解决产业发展问题、提升产业竞争力及促进经济发展。

资源型城市是我国一类特殊类型的城市，主要依托资源型产业的发展，对资源环境高度依赖，资源型城市产业绿色转型要充分考虑资源型城市产业发展特点与规律。姚平和姜日木认为资源型城市产业转型是通过技术创新和制度创新重新配置生产要素，从生产要素占主导地位的资源型产业转向新兴产业，从而实现产业的更迭和升级的过程[13]。毕军和袁增伟认为资源型城市产业绿色转型包括产业转移、技术与制度创新，通过产业转型使资源型城市摆脱对资源的过度依赖，规避资源型城市因为资源枯竭而导致城市产业衰退，从而实现资源型城市的可持续发展[14]。吴春莺认为资源型城市产业绿色转型是城市主导产业向具有带动力的另一个产业转变，通过发展接替产业使城市发展摆脱对资源型产业的依赖，从而规避衰败以实现城市经济的可持续发展[15]。李烨等认为资源型城市产业绿色转型本质上是通过产业结构的调整优化，从资源、劳动、资本密集型转为技术、知识密集型达到升级的目的，最根本的是要实现节约资源与减少污染[16]。学者对资源型城市产业绿色转型的定义更多的是从产业发展方向、发展动力的视角去界定。

二、资源型城市产业绿色转型制约机制的研究

1. 资源诅咒存在性的争论

随着学者们对资源禀赋研究的深入，一些学者发现自然资源丰富的国家反而没有令人乐观的经济增长速度。例如：20 世纪 60 年代以来，资源丰富国家的经济增长速度和人均收入增长速度严重滞后于资源匮乏的国家。最为典型的就是资源丰富的非洲国家和资源匮乏的日本、瑞士等国家的经济差距，以及石油资源丰富的印度尼西亚、委内瑞拉等国与资源贫瘠的新加坡、中国香港、中国台湾和韩国等国家和地区之间的经济差距。20 世纪 80 年代之后，经济学学者们对资源禀赋和经济发展两者进行了大量的实证检验。20 世纪 80 年代末 90 年代初，Auty 和 Gelb 提出一个广受关注的疑问：丰裕的资源对经济发展到底是祝福还是诅咒？[17~18]这引起了学术界的热议。Auty 又于 1993 年正式提出 "资源诅咒" 一词[19]，即自然资源的丰裕并不是一国经济增长的有利条件。一些学者利用不同层面的数据实证检验了 "资源诅咒" 学说的成立[20]。另一些学者认为，资源禀赋并非对所有国家的经济增长都是正面的作用，相反在一些国家反而限制了其经济的增长。Vincent 和 Sachs 等学者都相继通过实证分析得出了拥有丰富自然资源的国家平均发展速度低于自然资源贫乏的国家这一结论[21~22]。由此 "资源诅咒" 学说成为经济学中的著名悖论之一，并得到广泛发展，成为经济学家们进行实证研究的重点问题[23]。

国内学者对于 "资源诅咒" 是否存在也进行了大量的研究[24~26]。徐康宁和韩剑通过分别计算以能源为代表的资源充裕度指数和地区资源充裕度指数，反映两者与经济增长的相互关系，提出中国存在 "资源诅咒" 现象。但文章局限于简单的数据分析，缺乏计量模型作为支撑[27]。因此，徐康宁等人作了进一步研究，其中他们以中国的省域面板数据为样本，考虑资本和劳动两个部分的解释变量，通过实证检验支持我国省际层面存在 "资源诅咒" 的假设[28~30]。李天籽利用省际面板数据，考察了自然资源丰裕度的传导路径并进行了实证分析。实证研究结果表明，自然资源丰裕度通过投资、人力资本、创新间接地阻碍经济增长，其中外商直接投资是最主要的传导机制[31]。此外李天籽还发现，丰裕的自然资源倾向于增加国内投资，进而对地区经济增长

会起到一定的促进作用。韩亚芬等则创新性地从资源经济贡献度和发展诅咒两个方面的互逆关系进行实证检验，研究发现，1985～2004年经济总量、经济增速与能源消耗量成正比，即经济总量大、增长速度快的省区，其能源消耗量也比较大；反之，能源储量和产量与经济发展水平、经济增长速度成反比，出现了"富饶的贫穷"[32~33]。此外，邵帅等[34~36]、段利民和杜跃平[37]、李栋华和王霄[38]、赵美丽[39]、张馨等[40]都对"资源诅咒"的存在性及其传导机制做了各个层面的解释和梳理。

同时，也有极少一部分学者认为资源对于经济发展不存在负向作用，即"资源诅咒"不成立。Papyrakis和Gerlagh认为如果孤立地考虑自然资源对经济增长，则有负面影响，但如果包括其他解释变量，如腐败、投资、开放、贸易条件和学校教育，则自然资源对经济增长有正面的直接影响[41]。国内学者方颖等利用中国地级市的横截面数据，重新检验了中国是否存在"资源诅咒"假说，并详细讨论各种传导机制和相应的政策意义[42]。研究发现，当以人均概念衡量自然资源丰裕程度时，自然资源的丰裕程度与经济增长之间并无显著的负相关关系，"资源诅咒"假说在中国城市层面上不成立。但一些"资源诅咒"支持者认为这只能说明自然资源对经济增长没有直接的负面影响，可能通过教育等变量间接地影响了经济发展，即自然资源对经济增长的"资源诅咒"现象依旧存在。由此看来，一些学者认为"资源诅咒"并不是一个可以概括地认为存在还是不存在的规律性的假说，其存在是有一定条件的[43~44]。因此，由"资源诅咒"的存在性问题便引发了考察自然资源通过什么传导路径对经济增长产生负向作用的有关研究。

2. 资源诅咒的传导机制研究

对"资源诅咒"的传导机制解释，经济学家、社会学家们众说纷纭，概括起来主要有荷兰病效应、挤出效应和政治制度因素。

荷兰病的最初经典模型是Corden和Neary于1982年提出的，他们认为丰富的自然资源会通过相对价格效应、资源转移效应以及支出效应最终使制造业逐渐衰落，经济增长陷入停滞[45]。Gylfason认为制造业在区域发展中担任着技术创新、组织变革和培养企业家的重要使命，所以制造业的衰落就意味着区域甚至国家失去了长远发展的动力[46]。在制造业存在规模报酬递增的条件下，虽然短期内凭借资源优势带来经济繁荣，但从长期来看专业化于资源采掘业会损害经济效率，拖累经济增长，使经济增速放缓或者陷入停滞状态，因此短期的资源收入却削弱了长期增长的动力。另外，自然资源出口收入的迅速增加会进一步导致本国货币升值，由此引起的贸易条件恶化将使农业和制造业等非资源型部门竞争力减弱，并且更加依赖于进口保护和政府补贴以维持其存续，而出口减少和贸易保护则间接妨碍了经济增长。对如何规避"荷兰病"这一问题，学者们普遍认为调控实际汇率与实施经济多样化的政策可以避免单一产业操作的高风险性。如 Algieri 提出可以采取两种预防措施以减少存在荷兰病的风险：第一，通过减缓实际汇率的上升，将矿产开发的收益转用于促进科技进步和产业多样化；第二，通过财政激励政策激励非繁荣的、有活力的部门，推进知识型和高技术部门的生产率提高[47]。

Sachs 和 Warner 认为自然资源主要通过对经济增长促进行为的挤出效应成为经济增长的障碍[48]。邵帅和齐中英认为能源开发对人力资本投入水平的挤出效应是"资源诅咒"最主要的传导机制[49]。自然资源密集型产业是需要较低劳动技能的产业，地区丰富的自然资源会吸引潜在创新者和企业家去从事高收入低劳动技能的初级产品生产，进而挤出企业家行为和创新行为，在一定程度上限制创新人才和企业家的才能，增强对创新的挤出效应。

有一些学者认为，自然资源之所以会产生诅咒，更多的是制度因素间接造成的。这一理论最初是由 Krueger 提出的，他认为丰裕的自然资源包含了大量的经济租金[50]，并增加了为获得资源租金而向行政人员行贿的回报[51~52]。这些行为弱化了政治制度的质量，进而对经济增长产生负的非线性影响，但若是控制了制度作用，则资源并不一定会与经济增长有相关性[53]。Barbier 建立了腐败如何影响资源使用及其资源租金再投入的供求模型，通过对非洲与亚洲 1970~2003 年腐败与经济长期变化的实证分析，结果发现，是腐败而不是资源依赖影响非洲国家资源租金在短期中的再投入，影响非洲与亚洲国家经济长期增长以及增长路径[54]。张景华认为，制度质量的差异主要决定自然资源是福音还是诅咒，主要原因在于：倾向于强占者的制度和资源制造了一个增长陷阱，阻碍了经济增长；而倾向于生产者的制度能使其充分利用丰裕的自然资源，有效地促进经济增长[55]。

三、资源型城市产业绿色转型的影响因素研究

传统资源型区域产业发展是典型的非均衡性速度效益型模式，全要素生产率较低，产业结构扭曲，这种以资源损耗和环境破坏为代价的发展思路阻碍了区域可持续发展。资源型城市都在加大调结构、转方式的发展力度，引发了人们对产业转型内在驱动力的理论思考以及对解决外部性问题的实践探索，学者们纷纷对绿色转型的成因、内涵及影响因素进行探讨[56]。

自然资源是资源型城市产业发展的传统主导要素，产业发展路径的惯性依赖是影响资源型区域产业绿色转型的首要因素[57]。Matsuyama 通过经济模型考察了资源部门和制造业部门在经济增长中的贡献，发现经济结构中促使制造业向采掘业转变的力量降低了经济增长率，其原因就在于这种力量削弱了具有学习效应的制造业的成长[58]。李虹和邹庆研究表明资源禀赋阻碍了中国资源型城市的产业转型发展[59]。张峰等系统性地分析了制造业绿色转型升级过程中资源禀赋的内在作用机理及溢出关系[60]。由此可见，自然资源对经济增长的负面影响，直接导致产业结构逐渐向重工业倾斜，引发生态环境问题。对于资源型经济的环境问题，由于发达国家环境问题已得到有效缓解，国外相关研究较少，但我国特定的资源禀赋造成煤炭消费在能源消费中的主导地位，导致了我国资源型城市经济发展的重污染特征，许多学者对此进行了研究。刘文新等通过研究典型资源型城市鞍山市的产业结构演进，以及产业结构与环境质量的动态变化特征，发现资源型城市产业结构演变的环境影响效应显著[61]。仇方道等采用灰色关联度模型分析了再生性资源型城市工业转型的环境效应[62]。张娟基于资源型城市面板数据，实证分析了环境规制未对经济增长造成不利影响，主要是由于经济资源从效益不佳的工业企业流向了第三产业[63]。

随着内生经济增长理论影响，学界慢慢拓展了对资源型经济可持续发展的认识，除了资源禀赋、产业结构等基础性条件，学者们开始注意到技术进步、人力资本积累、学习与创新等因素对资源型经济的影响，逐渐加强了对技术创新、制度变迁弱化和人类资本积累等方面的驱动机制研究[64~65]。如一些文献利用门槛模型验证了"资源诅咒"在人力资本、技术创新、社会资本

等方面的存在条件性[66~67]。其中，学者们重点探讨了创新对产业绿色转型的重要作用。Turlough F. Guerin 对澳大利亚 13 家矿产公司进行研究发现，清洁生产、技术改造和现场回收的废物再利用是持续发展的最有效机制[68]。彭瑜欣和李华晶提出了绿色技术创新是资源型产业转型升级的重要途径，并提出了资源型产业绿色技术创新的影响因素理论模型[69]。岳鸿飞等通过自主创新、技术引进、政府支持三种创新方式在工业行业绿色转型中的作用效果，对技术创新方式选择与工业绿色转型进行了实证分析[70]。郝祖涛等通过熵权决策模型，实证研究了资源型产业集群中企业的绿色行为决策。除了剖析产业内部创新驱动要素，部分学者还探究了创新要素协同驱动资源型产业绿色转型升级的内部机理，以及与产业绿色转型升级的耦合机制[71]。例如：刘丹等从技术创新与制度创新协同演进的视角探讨了资源型城市产业转型问题[72~73]。肖黎明和景睿利用协同度模型实证分析了山西省、东营市、淮南市等典型资源型区域的产业转型与技术创新的协同发展现状，实证分析表明绿色技术创新能力不足将导致对资源型产业结构优化的带动作用较弱，提升资源产业技术创新能力，有利于降低产业转型的阻力[74]。由此可见，技术进步在较大程度上影响着经济增长的潜力乃至其发展方式[75]，技术创新是产业绿色转型发展的关键动力。

　　传统产业发展理论主要致力于解释影响产业发展的各种因素及变化规律，很少对宏观层面的政府正式制度与产业绿色转型给予足够的关注。杜创国和郭戈英认为市场失灵和社会化组织程度不足决定了当前我国以可持续发展战略为主线的绿色转型只能作为一种政府行为自上而下驱动[76]。随着资源环境问题的凸显，涵盖环境规制在内的政府正式制度与产业绩效问题也引起了学者们的探究[77~78]。杨洲木等聚焦于产业生态经济系统绿色转型升级进程中的政府干预机理，在新结构经济学的理论框架下，剖析要素禀赋结构不同区域产业升级背后的产业政策干预机理和各种扭曲的诱因[79]。王昀和孙晓华提出基于工业附加值、能源消耗和污染排放三个方面的绿色生产率评价方法，讨论了政府补贴推动工业转型升级的理论机制[80]。韩晶等通过构建双重差分模型和面板门槛模型对制度软约束与制造业绿色转型之间的关系进行拟合和检验，研究表明地方政府的制度软约束显著抑制了制造业绿色转型[81]。此外，任何产业的可持续发展还取决于经济发展水平、对外开放、区位条件等其他社会经济因素[82~84]。如赵洋等利用 102 个地级资源型城市面板数据，主要对新兴产业培育、制造业增加值占比、资源利用率、研发经费支出和工业固体废弃物生产量增长流程等因素影响产业绿色转型效率的机理进行了实证检验[85]。相关实证研究对影响因素的考虑主要集中于上述基础条件和社会经济因素，不同文献使用的研究方法和样本数据各不相同，结论也存在一定的差异。

四、资源型城市产业绿色转型的评价研究

根据已有研究，对某一区域的产业绿色转型界定为产业在发展结构和发展效率上均向资源节约和环境友好方式的转变，主要包括结构转型和效率转型两方面[86]。

关于产业结构优化升级效果测度的研究，早期文献重点关注产业结构演进的刻画，如非农产业比重、霍尔曼比率、钱纳里的"标准产业结构"等。目前，许多传统的资源产业已经不能支撑城市经济发展的需求，经济结构已由早期的资源和劳动力生产要素导向转变为资本、技术、信息、管理等要素的导向，所以学者们将绿色转型与绿色发展紧密结合在一起，尝试从经济学、社会学等不同角度根据绿色转型的内涵构建指标体系，运用不同的综合评价方法对产业转型及其定性、定量评价为依托的经济转型进行研究[87~88]。

资源型城市产业绿色转型的根本目的是实现可持续发展，保持城市经济发展、社会进步、生态环境保护、资源利用高度和谐[89]，所以学者们大多从资源、环境、社会和经济等方面构建评价体系，并通过典型地区经济转型进程进行实证分析[90]。Herendeen 和 Wildermuth 从资源消耗、资源依赖和资源干扰三方面对资源区域的可持续发展能力进行评价[91]。曾贤刚和段存儒构建了煤炭资源枯竭型城市绿色转型评价指标体系并运用熵值法进行评价[92]。吴青龙等引入脱钩理论，从资源依赖度脱钩、生态环境压力脱钩、可持续发展能力耦合和可持续发展动力耦合四方面构建资源型经济转型绩效评价指标体系，并以山西省为例进行了实证分析[93]。侯秀秀等根据人地关系协调理论，从绿色经济、绿色社会发展、绿色生态三个层面构建绿色转型的评价指标体系，运用综合得分法对东营市进行了实证分析[94]。车晓翠和张平宇构建了资

源型城市经济转型绩效评价的指标体系，并以大庆市为例运用变异系数法、熵值法及层次分析法对经济转型绩效进行了测度分析[95]。刘晓萌等基于因子分析评价研究了中国十个重点矿业城市可持续发展的转型能力[96]。通过相关文献的梳理，发现学者们观察视角不同，所建立的绿色转型评价指标体系也各有差异，产业绿色转型是一个复杂的综合系统。

目前，对绿色转型效率的评价在城市层面的实践研究相对较多，传统城市发展模式导致物质规模扩张与自然资本消耗之间的矛盾，城市化的新阶段亟待城市的绿色转型，国内外机构和学者基于不同的角度和方法已开展了较丰富的研究。罗宣等运用超效率 SBM 模型对我国中部地区资源型城市绿色发展效率进行了研究[97]。董锋等基于 DEA 模型对 21 个地级资源型城市转型效率进行了分析[98]。张荣光等运用超效率 DEA 模型对四川省 11 个资源型城市的转型效果进行测算[99]。白雪洁等基于涵盖政府科教支持跨期作用的坏产出动态 SBM 模型对中国资源衰退型城市的转型效率、节能潜力以及减排空间进行了实证分析[100]。郭存芝等以生态效率反映资源型城市可持续发展状况，通过借助因子分析方法测算资源效率、环境效率来计算生态效率[101]。

针对产业层面绿色转型效率评价的研究还较少。学者们主要从两个路径展开。一条路径是运用研究效率的主流方法 DEA 及其组合模型选取指标进行效率测度。由于产业相关统计数据较难获取，现有研究主要从资源消耗的经济效率和资源环境约束下的工业效率角度开展，其中指标选取、研究角度的不同分析结果也不尽相同。Deshmukh 和 Pliska 对不可再生能源跨期消耗和开采的最优配置问题进行了研究[102]。Tong 对中国工业部门消耗的不可再生资源经济效率进行研究，研究发现 1985~2001 年不可再生资源的消耗量不仅没有明显降低，还付出了环境污染代价[103]。武春友等运用 DEA 方法对不可再生能源消耗效率值进行了测度研究[104]。另外，从工业生态效率视角进行的研究也很丰富，张晶以超效率方法对煤炭资源型城市工业生态效率进行了实证研究[105]。牛晓奇和石风光在综合考虑能源和环境因素的条件下，采用 DEA 模型对安阳市的工业效率进行了测算和评价[106]。刘晓萌等通过数据包络法评价了安徽省各城市的工业生态效率[107]。陈瑶运用 DEA-DDF 模型结合 Malmquist-Luenberger 生产率指数测度了我国 30 个省份的工业绿色发展效率及全要素增长率[108]。原毅军和谢荣辉[109]、颜洪平[110]用 Malmquist-

Luenberger 指数测算 30 个省市工业绿色全要素生产率的动态变化。Shiyi Chen 和 Jane Golley 利用 DDF 模型和 Malmquist-Luenberger 指数测度了我国 38 个工业部门的 1980~2010 年的绿色全要素生产率[111]。陈超凡利用同样的方法测度了我国 36 个工业产业部门 2004~2013 年的绿色全要素生产率[112]。韩洁平等利用网络超效率 EBM 模型测度了我国 47 个重点城市的工业生态绿色发展水平[113]。周五七利用 Super-SBM 模型与 Global Malmquist-Luenberger 指数对长三角 16 个城市的工业绿色全要素生产率进行了分析[114]。吕小明和黄森利用 SBM-undesirable 模型对我国省际工业绿色转型发展效率进行了测度[115]。学者们的研究表明，资源消耗和开采应该尽量减少不必要的消耗成本，从而提升资源消耗效率，实现可持续发展。然而，以上基于投入产出模型的研究缺乏在绿色增长框架下的指标考量，产业绿色转型效率评价的另一路径是引入绿色增长理念，从全要素理论出发针对地区经济与产业绿色增长的测算评估，通过测量产业绿色全要素生产率对绿色转型水平做出评价。丰晓旭等以产业绿色增长为视角，基于熵值法和 SBM-DDF 方法测算四川省产业绿色发展指数和全省 21 个市的产业绿色全要素生产率[116]。

五、资源型城市产业绿色转型模式与路径的研究

目前，学者们针对资源型城市的绿色转型模式已经进行了丰富的理论和实证分析。徐君等从指导思想、转型目标、参与主体、支撑体系四个方面构建了资源型城市低碳转型的战略框架[117]。叶雪洁等提出了经济地质学视角下资源型城市产业转型的新选择[118]。实证研究方面，支航和金北怀探讨了林业城市、石油城市、煤炭城市、综合型资源城市以及独立工矿城镇等不同类型资源型城市转型的模式[119]。窦睿音等运用系统动力学模型构建了鄂尔多斯自然发展、农牧业重点、工业重点、第三产业重点、环境保护和循环协调六种转型模式[120]。然而，针对城市层面的产业绿色转型模式及路径的研究尚处于起步阶段。

首先，资源型城市的产业转型问题在世界许多国家都存在，关于资源型城市产业转型模式，国外学者们出于现实需求，一般将产业转型模式的研究界定为衰退地区经济振兴或结构性问题地区的经济振兴[121]。如 Houghton 提

出的长距离通勤模式，为资源型城市如何规避矿区的衰退和转型问题提供借鉴[122]。Bradbury 通过对加拿大西部煤矿区的实证分析，讨论了全球背景下资源型产业兴盛和衰退的轨迹以及资源型产业重构的一般模式[123]。尔后，国外相关研究主要集中在全球化和后工业化对这些资源型城镇的影响、经济多元化等问题。国外资源型城市产业转型的国际经验及其对中国的启示受到国内学者关注，国内学者们通过定性判断与定量分析，分别从扩展区域矿产资源开发途径、提高资源利用效率、延伸资源型产业链等各个方面进行了探讨。综合学者们的研究，产业转型的模式主要有替代模式、产业延伸模式、兼有产业延伸模式和产业替代模式的多元复合模式[124~126]，通过产业多元化实现资源与非资源产业间的平衡[127]。例如：徐红燕等总结了乌海市作为成熟期煤炭资源型城市，采用延伸产业链，促进主导产业结构多元化推进传统产业成功转型的经验[128]。余建辉等提出了资源型城市发展接续替代产业的基本模式[129]。张文忠等总结了针对不同发展阶段、不同矛盾问题资源型城市的接续替代产业发展模式选择[130]。虽然通过对产业结构的调整部分扭转了资源型城市步入衰退周期的局面[131]，但是传统资源型区域产业转型模式依然对资源技术比较依赖，较低层次的产业发展水平和内在结构使转型效果依然处于不平衡、不协调和不可持续状态。产业绿色转型是介于传统的"黑色"发展模式与理想的"绿色"发展模式之间的"寻优"模式[132]，还需要结合区域条件以循环经济、清洁生产、低碳经济、可再生能源开发，以及发展生态产业、文化创意产业和战略新兴产业等为发展目标。例如：王瀛提出以循环经济理念为指导，构建资源型城市新型产业体系的模式[133]。田昕加从循环经济的技术引领、市场驱动、提高资源利用效率、延伸产业链、发展替代产业的思路，从微观、中观和宏观层面构建了伊春市林业产业生态化模式[134]。马丽以沿海地区 114 个地级行政单元为研究对象，针对压力降低产业绿色化转型区、压力降低产业非绿色化转型区、压力加大产业绿色化转型区和压力加大产业非绿色化转型区四种类型区产业发展和环境压力特点，提出对应的产业绿色转型和环境管制建议[135]。由于不同资源型城市的转型背景、转型前的基础条件及转型原因等方面的不同，产业绿色转型的应对模式也各不相同。

其次，产业绿色转型是一项涉及多个层面、多个主体的系统演化过程，既需要产业层面加以推进，也需要技术层面的支持。事实上，资源型区域可持续发展的关键并不仅在于放缓自然资源产业的发展，也必须通过技术创新实现对原有产业的非破坏性创造。创新理论不仅揭示了产业绿色转型的本质和动力因素，还为产业绿色转型提供了基本方向和发展思路[136]。有一些国家或区域，从资源开发初期就选择了绿色理念引导下的创新驱动发展路径。例如：挪威20世纪60年代开采石油和天然气的同时，通过技术创新和人力资本积累，大力发展非资源型的关联产业[137]。美国20世纪初期选择了知识密集型、技术密集型的资源开发和加工道路，避免了对资源的损耗和生态环境的破坏[138]。Saether等通过对挪威的铝及石油等资源产业的研究发现，创新是实现资源产业持续发展的重要基础[139]。Torres的研究也发现，在资源型经济发展过程中，技术密集型企业发挥着非常重要的作用[140]。对于发展中国家和区域而言，由于资源开发对区域技术创新存在挤出效应[141]，限制了企业家行为及创新活动的开展，所以以传统资源型区域转型模式并未以创新驱动为根本动力，对本区域核心技术和高水平人力资本的积累较少，产业转型路径设计创新能力不足，引起了国内学者们的关注。如煤炭密集型区域产业绿色转型是我国绿色发展战略中的重点和难点问题，许多学者研究了如何通过实施技术创新的路径促进煤炭产业升级转型[142~143]，郭丕斌等明确提出能源技术创新是低碳推进资源型经济转型的根本出路[144]。周喜军和郭丕斌以山西省为例，通过对社会技术愿景、技术制度和低碳技术创新的分析研究，基于多层愿景模型构建了近期转换路径、中期重构路径和远期替代路径的煤炭产业创新发展的转型战略[145]。张倩和吴梦瑒利用创新理论揭示了煤炭产业转型的本质和动力因素是以技术创新为驱动，并提出了煤炭产业绿色转型与绿色技术创新协同发展路径[146]。张艳等阐述了技术创新推动产业绿色转型的途径及实现产业绿色转型的基本形式，从改造提升传统产业，发展高新技术产业、新兴产业、园区经济和现代农业等方面，提出了技术创新推动产业绿色转型的对策建议[147]。杜艳春等选择钢铁、水泥、平板玻璃、造纸、原药制造、炼油六个行业，梳理了京津冀地区传统产业发展现状和制约传统产业绿色转型升级的瓶颈，提出了利用北京、天津等地区的节能环保技术优势推进京津冀传统产业升级的建议和实施路径[148]。

此外，资源型城市产业绿色转型多数是在经济全球化、环境污染和资源枯竭压力下被迫进行的[149]，充裕的资源促使企业家和创新者偏好资源部门[150]，且这种高收益还会吸引更多的劳动力要素从事技术密集度低的初级生产活动[151]，并将其锁定在对劳动技能要求较低的自然资源部门。这种传统劳动密集型产业退出障碍会降低资源配置效率，抑制技术密集型产业的创新能力累积与跨越式升级[152]。同时，制度供给不到位、制度转换滞后、制度协调度低、关键转型制度缺失或执行不力，都降低了资源配置的效率及合理性，增大了转型的难度。这种渐次形成的功能性、认知性及政治锁定性转型障碍[153]，使得在绿色发展的行政理念指导下，实施与资源开发程度匹配的产业政策的路径选择[154]，成为实现资源型区域产业绿色转型的重要途径。毕军等依据政府对资源型城市产业转型的干预深度、广度和手段的差异，总结归纳了市场主导型、政府主导型、政府与市场相结合型三种实施路径。刘丹和鲁永恒构建了基于技术创新、制度创新和煤炭城市发展新生命周期的三维创新体系，提出了一条通过协同关系优化煤炭城市产业结构的"演化式"发展思路[155]。主要关注点是政府实施的经济干预、政策及其实施效果。还有学者从资源型城市可持续发展保障的策略转换视角，以政策性保障路径带来的沉淀成本为切入点，指出了保障策略应当改变传统的以政策为导向的传统路径，代之以法律为主导的法制化路径[156]。

第二节　研究述评

通过梳理研究现状发现，国外在此领域相关的研究主要从社会可持续发展、发展生命周期、经济结构转型升级等角度讨论资源型城市产业转型及社会经济发展的理论与实践问题，涵盖社会学、经济学等多个方面。国外在此领域内注重描述性研究，并且偏重实证方面，由于地域差异、价值观念以及发展方向等的差异较大，国外的相关研究并不能很好地指导我国资源型城市的产业绿色转型实践。从国内的研究现状来看，已有文献关于城市转型、产业转型的研究较多，取得的成果也十分丰富，但较少站在绿色发展与经济高质量发展的角度研究产业的绿色转型问题，资源型城市产业绿色转型的研究更是鲜有涉及。在研究尺度上，现有文献多侧重于全国、省域等宏观层面研究，而基于市域层面研究的文献仍然较少；从研究对象来看，对资源型城市这一特定类型城市产业绿色转型的研究目前还非常少。所以，关于产业绿色转型的研究从理论体系到研究方法正处于探索阶段，目前对产业绿色转型的概念还不乏争议，尤其对属于特殊类型城市的资源型城市产业绿色转型研究，其理论体系也尚处于探讨和争论之中，没有形成系统的研究成果。由此，关于资源型城市产业绿色转型的理论机理与政策选择也尚待完善与拓展，为本书进一步进行理论探索与实证检验提供了空间。

第三章 资源型城市产业绿色转型的理论基础与相关机理分析

资源型城市产业绿色转型逐渐成为社会各界关注的重点问题，但是目前还没有一个专门的理论体系将产业绿色转型纳入产业经济学的研究框架，也缺少对产业绿色转型相关理论的系统梳理。本章首先明晰了资源型城市产业绿色转型相关概念，进一步梳理资源型城市产业绿色转型相关理论，并分析资源型城市产业绿色转型的机制机理，从理论与机制上探讨了资源型城市为什么要进行产业绿色转型、产业绿色转型受到哪些制约与障碍以及产业绿色转型的核心与突破口在哪里等问题。

第一节 资源型城市产业绿色转型内涵的界定

一、产业结构优化理论

产业结构的优化是指经过产业结构的调整，使产业结构升级、产业结构高效的过程。产业结构的优化目标包括经济健康、适度增长，资源消耗降低，环境污染控制等目标。

产业结构优化的内容主要有：第一，产业结构高级化。通常表现在一个国家和地区产业结构的重心由第一产业向第二产业，再进一步向第三产业占优势的产业状态演变的过程；或者由劳动力密集型产业向资本密集型产业，再进一步向技术密集型、知识密集型产业占优势的产业状态演变过程；或者由制造初级产品、低附加值产品的产业向制造中间产品、高加工产品和高附加值产品的产业占优势的产业状态演变过程。产业结构高级化强调的是主导产业的更替，打破原有产业的低水平发展。第二，产业结构合理化。产业结构合理化是指产业之间的协调能力和关联水平的提高，使得资源在产业间得到合理的配置。古典经济学理论的核心是强调产业之间要保持按比例协调发展的关系，这一思想体现了产业结构合理化。马克思提出的社会生产两大部类平衡理论，以及里昂惕夫的投入产出模型都阐述了产业结构合理化的思想。理论界对产业结构合理化的分析主要集中于资源的合理配置、供给与需求结构相适应和产业之间协调三个方面。第三，产业结构高效化。通过产业结构高效化调整，使低效率产业转向高效率产业，这一过程伴随着资源的优化配置，整个产业经济系统效率和经济效益提高。

二、资源型城市产业绿色转型的内涵

1. 资源型城市

资源型城市作为一种特定类型的城市，社会各界就资源型城市的相关问题进行了大量的研究与探讨，基于不同的视角提出了对资源型城市的界定标准。有的学者基于宏观经济结构视角，认为资源型城市是以资源初级开发为主，第二产业占比 50% 以上且工业产值结构中初级产品占绝对优势的城市。有的学者提出，劳动人口在资源及初加工业中就业比例占全部就业人口 40% 以上的城市为资源型城市。有的学者则基于功能视角，认为资源型城市是向社会提供矿产品或初级加工等资源类产品的城市[157]。有的学者从发生学的视角，将资源型城市定义为因自然资源的开采利用而兴起或发展壮大的城市。有的学者从主导产业的角度，将资源型城市定义为以资源开发而建立的采掘业和初级加工业为主导产业的城市。《全国资源型城市可持续发展规划（2013-2020 年）》中明确了资源型城市是以本地区矿产、森林等自然资源开采、加工为主导产业的城市。并依据城市资源保障能力和可持续发展能力将我国 262 个资源型城市进一步划分为成长型城市、成熟型城市、衰退型城市和再生型城市四种类型。成长型城市是我国能源资源的后备基地，资源保障能力强；成熟型城市是资源开发处于稳定阶段，资源保障能力强，经济发展水平较高的城市；衰退型城市是指城市资源趋于枯竭，经济发展滞后、民生问题、生态问题突出的城市；再生型城市是城市发展基本摆脱了资源依赖，社会经济开始进入良性发展轨道。

本书研究的资源型城市及其分类就是基于《全国资源型城市可持续发展规划（2013-2020 年）》所给定的界定。综合各类定义，本书认为资源型城市的基本特征表现在：第一，资源型城市的兴起得益于资源型产业的迅速发展，在随后的发展中也高度依赖资源型产业，使得生产要素不断流向资源型产业，限制了其他产业的兴起与发展。资源型城市普遍存在产业结构趋于单一化、产业链短、产业关联度较低以及产业发育不良的问题，进一步导致就业结构单一、经济结构单一的特征。第二，资源型产业的发展基本围绕资源的开采与加工进行，往往会造成资源的逐步枯竭。而且，资源型产业往往都是重污染行业，资源的开发与加工造成环境污染及生态破坏，不合理的开发及开发水平的滞后也会进一步加剧资源环境问题。第三，资源型城市的发展具有明显的周期性。主要表现在资源型产业存在明显的产业生命周期规律，即产生、成长、成熟和衰退的过程，导致以资源型产业为主导产业的城市也必然会呈现出明显的周期性发展规律。另外，由于产品单一、资源型产业比重大，资源型城市往往经济风险较大，极易受到全球化市场波动和金融风险的冲击。一旦资源产品国际市场价格波动，则城市产业的发展将受到猛烈冲击，导致城市经济的下滑，这种需求的周期性也会进一步加速资源型城市周期性进程。由此可以看出，资源型城市发展问题的关键在于产业的发展问题。

2. 资源型城市产业绿色转型

从经济学视角，学者们对转型有多种不同的诠释：有些学者认为转型是经济主体在资源配置中资源取向的根本改变；部分学者认为转型是经济发展过程中经济形态的转变，比如经济发展模式、发展战略等的改变；另外有些学者认为转型是制度、体制的转变；还有一些学者认为转型是发展方式的转变。本书认为这些转型的内涵都应该是在界定产业绿色转型内涵时应考虑的视角。产业绿色转型是基于绿色发展思想提出的概念，目前学术界对产业绿色转型的研究并不多，对于其概念与内涵的诠释还没有形成统一的观点。学者们更多的是从产业发展方向、发展动力的视角去界定，普遍认为产业绿色转型是产业的转型升级同时实现产业绿色化方向发展。由此可以看出，产业转型的目标多被分解为解决产业发展问题、提升产业竞争力及促进经济发展。从目前对产业绿色转型的理解来看，普遍存在的问题是忽视了资源环境因素、忽视了效率问题，而重在考虑产业调整问题。马丽参考中国社会科学院课题组对工业绿色转型的定义，将产业绿色转型定义为一种新的产业发展模式，其旨在通过节约能源和资源，减少污染排放和提高生产效率来实现经济可持续性。这一定义充分地考虑了资源环境及效率问题，但是忽视了产业结构问题。

本书认为：由于产业转型的目标是实现绿色发展、高质量发展，产业绿色转型这一概念更能体现转型发展的本质与要求。产业绿色转型的本质是在绿色经济与高质量发展理念下的转型，在产业转型升级的同时设置多重约束目标，一是要实现产业发展中的资源消耗约束目标和环境污染排放约束目标，二是要实现产业结构优化升级及产业高效化发展。资源型城市由于产业结构单一、高度依赖资源开发，产业的重工业化特征明显而导致资源环境问题突出，产业绿色转型本质上是通过产业内部结构调整和体系重构，改善产业发展与资源环境的关系，实现产业绿色高效化发展的过程。所以，资源型城市产业绿色转型的内容应包括产业结构的升级、工业发展与资源环境逐步协调，以及资源型城市产业工业化绿色效率的提升。

第二节　资源型城市产业绿色转型的必然性分析

一、资源型城市产业发展的生命周期规律

产业生命周期理论是产业经济学的一个重要理论。20 世纪 80 年代，产业生命周期理论的系统研究基于产品生命周期理论发展而来。该理论认为产业如同生命体一样，具有生命周期，一般要经历形成期、成长期、成熟期和衰退期（或产业转型蜕变）四个阶段（见图 3-1）。

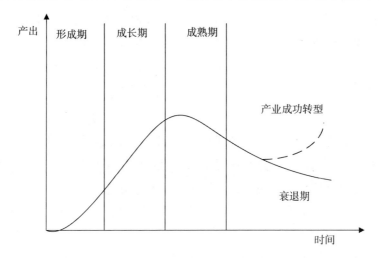

图 3-1　产业生命周期的一般形态图

资料来源[158]：芮明杰．产业经济学［M］．上海：上海财经大学出版社，2005.

一般城市具有多元化的产业体系，即使一个行业出现衰落或者衰退，还有其他行业繁荣发展或者产生新的行业，因此一个行业出现衰退对整体城市的影响波动相对较小。资源型城市最显著的特点是依托自身拥有的自然资源，以资源开采和加工为主导产业，对资源依赖性高，产业链较短，产业结构单一，资源型城市资源型产业的衰退对整体城市的影响波动较大。同时，矿物能源和矿产资源具有不可再生性和耗竭性，决定了资源开发必然经历一个由勘探到开采、高产稳产、衰退直至枯竭的过程，这必然使资源型产业发展也呈现出明显的产业形成期、产业成长期、产业成熟期和产业衰退期的特征。资源型城市严重依赖于资源开采的产业发展特征，使得资源型城市产业的生命周期性规律更为明显。

资源型城市产业生命周期规律表现如下：第一，产业形成期。这一时期资源型产品产量不大，产业规模小，开采成本较高。由于资源供给充足，往往出现资源的粗放利用，导致资源利用效率低。第二，产业成长期。这一时期产业规模迅速扩张，企业生产规模不断扩大。由于规模经济效应明显，生产成本逐步降低，产业经济效益明显增高，因此资源型城市在这一时期成为区域的增长点，地区经济繁荣发展。第三，产业成熟期。这一时期资源型产业扩张速度放缓，要素投入、产出规模进入缓慢增长阶段。由于规模报酬不再递增甚至出现下降，产业盈利能力下降，仅依靠主导产业难以支撑城市的健康发展。第四，产业衰退期。由于资源的耗竭，开采难度加大，开采成本提高。此外，随着社会需求改变，有些产品脱离了市场需要，产业收益下降。这一时期资源型产业急剧萎缩，如果传统资源型产业还未升级或接续替代产业还未形成，那么基于自然资源优势而形成的产业就将随着资源耗竭或者社会需求变化而退出市场，这时资源型城市就面临着突出的经济问题和社会问题，导致资源型城市的衰退。而且，由于资源型城市产业的发展往往伴随着突出的环境问题，如不加大环境的治理或者实行清洁生产，也会加速资源型城市产业的衰退。

本书认为，产业生命周期理论对资源型城市的启示在于：第一，资源型城市产业的发展具有阶段性特征，不能保持永久的繁荣。第二，资源型城市产业在不同的发展阶段面临不同程度的发展风险。第三，由于自然资源的耗竭性，如果在衰退期来临之前还没有进行转型，产业衰退是必然的。因此，资源型城市产业发展有必要在产业生命周期过程中做出及时的调整。资源型城市要针对不同发展阶段做出相应的产业预期性调整和发展策略，其中政府针对每个阶段的特征进行产业规划，制定不同的产业政策。资源型城市要在衰退期来临之前实现产业绿色转型，才能再度进入新的繁荣期。

二、资源型产业边际效益递减规律

边际效益是边际收益与边际成本的比较，即企业在市场上多投入一单位产量所得到的追加收入与所支付的追加成本的比较。当这种追加收入大于追加成本时，企业会扩大生产；当这种追加收入等于追加成本时，企业可以得到最大利润；如果再扩大生产，追加收入就可能小于追加成本，企业会亏损。边际效益递减规律是指在一个以资源作为投入的企业，单位资源投入对产品产出的效用是不断递减的。即虽然其产出总量是递增的，但是其增长速度不断变慢，使得其最终趋于峰值，并有可能衰退。表现出开始的时候，收益值很高，越到后来，收益值就越少，这就是边际效用递减原理。

资源的开发一般遵循着"先易后难、先上后下、先优后劣"的规律，即一般在开发初期会选择比较容易开采的区域，开发品质比较优良的资源，这时资源开发成本相对较低。随着资源开发的持续，开采深度加大，难度也加大，开采的成本越来越高。对资源开采企业而言，连续增加的每单位投入量所获得的收益增量是递减的，所以资源型产业的边际收益是递减的。

三、产业结构演化理论

产业结构演化相关理论揭示了产业结构的演进规律，认为产业结构的演变是有规律的，产业结构是一个不断由低级到高级转变的过程。主要有配第—克拉克定理、库兹涅茨的综合分析理论及钱纳里的"标准结构"理论等。

配第—克拉克定理主要描述了劳动力在三次产业间分布的演进趋势。随着经济的发展和收入水平的提高，第一产业产值与劳动力相对比重逐步下降，第二产业产值和劳动力的相对比重会进一步上升；随着经济的进一步发展，第三产业产值与劳动力相对比重也开始上升。该理论认为，这一演进规律的形成主要在于"收入弹性差异"及三次产业之间的"投资报酬差异"，明确了劳动力在产业间转移的原因是经济发展中各产业间出现的收入差异。在此基础上，库兹涅茨进一步研究了随着国民收入提高而产生的劳动力重心转移过程，以及三次产业产值的变动。库兹涅茨的研究认为，随着全部国民收入水平的提高，农业创造的国民收入占全部国民收入的比重，与农业部门劳动力占全部劳动力的比重类似，会呈现出下降趋势；随着全部国民收入水平的提高，工业部门创造的国民收入占全部国民收入的比重会不断上升，但是劳动力不会具有相同幅度的变化；随着全部国民收入水平的提高，服务部门创造的国民收入占全部国民收入中的比重大体不变，或者略有上升，但是服务部门劳动力占全部劳动力的比重呈现显著上升趋势。库兹涅茨的研究是以发达国家为对象，钱纳里则采用了101个国家的统计数据，构建了著名的"世界发展模型"来求出一个经济发展的"标准结构"。钱纳里的研究认为，产业结构转变与经济增长之间关系密切，经济发展的不同阶段有不同的产业结构与之相对应，产业结构的转变能够加速经济增长。因此，提出了"钱纳里工业化阶段理论"，将传统不发达经济到成熟工业经济的过程划分为六个阶段，从一个发展阶段向另一个更高阶段的跃进都是通过产业结构转化来推动的。在传统不发达阶段，产业以农业为主，生产力水平低。在工业化初期阶段，产业结构由农业为主的结构向现代化工业为主的工业化结构转变，但是初期的产业仍以劳动密集型产业为主。在工业化中期阶段，工业内部由轻型工业的快速增长向重型工业快速增长转变，非农劳动开始占主体，第三产业开始迅速发展，这一阶段以资本密集型产业的大规模发展为显著特征。第四阶段是工业化后期阶段，这一阶段第三产业迅猛发展成为经济增长的主要力量。第五阶段是后工业化社会，主要表现为工业内部的分化，工业内部结构由资本密集型产业为主导向技术密集型产业为主导转换。即从资源结构变动来看，第二产业内部结构变动为依次向劳动密集型、资本密集型和技术密集型发展。第六阶段是现代化社会阶段，第三产业开始分化，知识密集型产业从服务业中分离出来，并占主导地位。

随着发达经济国家普遍表现出来的趋势，随着生产力发展和技术的进步，第三产业的发展逐步超过第一、二产业，第三产业成为国民经济的主体。以丹尼尔·贝尔为代表的学者提出了"后工业社会"理论[159]，将人类社会分为三个阶段：第一阶段为农业社会阶段，经济主要由农业部门构成；第二阶段为工业社会，经济主要由制造业、运输业和商业等部门构成；第三阶段为后工业社会阶段，主要致力于发展服务业，即在后工业社会阶段的显著特征是"去工业化"。这一理论遭到了一些学者的质疑，他们认为致力于服务部门发展为中心的后工业化脱离了以工业制造业为核心的实体经济，是无法稳定与健康发展的[160]。一些学者认为，西方发达国家的"去工业化"以及虚拟经济膨胀是2008年爆发的世界金融危机和欧债危机的一个主要原因。于是，一些发达国家也纷纷提出了"再工业化""防止产业空心化"等发展战略。

因此，本书认为工业是一个国家经济发展的主导部门，产业绿色转型并不是单纯的服务业比重的提高，需要多重前提约束才能真正反映产业绿色转型的过程。资源型城市产业绿色转型还应包括，工业产业发展要摆脱传统工业化、传统重化工业和传统制造业发展模式，实现产业发展对资源依赖减小，实现产业发展与环境污染逐步脱钩，通过对传统工业的改造与振兴推动工业技术升级，实现工业经济的绿色高效化。

四、主导产业选择理论

主导产业选择理论是确定一个或者多个产业在区域经济中占有主导地位的形成、判定和选择基准的理论。该理论可以指导区域选择应该优先发展的产业，并进一步保护、扶持产业发展，对于明确产业发展方向、引导产业结构转型升级具有重要的指导意义。最具代表性的理论主要包括李嘉图的比较优势基准理论、罗斯托基准理论、赫希曼的产业关联理论、筱原三代平的两基准理论及过密环境基准和丰富劳动内容基准等。

李嘉图的比较优势基准理论认为，某一产业部门具有相对比较优势，则可以重点扶持发展成为该地区的中心部门产业，并且带动周边产业部门的发展，从而共同推进区域经济增长。罗斯托在其《经济增长阶段》一书中提出了主导产业的概念，认为经济的增长率主要是一些关键部门快速增长带动起来的，即依靠主导产业。因此，正确地选择和扶持主导产业是一个国家或者地区实现经济起飞和持续增长的基本条件之一。他认为主导产业对经济增长具有前向、后向及旁侧效应，即主导产业的扩散效应。主导产业可以将其产业优势扩散至其他产业，从而促进产业结构的优化升级。但是，罗斯托的产业扩散效应理论并没有进一步明确实际操作的基准判定方法。赫希曼则提出了产业关联度基准，产业关联度是指不同生产部门之间在产品供需关系上形成的依赖程度。赫希曼认为，产业关联度能够反映一个产业对其他产业的感应强度和影响力强度。在实践中，应将感应度强和影响力强的产业确定为主导产业，这样就能够通过扩散影响和梯度转移形成波及效应，带动其他部门产业发展，促进经济增长。筱原三代平提出主导产业的选择应符合"需求收入弹性基准"及"生产率上升基准"。需求收入弹性系数反映的是产品的市场需求对国民收入的依赖程度，系数越大，则表明产品对国民收入的依赖程度越小，则产业具有更加广阔的市场。生产率上升基准是指选择生产率（全要素生产率）上升快、技术进步较快的产业作为受保护的幼稚产业，提高其在整个产业结构中的比重。筱原三代平认为，在实际操作中需求收入弹性系数大及生产率上升率大的产业均可以选择作为主导产业。到 20 世纪 70 年代，由于经济高速发展带来的资源环境问题日益严峻，日本进入产业结构的调整时期，其政府为了确定该时期合适的主导产业，在莜原三代平两基准的基础上进一步提出了两个新的基准，即过密环境基准和丰富劳动内容基准。过密环境基准指的是政府在选择主导产业时，应以资源消耗小、环境污染少，不会造成集中环境问题等为基准。可见，在这一时期日本政府在选择主导产业时，开始关注产业的环境污染问题。如果按照经济视角选择主导产业，则可能造成以牺牲环境的代价来换取经济的增长，因此导向从可持续发展的视角选择主导产业。丰富劳动内容基准是指在选择主导产业时，还要考虑该产业的发展能为劳动者提供舒适、安全和稳定的工作岗位。

综上，从主导产业转换过程来看，产业结构的演进一般路径依次为：农业为主导—轻纺工业为主导—原料工业和燃料动力工业等基础工业为重心的重化工业为主导—低度加工型的工业为主导—高度加工组装型工业为主导—第三产业为主导—信息产业为主导。并且，主导产业选择理论认为主导产业应具有的特点如下：一是具有较高的需求收入价格弹性，可以产生较大的市场需求或者具有较大的市场潜力；二是能够较快地吸收先进技术或者引入制度创新；三是具有较高的产业关联度，能够较强地带动其他产业部门发展；四是自身增长速度较快或者具有巨大的增长潜力；五是资源消耗小、环境污染少，不会造成生态失衡；六是能够为劳动者提供舒适安全的工作岗位，创造更人性化的工作环境。资源型城市往往以资源型产业为主导产业，资源型产业具有重化工业特点，并且存在产业挤出技术创新、产业关联度不高、重污染和生态破坏严重的特点，这些特点使资源型城市产业必须向产业绿色转型。

五、比较优势陷阱理论

李嘉图在 1817 年出版的《政治经济学及税赋原理》一书中提出了著名的比较优势理论，成为了许多国家制定贸易发展战略的指导理论。比较优势理论认为，进行国际贸易要遵循"两利相权取其重，两弊相权取其轻"的原则。即一国与贸易国相比，不需要在产品上占有绝对优势，只需要存在比较优势，生产与出口具有比较优势的产品，进口具有比较劣势的产品，就能从贸易中获利。但在实践中人们发现，一些发展中国家按照比较优势理论，生产并出口资源性的初级产品，与出口技术与资本密集型产品的发达国家相比，这种贸易方式并没有给发展中国家带来经济赶超的机会，甚至加大了与发达国家之间的差距，落入了"比较优势陷阱"。比较优势陷阱理论的现实意义在于，长期执行比较优势战略会使一国的产业结构得不到升级，从而使原有的产业分工固化，这会增加地区经济的不稳定性。

本书进一步结合主导产业选择理论，推导分析资源型区域陷入"比较优势陷阱"的机制。假设存在资源型区域 B 及资源匮乏型区域 C，在经济发展初期两个区域的物质资本与劳动力 L 相同，环境是一项重要的生产力，则两个区域的产出生产函数为：

$$Y = AF（K，H）= AF（K，hL）= AK^\alpha H^\beta \qquad (3-1)$$

其中，Y 为产出水平、A 为技术进步、K 为资本（包括物质资本也包括自然资本，自然资本指自然资源存量和环境服务），则有 K = R+PC+E。其中 PC 为物质资本、E 为环境服务、R 为自然资源存量、H 为总人力资源、h 为人均人力资本、L 为劳动力。

（1）第一阶段：资源型区域 B 快速发展，远超过资源匮乏型区域 C。

在初期，两个区域所有生产要素相同，只有自然资源存量 B 区域大于 C 区域，即 $R_B > R_C$，则 $K_B > K_C$，$Y_B > Y_C$。因此，这一阶段资源型区域 B 得益于其丰富的自然资源，依托资源的开发得以快速发展，远超过资源匮乏型区域 C。

（2）第二阶段：资源匮乏型区域 C 开始赶超资源型区域 B。

随着经济发展对资源型产品需求的增大，B 区域会逐步加大对资源要素的使用，资源型地区 B 往往会依托自身的资源优势大力发展资源型产业，形成以资源型产业为主导的产业体系。先进技术、劳动或资源替代技术，以及强化资源和劳动力关系的优势不大，这一阶段会遭受不重视甚至是排斥。同时，在这一时期由于资源的大力开发，快速的经济增长往往忽视环境问题，造成严重的环境污染。恶化的环境会加速人口尤其是人才资源从 B 区域流出，恶化的环境还会严重影响整个地区的投资环境。并且，资源型产业一般存在于低效的国有企业，体制机制问题突出，恶化的投资环境与营商环境使资源型产业获得的资本积累容易外流，资源型区域 B 的新物质资本 PC 形成不足。这一阶段资源型区域 B 的技术进步缓慢、人力资本积累不足以及资本形成不足等问题日益凸显，资源型区域经济增长开始放缓。

C 区域由于资源匮乏，要想实现经济的快速发展不得不选择加大人力资本的投入。假设 C 区域选择以技术进步较快的制造业为主导，而制造业具有技术更新快、产业关联效应强等特点，随着时间推移，C 区域人力资本大幅提升、劳动力素质大幅提升，进一步推动 C 区域产业的创新与技术的进步，这些正是现代经济增长的关键动力。并且，C 区域环境质量保持更良好。因此，由于 C 区域的技术水平高于 B 区域，即 $A_B < A_C$，$H_B < H_C$，$E_B < E_C$，$PC_B < PC_C$，因此这一时期资源匮乏型城市 C 实现了对区域 B 的赶超。

（3）第三阶段：资源型区域 B 陷入优势陷阱。

这一时期，如果资源型城市不进行产业绿色转型，产业发展依然高度依赖于资源开发，资源最终可能面临枯竭，使得区域 B 的主导产业几近崩塌，增长速度大幅放缓，甚至出现负增长。而且，还需要支付巨大的经济成本来解决前面阶段的资源开发带来的环境污染问题。人口外流、发展资金不足和技术进步缓慢的恶性循环，使得区域 B 由第一阶段"区域经济增长高地"变成了"区域经济增长洼地"。而区域 C 经过前期阶段的人力资本积累，形成了人力资本积累、技术进步的良性循环。

$$D = \frac{Y_C}{Y_B} = \frac{A_C K_C^\alpha H_C^\beta}{A_B K_B^\alpha H_B^\beta} = \frac{A_C}{A_B} \left(\frac{K_C}{K_B}\right)^\alpha \left(\frac{H_C}{H_B}\right)^\beta \qquad (3-2)$$

由于 $\frac{A_C}{A_B}$、$\frac{K_C}{K_B}$ 和 $\frac{H_C}{H_B}$ 的差距进一步加大，因此区域 B 与区域 C 之间的产出比差距进一步拉大。即表明如果资源型产业绿色转型不成功，从长期来看资源型区域经济的增长路径面临巨大转变（见图 3-2）。资源型区域 B 只有及时进行产业绿色转型，摆脱对资源型产业的过度依赖，优化产业结构，提高工业产业绿色发展效率，加大教育与科技投入，推动技术进步与制度创新，才能化解资源优势陷阱。

六、适度规模理论

20 世纪 90 年代，戴利提出了"适度规模"的理论，构建了资源环境与人类经济活动之间物质交换的模型，如式（3-3）所示：

$$S_t (M, W) = P_t \times y_t \times E_t (M, W) \qquad (3-3)$$

模型中的 S_t 为总的资源环境压力，P_t 为人口规模总量，y_t 为人均经济福

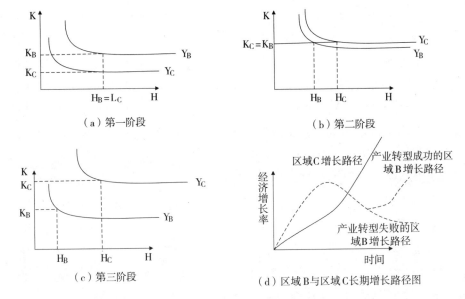

（a）第一阶段

（b）第二阶段

（c）第三阶段

（d）区域 B 与区域 C 长期增长路径图

图 3-2 资源型区域 B 与资源匮乏型区域 C 增长路径分析图

利，E_t 为经济活动带来的资源环境压力，M 与 W 分别为资源消耗与环境污染。从模型中可以看出人口的增长、人均产出的增长均会增加总的资源环境压力，因此戴利提出经济活动应具有一定的"适度规模"，使得资源环境在可承载范围内。

假设资源环境承载力为 C_0，那么则有：

$$S_t（M，W）<C_0 \qquad 即 P_t×y_t×E_t（M，W）<C_0 \qquad (3-4)$$

式（3-4）表明经济活动要受到资源环境压力的约束，这样的经济活动才是可持续的。但是戴利提出，由于人类个体对经济福利增长即 y_t 的增长具有较强烈的偏好，使得经济活动的规模很容易就突破资源环境可承载力的约束，使经济不可持续发展。

然而，Dasgupta 和 Heal 却认为，即使人类个体有经济福利增长的偏好，也不一定必然导致不可持续发展[161]。他们指出，戴利模型中忽视了两个重要的因素，资源环境压力 E_t（M，W）与经济总体增长 Y_t［见式（3-5）］的资源消耗强度及污染排放强度：

$$Y_t=P_t×y_t \qquad (3-5)$$

$$m = M_t / Y_t \qquad\qquad (3-6)$$

$$w = W_t / Y_t \qquad\qquad (3-7)$$

式 3-6 和式 3-7 中，m 降低即资源消耗强度下降则被称为经济增长的"减物质化"，而 w 降低即污染排放强度下降则被称为经济增长的"减污染化"。经济增长的"减物质化"及"减污染化"会抵消人均产出增加给总资源环境压力带来的影响，使资源环境压力 S_t 与经济总产出 Y_t 实现分离，即经济规模扩大。因此，总资源环境压力不是必然增加，也不会突破资源环境承载力 C_0。资源环境与经济增长分离可以分成两类：一类是弱分离，即资源环境压力 S_t 增速小于经济总产出 Y_t 的增速，也称为经济增长的"弱去物质化"和"弱去污染化"；第二类是强分离，即经济总产出 Y_t 实现增长，而资源环境压力 S_t 出现下降的趋势，这一过程被称为经济增长的"强去物质化"和"强去污染化"。后来，学者们结合此理论引入"脱钩"概念，将资源环境与经济增长分离的关系称为"脱钩"。"脱钩"原本是物理学领域的一个概念，用于研究两个物理变量之间的相互变化趋势。"脱钩"被引入资源环境经济学研究领域，一般用于反映一个区域经济增长与资源消耗、环境压力消耗之间的不同步变化情况。目前学者们常用 Tapio 脱钩模型分析资源环境与经济之间"脱钩"的关系。

资源环境承载力的限度要求转变高污染、高能耗的工业经济发展方式，通过创新驱动引导产业转型升级，实现要素投入向结构效率提升转变，提升全要素生产率[162]。我国资源型城市普遍存在着能耗高、环境污染严重等问题。这些问题不仅关系到资源型城市自身产业发展，也对缓解我国资源环境约束、维护生态安全、应对气候变化和增强可持续发展影响深远。

第三节　资源型城市产业绿色转型的制约机制分析

我国资源型城市曾经呈现出高增长、高收入的繁荣态势，在"资源繁荣"现象的背景下，忽视了其潜伏的一系列危机，如资源部门的过度扩张、反工业化倾向明显以及产业结构单一。如今，资源型城市面临经济增长乏力、人口流失、社会矛盾突出、生态环境恶化，甚至"矿竭城衰"的危机，转型压力较大。很多资源型城市也意识到了危机的降临，不少城市也采用一系列措施推动产业绿色转型，但是成功的案例并不多见。根本原因在于，资源型城市产业自身存在的强化机制、挤出效应等，使得资源型城市产业绿色转型面临着巨大的阻力。研究资源型城市产业绿色转型的制约问题，就不得不解释资源型经济的形成及强化机制。

资源型区域拥有丰富的矿产、森林等自然资源。按照比较优势理论，大多数资源型区域选择以资源的开采与加工为主导产业参与区域分工，从而形成以资源型产业为主导的资源型产业体系。然而，大多数资源型区域却陷入了资源优势陷阱，普遍出现资源型经济问题，颠覆了自然资源对区域经济发展具有绝对促进作用的传统观点，引起了学术界对这一问题的关注。Corden与Neary建立了可贸易的繁荣部门（资源部门）、滞后部门（制造业部门）及不可贸易部门（服务部门）的三部门模型解释"荷兰病"现象，提供了资源型经济形成机制的理论解释基本分析框架。资源型经济问题产生的根本原因是过度依赖于资源型产业的发展，对于资源型经济问题的理论解释主要集中于"荷兰病效应""挤出效应"及"制度弱化效应"等。

一、荷兰病效应

荷兰病效应主要解释了资源型区域的反工业化现象。资源型城市通过资源型产业的虹吸效应、产业弱关联效应和锁定效应，使得生产要素持续地流入资源部门，推动资源部门不断扩张，从而形成了资源型主导产业体系，资源依赖性进一步增强。同时，"支出效应"使得生产要素由制造业流向服务业。可见，荷兰病效应使得资源部门具有自我强化能力，使资源型区域锁定在以资源部门为主的产业体系中，制约了资源型区域由资源型产业向具有"干中学"且规模报酬递增的制造业转化，导致区域经济的增长过度依赖资源型产业。

1. 基于两部门的资源型产业强化机制分析

第一，资源型产业自我强化机制来自"反工业化现象"，形成以资源产业为主导产业的产业体系。假设工业内部存在两个部门，即资源部门（R）和制造业部门（M）。由于丰裕的自然资源，资源部门繁荣发展，使得资源部门的劳动与资本边际产量增加，边际成本 $MC=W/MP$（边际产量）下降。图 3-3 中，资源部门的边际成本曲线从 MC_1 向右下方移至 MC_2，在边际收益等于边际成本原则下，资源型部门产量从 Q_1 上升到 Q_2，从而增加了对劳动与资本的需求。在劳动力与资本市场，需求的增加推动资源部门生产要素报酬的提高，工业部门内部制造业的生产要素流向资源部门，产生了资源部门对制造业的虹吸效应，资源部门快速扩张。图 3-4 中，制造业部门生产要素的流出使得规模效应降低，边际成本提高，制造业部门的边际成本曲线从 MC_1 向左上方移至 MC_2，制造业部门产量从 Q_1 萎缩到 Q_2。产量的减少使制造业部门对生产要素的需求进一步减少，制造业部门竞争力下降，形成一个负反馈循环，制造业部门逐步萎缩。由上可见，在虹吸效应下，资源部门逐步壮大并形成一个正反馈循环，而制造业部门在负反馈循环下逐步萎缩，虹吸效应逐步强化形成"马太效应"。资源部门繁荣发展，而制造业部门发展滞后，出现"反工业化"的现象，产业结构失调，形成了以资源产业成为主导产业的产业体系。

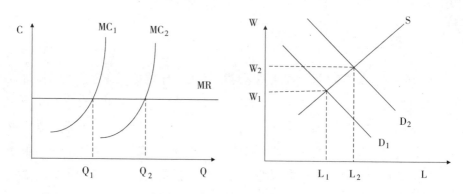

图 3-3　资源部门的扩张变化图

第二，资源型产业自我强化机制来自资源型产业的弱关联性特点。产业的关联性效应反映了产业之间的相互供给与需求关系，主要体现在一个产业生产的产品可以为其他产业提供生产要素，也可以成为其他产业的生产要素；或者其他产业技术的进步可以带动这一产业生产技术的进步，这个产业的技

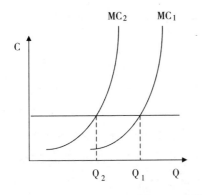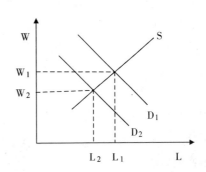

图 3-4　制造业部门的萎缩变化图

术进步也可以促进其他产业的技术进步。由于资源型产业对其他部门产品需求较低、产业链短，并且所需劳动力技能水平低、所需科技水平较低、科技进步较慢，所以资源型产业在产品与技术的供需两方面都表现出与其他产业关联效应弱、关联度低的特点。资源型产业的弱产业关联效应使其对其他产业的带动作用较弱，当地经济生产要素过度集中于资源产业，资源型区域新的资本形成能力较弱，在以资源型产业为主导的经济系统中，容易产生产业结构单一化问题，资源型产业与非资源型产业的发展不协调，则无法拉动地区整体经济发展产生强大的拉动效应[163]。制造业部门产业前后关联效应强，新的资本形成能力强，而且制造业部门的技术更新快，促进了前后向关联产业技术进步，有助于进一步推动整个经济系统技术水平的提高。所以，资源型产业的弱关联效应是导致资源型产业后期增长乏力的重要因素。

　　第三，资源型产业的自我强化机制来自资源型产业的锁定效应。资源型产业锁定效应实质上是产业发展的路径依赖，主要表现在以下方面：其一，要素锁定效应。由于资源型产业具有较高的沉淀成本，沉淀成本往往使人们不愿意付出损失而维持原有的发展模式，这就形成"锁定效应"导致资源配置扭曲。一是专用性资产形成的沉淀成本。资源型产业初期需要投入大量的生产性资本，包括矿产地质勘查、开采以及加工所需的硬件设施设备、人力资本等，而且这些生产性资本具有较强的专用性，只能用于特定的生产和服务。一旦企业从资源型产业退出而进入另一产业时，这些资本难以再发挥作用，企业面临着如何处置这些资本的障碍，从而使资源型产业退出的沉没成本非常高昂。因此，专用性资产的沉淀成本成为国有企业退出资源型产业面临的突出问题，也进一步加大了资源型城市产业绿色转型的阻力。二是固定成本形成的经济性沉淀性成本。比如资源型产业的退出或者转型，需要付给员工的安置成本及员工重新培训成本，这些也是产业绿色转型过程中面临的突出现实问题。所以，要素锁定效应使得资源型产业即使收益下降，生产要素也难以流向其他产业。其二，功能锁定效应。指资源部门对区域功能、产业功能及相关的核心企业的功能锁定，以及对供应关系、合作关系和专业化生产的路径限定。其三，文化锁定效应。指资源型区域在文化观念上容易形成依赖当地资源的文化心理。表现为资源型区域在进行新的投资时，首要考虑的就是如何利用当地资源，建立与资源相关的产业。其四，风险偏好锁定效应。由于当地资源型产业收益高、风险小，因此投资者在投资时倾向于选择成功机会大、风险小的资源型产业，而不是竞争优势不明显的制造业。其五，政策锁定效应。由于资源型产业提供了当地政府的大部分税收，在此情况下，当地政府在政策制定上会倾向于支持资源型产业发展。所以，资源型城市在产业锁定效应的影响下，政策资源与生产要素都被锁定在资源部门，资源部门进一步得到强化，导致资源型城市产业结构的刚性。

参照张复明基于两部门的资源型产业自我强化机制的数理推导[164]，其数学模型表达如下：假设工业部门只有资源部门（R）与制造业部门（M），资源部门属于规模报酬不变或者递减的部门，劳动力技能要求低、技术更新缓慢、教育投入成本低；而制造业部门规模报酬递增，劳动力技能要求高、技术更新快、教育投入成本高。资源部门与制造业部门使用的劳动力（L）和资本（K），数量分别为 L_R、L_M、K_R 和 K_M，$L_R+L_M=L_I$，$K_R+K_M=K_I$。

在资源供给充足的情况下，资源部门生产规模报酬递减或者不变，则存在生产要素增长率 gL_R、gK_R 大于或者等于产出增长率 g_R；而制造业部门的生产规模报酬递增，则生产要素增长率 gL_M、gK_M 小于产出增长率 g_M；假设两部门的生产要素同比例增加，$gL_M=gL_I=gL_R$、$gK_M=gK_I=gK_R$，则 $g_M>g_I>g_R$。

劳动力的净收入为 $NR=W-E$，由于资源部门教育投入较低，在基期资源部门工资水平等于制造业部门工资水平，因此有 $NR_R>NR_M$，也就表示资源型部门的净收入高于制造业部门。因此，劳动力会倾向于流入资源部门，则会推动资源部门的扩张。在国际经济形势向好，资源产品需求增加，资源价格 PR 上升的形势下，资源部门的边际收益 $VMPL_R$ 就会上升，那么必然引起生产要素收益的上升，也即资源部门的劳动力收益工资收入 w_R 上升，资本收益 r_R 上升，则有 $g_{L_R} > g_{L_I} > g_{L_M}$，$g_{K_M} > g_{K_I} > g_{K_R}$，$g_R > g_I > g_M$。那么资源价格的上升，会导致生产要素向资源部门进一步集中。当资源价格 P_R 下降，资源部门的劳动力工资 w_R 下降，资本收益 r_R 下降。如果工资下降的幅度小于从事制造业所需的教育投入，则新的劳动力资源依然会流入资源部门，而已有的劳动力由于技能要求难以达到制造业的技能要求，阻碍了其流向制造业部门。对于资本而言，由于资源部门的资本高专用性，其资本具有较大的沉淀成本，只有当制造业部门的资本收益 $r_M \geq r_R + C$，C 为沉淀成本，资本才有可能由资源部门转向制造业部门。

如果随着资源的进一步开采，资源逐步枯竭，在这种情形下资源型产业逐步萎缩，对劳动力、资本生产要素需求降低。在制造业部门发展滞后的情形下，资源型部门的劳动力与资本供过于求，一部分劳动力失业，为寻找新的就业机会而导致人口的外流，同样为寻找新的投资机会导致资本外流。资源枯竭型城市更需要打破资源型部门的锁定效应，扶持替代产业推动城市产业的转型，才能避免"矿竭城衰"的状况。

在两部门经济下，虹吸效应使得生产要素流向资源部门，锁定效应使得生产要素进一步锁定在资源部门，使得资源产业部门自我强化，资源型产业转型制约效应明显。

2. 基于三部门的资源型城市产业发展机制分析

假设存在资源型部门（R）、制造业部门（M）及服务业部门（S），资源部门的繁荣发展会提升雇佣人员及资源开发者的收入水平，同时当地的税收收入增加，政府支出增加，带动当地消费水平的提高，需求的增加推动了服务业生产要素价格的上升。由于资源部门也处于上升期，因此资源型部门繁荣产生的支出效应使得生产要素进一步由制造业流向服务业部门。在资源部门的虹吸效应下，服务业部门的产出水平可能会下降，因此在资源部门的支出效应与虹吸效应下，服务业部门的产出水平是不确定的。资源部门产业的扩张主要来自资源采掘、初加工、配套和生产性服务等资源家族产业的发展，对其他部门产品需求尤其是消费品的需求较低，因此对服务业的带动并不明显。资源部门的锁定效应进一步强化了资源型产业的主导地位。

本书进一步运用数学推导，明晰基于三部门模型的资源型区域产业发展规律，假设：经济部门包含资源性部门（R）与制造业部门（M）及服务业部门（S），资源部门属于规模报酬不变或者递减的部门，劳动力技能要求低，技术更新缓慢，教育投入成本低，而制造业部门规模报酬递增，劳动技能要求高，技术更新快，劳动力需要接受较高的教育才能进入制造业部门，服务业部门劳动技能要求低，教育投入成本低，制造业部门、资源部门、服务部门使用劳动力（L）和资本（K），数量分别为 L_R、L_M、L_S、K_R、K_M、K_S，$L_R+L_M+L_S=L_E$，$K_R+K_M+K_S=K_E$。在资源供给充足的情形下：资源部门生产规模报酬递减或者不变，则存在生产要素增长率 gL_R、gK_R 大于或者等于产出增长率 g_R，制造业部门的生产规模报酬递增，则有生产要素增长率 gL_M、gK_M 小于产出增长率 g_M，服务业部门规模报酬递增，则有生产要素增长率 gL_S、gK_S 小于产出增长率 g_S，假设三部门的生产要素同比例增加，则有 $gL_M = gL_R = gL_S$，$gK_M = gK_R = gK_S$，则 g_M、$g_S>g_R$。

劳动力的净收入为 $NR = w-E$，由于资源部门、服务业部门教育投入较低，在基期三部门的工资水平相同，因此有 NR_R、$NR_S>NR_M$，也就表示资源型部门、服务业部门的净收入高于制造业部门。在国际经济形势向好，资源产品需求增加，资源价格 P_R 上升的形势下，资源部门的边际收益 $VMPL_R$ 就会上升，那么必然引起生产要素收益的上升，也即资源部门的劳动力收益工资收入 w_R 上升，资本收益 r_R 上升，由于资源部门收益提升会拉动当地消费水平的提高，推动服务业的发展，则服务业部门的工资水平 w_S 上升，资本收益 r_S 上升，则有 $gL_R>gL_S>gL_M$，$gK_M>gK_S>gK_R$，$g_R>g_S>g_M$。那么资源价格的上升，会导致生产要素向资源部门进一步集中，服务业则存在不确定性，可能由于支出效应而吸引生产要素流入服务部门，但是相比较而言，资源价格上涨对资源部门收益的提升更直接，资源部门产出增长率要快于服务业部门，资源部门对服务业部门也会产生虹吸效应，导致服务业部门生产要素流向资源部门。当资源价格 P_R 下降，资源部门的劳动力工资 w_R 下降，资本收益 r_R 下降。由于支出效应的影响，资源部门收益的下降会影响当地的消费水平，会对当地服务业部门收益产生一定影响。如果工资下降的幅度小于从事制造业所需的教育投入，新的劳动力资源则会流入资源部门与服务部门，而已有的劳动力由于技能要求难以达到制造业的技能要求，阻碍了其流向制造业部门，但部分会流向服务业部门，但是由于服务业的发展速度也受到影响，所以生产要素向服务业部门的流动受到制约。对于资本而言，由于资源部门的资本高专用性，使得其资本具有较大的沉淀成本，只有当制造业部门的资本收益 $r_M \geq r_R + C$，C 为沉淀成本，资本才有可能由资源部门转向制造业部门与服务业部门。

如果资源型城市产业不能成功转型，高度依赖资源型产业的产业体系会随着资源的枯竭而面临一系列严重的经济、社会和环境问题，甚至出现矿竭城衰。随着资源的进一步开采，资源逐步枯竭，在这一情形下资源型产业逐步萎缩，对劳动力、资本生产要素需求降低。在制造业部门发展滞后的情形下，资源型部门的劳动力与资本供过于求，一部分劳动力流向同样劳动技能要求不高的服务业部门。由于资源型部门的衰退，资源产业发展繁荣时期的高收入、高增长不再持续，当地的消费水平提高受到制约，在新的替代产业没有形成或者不成熟的情形下，服务业部门难以容纳所有的就业。为寻找新的就业机会，一部分劳动力只能流向其他区域，导致人口的外流，同样，为寻找新的投资机会，也导致资本外流，不利于资源型城市自身资本的积累。从基于三部门模型的分析来看，虽然资源枯竭型城市的服务业会进一步发展，但是在没有替代产业或者替代产业不成熟的情况下，服务业的发展速度也会受到制约，经济增长速度会迅速下降。资源枯竭型城市更紧迫地需要建立反锁定循环机制，扶持替代产业推动城市产业的转型，以避免"矿竭城衰"的状况。

由此可见，资源部门的繁荣使得该产业收益提高，出现高工资、高资本收益，挤压了制造业与服务业等非资源型产业的发展空间，造成产业结构畸形发展。制造业与服务业的发展不仅能带来一个区域经济的增长，而且有利于该区域结构的调整，从而带来质的发展。资源部门发展的虹吸效应、弱关联性及锁定效应等形成了自身的强化机制，使得资源型城市高度依赖资源产业，从而陷入比较优势陷阱，制约了资源型城市经济的长期增长及可持续发展。

二、挤出效应

从长期来看，资源型产业的自我强化会对投资、储蓄，尤其是技术创新和人力资本产生明显的挤出效应。其一，资源型城市对储蓄投资具有挤出效应。资源型区域的高收入、高福利给人们带来自然资源可以持续性提供财富的假象，减少了人们对现有资本转移到未来的需要，这会降低资源型区域投资与储蓄的意愿[165]。其二，资源型城市对资本积累的挤出效应。资源型地区资源型产业获得的资本积累，不会进一步反哺非资源型产业形成新的资本投入，不利于本地的资本积累。资源开发使一部分人暴富，社会的贫富差距加大。我国资源型城市大都位于中西部偏远地区，经过多年的资源开发，生态破坏、环境污染问题逐步凸显。富人倾向于将资金转向经济较发达、环境较好的地区，这样加剧了转型资金的制约。其三，资源型城市对技术创新的挤出效应。资源型区域的高收入、高收益吸引生产要素向资源型产业集中，而处于初级开采与加工领域的资源型产业对技术创新要求不高、技术进步缓慢，对其他产业技术带动效应不强，因而挤出技术更新快、产业带动效应强的制造业。同时，资源开发还可能吸引本地高等人力资本（潜在创新者）和企业家去从事初级产品生产，而挤出企业家行为和技术创新，这会导致整个经济缺乏推动力，导致经济增长乏力、效率下降。其四，资源型城市对人力资本的挤出效应。在资源型行业从事初级产品生产大都不需要高技能、高素质的劳动力，从而减少了对高水平教育的需求，往往会造成当地忽视对人力资本的积累。在资源型城市中普遍存在的几个典型现象是劳动力受教育程度不高、下岗（失业）现象严重、再就业困难、人才流失严重和人力资源分布结构不合理等，这些现象使战略性新兴产业和高新技术产业的发展受到明显的制约。这种产业结构的畸形发展，使得资源型区域投资、人力资本和创新不足，最终会制约整个经济的增长。

三、制度弱化效应

由于自然资源开发会带来高额经济租，这往往会引发寻租现象，滋生政治腐败。既得利益者为防止自然资源的开采权落入其他利益集团或个人的手中，他们会通过不透明的方式配置租金来使政治操纵的范围最大化，间接阻止了建立更好的制度环境，使资源型区域政策制度弱化。一个寻租的政府部门，缺乏建立推动非资源型部门产业发展相关制度的动力，且有可能为了特殊关系集团的利益而不合理地干预市场，导致市场资源配置的扭曲。如资源型城市国有企业比重高，政府的干预使得当地大量资源流向低效率的国有经济部门进行配置，而国有经济部门对资源的使用方式往往表现出明显的"重视物质资本、轻视人力资本"的特征[166]。因此，完全依赖资源型产业的地区或国家往往政治腐败更严重，管理水平更低效。生产条件与生活条件的恶化，加上腐败导致的寻租行为和监管套利行为，营商环境恶化，使得民营企业缺乏成长空间，严重地制约了当地中小民营企业的发展。再者，当地非资源型产业的萎缩，使资源开发积累的资金难以找到可供投资的对象。这些都明显地降低了外资与人才流入的吸引力，从而也进一步强化了挤出效应。

综上可见，在资源高收益情形下，资源型产业的虹吸效应使得生产要素向资源型产业集中。由于资源型产业的锁定效应、低产业关联效应阻碍了资源型产业对非资源型产业的带动，资源滞留在资源型产业部门。这一产业发展过程产生了明显的挤出效应，挤出了科技创新、人力资本投入、储蓄、投资及企业家等，使得资源型城市出现资源高度依赖、产业结构单一和制度弱化等问题，形成了低技术进步、低人力资本积累和低投资的"三低型"经济。这种情况进一步强化了资源型产业发展，使得新产业难以健康成长，生产要素被长期锁定在资源部门（见图3-5）。

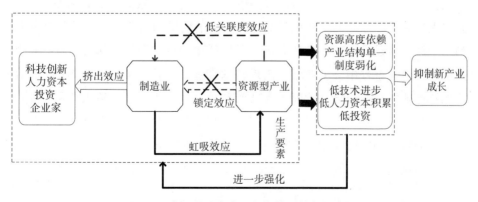

图3-5 资源型城市产业绿色转型的制约机制

第四节　资源型城市产业绿色转型的动因分析

依据产业结构变动相关理论，影响产业结构变动的因素较多，主要包括以下几个方面：环境因素、人口因素、技术进步因素、消费结构因素和经济发展因素等。但是，这些影响一般是通过需求与供给端发生作用。所以，我们从需求与供给的视角，针对驱动资源型城市产业绿色转型的动因进行分析。

一、社会需求变化

社会需求主要反映了社会需求总量和社会需求结构两个方面。社会需求包括投资需求与消费需求，投资需求主要是为了满足消费需求，因此消费需求具有很强的诱导性。由此，需求结构或者消费结构的变化，对推动产业结构和工业结构的变动具有诱导和拉动作用，是产业结构出现重工业化、高加工化和高技术化的直接动因。另外，工业结构的变动与消费结构的演变是相对应的。当消费结构处于"生理性需要占统治地位"的阶段，人们收入水平低，消费结构中主要是解决温饱问题，食品和纺织品占消费结构的主要部分，因此工业化首先是从轻工业起步，这是需求结构的反映。消费结构的第二阶段为"追求便利和机能阶段"，这一阶段消费结构的改变意味着人们要增加耐用消费品的消费。此时，与消费需求结构相适应的原材料工业和加工业得到极大发展，产业结构呈现重工业化趋势。消费结构的第三阶段为"追求时尚与个性"的阶段，这一阶段人们的消费欲望出现多样性和多变性，与此相适应的工业化过程中，工业结构出现转向高加工行业，进而转向知识、技术集约化行业发展的趋势。从现实情况来看，我们正处于由"追求便利和机能阶段"向"追求时尚与个性阶段"转变时期。以原材料加工和加工工业为主要特征的资源型城市，在"追求便利和机能阶段"得到快速的发展，随着社会消费结构的变化，资源型城市面临着产业绿色转型的压力。

二、供给变动

供给方面的因素主要是指生产要素（包括劳动力、资本、自然资源与环境）的保有量及相对价格结构、生产技术水平的状况等。供给程度和供给效益都会直接影响产业的发展。供给因素的变动必然会引起产业结构的变动，即一个地区的资源供给因素对该地区产业的发展与变化起着关键作用。

1. 资源与环境

资源环境是人类赖以生存的基础，美国经济学家马丁·魏茨曼就指出，经济增长的源泉包括物质资本、人力资本以及自然资本，并且认为环境是一种重要的自然资本。资源为产业的发展提供基本的生产条件，并且很大程度上决定着产业的选择和产业结构的变动。产业的发展，消耗着资源，同时各种废弃物排放也不断增加，加大了对环境的压力，一些地区甚至出现了产业发展超出资源环境承载力的现象。资源环境对产业发展的制约逐步受到重视，一些学者开始把资源环境因素纳入经济增长的分析框架中，提出了可持续发展、绿色发展和生态文明的发展理念。资源型城市是依托自然资源的开发、加工而兴起的城市，形成以资源型产业为主导的产业体系，产业的发展高度依赖资源开发。资源型地区作为倚重"资源福音"的特殊区域，依靠要素与投资驱动发展的方式为其带来了丰厚的经济红利，但这种粗放发展方式也消耗了过多的资源要素，产生了较大的负效应，如产业结构单一初级、生态环境恶化等问题，使得资源型地区投资吸引力逐步丧失，可持续发展受到严峻挑战[167~168]。资源与环境成为影响资源型城市产业绿色转型的重要因素，同时也是资源型城市产业不得不绿色转型的依据。

2. 人力资源

人力资源是产业发展的必要条件，人力资源包括数量与质量两方面。随着产业的高度加工化、知识技术集约化，人力资源的质量对经济与产业的发展发挥着决定性的作用。人力资源对一个地区产业结构变动的影响主要表现为，在资本既定的条件下，不同素质的劳动力会产生不同的边际资本—产出比。高素质的劳动力由于具备较高的管理技能、技术技能，同量的资本投入会产生更高的产出水平。产出水平的提高会推动供给结构的变化，供给结构的变化则会促进产业结构的调整。因此，推动产业结构的转型升级，必须重视人力资本的积累，而教育是人力资源开发、人力资本积累的重要方式。由于资源型城市经济增长存在明显的人力资本积累挤出效应，因此人才是资源型产业转型的稀缺资源，也是破解资源型城市产业绿色转型制约的关键因素。

3. 资金供给

资金的供给对产业结构的影响，主要来自可供投资的资金量及使用资金的成本。一般来说，一个产业资本供给越充裕，资本使用成本就越低，越有利于该产业的发展。一个地区产业结构的演变与该地区资金供给方向密切相关。政府可以通过金融政策改变对一个产业的资金供给量，从而引导一个地区产业发展方向，促进地区产业结构的调整。由于资本的逐利性特性，资源型城市资本倾向于流入高收益、低风险的自然资源采掘业。加之资源型产业的资本高专用性特征，资源型产业积累的资本难以流向非资源型产业，也加大了资源型城市产业绿色转型的阻力。资本积累缺乏是目前资源型城市产业绿色转型的一大困境，政府的金融政策支持是推动产业绿色转型的重要工具。

4. 生产技术体系

科技进步是推动生产力发展的巨大杠杆，不仅改变着产业发展基础，也是推动产业结构调整、优化与升级的最关键因素，是产业增长的原动力。人类社会已经历了三次工业革命（又称技术革命），目前处于第四次工业革命时期。有学者指出，人类有250万年的历史，但是人类经济增长却只有250年的历史，250年经济增长是三次工业革命的结果。工业的每次核心技术领域突破，出现一个或者几个颠覆性的技术创新，都伴随着产业结构的调整与新的产业产生。如第一次工业革命以蒸汽动力的发明、冶金工业的变革为主要标志，推动了生产的机械化，从而带动了纺织产业与钢铁产业的快速发展；第二次工业革命是以电力和内燃机的发明为主要标志，从而使得石油化学工业、电力、家用电器、汽车与飞机制造业等产业得以兴起与发展；第三次工业革命则是以原子能、电子计算机、空间技术和生物工程的发明与应用为主要标志，使得电子、航空航天、信息技术、核工业和生物技术业得以兴起和发展，从而推动了第一、二产业在国民经济中比重下降，第三产业的比重上升。由此可以看出，产业重构变迁之路的核心动力来源于科技进步。技术进步包含技术创新与技术扩散两个阶段。通过技术扩散，可以提高整个产业的技术水平。另外，资源型城市资源产业的自我强化具有技术进步挤出效应，产业绿色转型面临核心技术缺乏的制约，因此技术创新是推动资源型城市产业绿色转型的关键因素。

三、政策制度影响

产业发展政策、产业结构政策是一个地区政府干预产业发展的主要手段。政府通过制订中长期的产业发展计划，在市场调节的基础上利用产业发展政策、产业结构政策对产业结构变动方向进行调控，引导产业合理调整。可见，政策制度是直接和间接推动产业结构变化、产业转型的重要因素。

主流经济学中，一般都将制度作为"外生变量"，即将制度设定为已知的、既定的。然而，这并不符合经济发展的实际。诺恩指出制度的变化为产业革命这一根本性的变革铺平了道路。制度创新引起产业结构的变动主要表现在：其一，制度创新行为主体的目标是追求利益的最大化，只有预期收益大于预期成本，行为主体才有推动制度变革的动力。所以，制度创新会对利益格局重新界定，对新利润的追求使人们更加努力地发展新兴产业。其二，制度创新创造了一种新的经济活动准则，形成新的社会分工与专业化，从而直接或者间接影响产业结构。其三，制度创新意味着产权和交易费的改变，而这些会影响企业及个人的行为决策，从而产生对产业结构变动的影响。因此，在讨论技术进步、要素流动等对产业结构的影响时，制度创新是不可忽视的重要因素。我国资源型城市大多数兴起于计划经济时代，国有经济体制以及生产为中心的惯性思维使其难以融入市场环境。一方面，一些城市推动产业绿色转型升级中存在规划和实际脱节现象，使得产业的转型升级脱离了地区的发展情况和条件限制，缺乏合理的规划和连贯性；另一方面，在资源枯竭的形势下，就业和财政压力大增、人口流失严重，因而造成资源型城市产业绿色转型升级陷入困境。

第四章 资源型城市产业绿色转型的评价

第一节 评价思路、研究区域及数据来源

一、评价思路

资源型城市产业绿色转型的评价是通过量化的方法，对目前资源型城市产业绿色转型取得的主要成就和存在的问题进行综合的评价分析。

如前所述，本书认为产业的绿色转型是在绿色经济与高质量发展理念下的转型，要实现产业发展中的资源消耗约束目标和环境污染排放约束目标，同时实现产业结构优化升级及产业高效化发展。通过前文资源型城市产业绿色转型的制约机制分析可知，资源型城市形成以资源型产业为主导的产业体系，产业结构单一，资源型城市需要优化产业结构，促进产业绿色转型升级。但是，产业结构的优化不是简单的"去工业化"，工业部门是推动资源型城市产业发展和经济增长的主要力量，同时也是高投入、高排放、高污染和高消耗的粗放式发展的行为主体，所以要通过技术创新提升生产效率，大力发展高附加值产业，推动工业绿色发展整体水平的提升，最终实现工业增长摆脱高投入、高消耗和高排放的发展方式。因此，资源型城市产业绿色转型评价应从资源型城市产业结构升级、工业发展的资源约束、工业发展的环境脱钩和工业绿色高效转型四个方面来评价（见图4-1）。

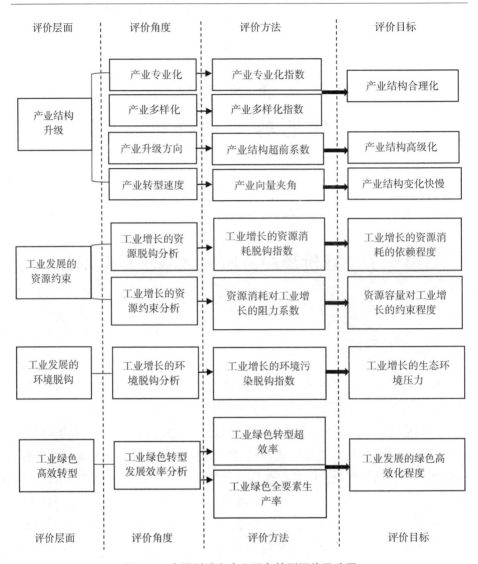

图 4-1　资源型城市产业绿色转型评价思路图

　　基于本书对资源型城市产业绿色转型内涵的界定，针对以上四个层面分别分析，采用多视角多种研究方法结合的评价思路，对资源型城市产业绿色转型进行综合的评价。对于资源型城市产业结构升级的评价，主要分析资源型城市产业的专业化水平、多样化水平、产业升级方向和产业转型速度，通过产业专业化指数、产业多样化指数、产业结构超前系数和产业向量夹角的测算衡量产业结构的合理化、高级化及产业结构变化快慢的程度；对于资源型城市工业发展的资源约束的评价，主要分析资源型城市工业增长的资源脱钩水平、工业增长的资源约束效应水平，通过工业增长的资源消耗脱钩指数、资源消耗对工业增长的阻力系数的测算衡量工业增长对资源消耗的依赖程度，以及资源容量对工业增长的约束程度；对于资源型城市工业发展的环境脱钩的评价，主要分析资源型城市工业增长的环境脱钩水平，通过工业增长的环境污染脱钩指数的测算衡量工业增长的生态环境压力；对于资源型城市工业绿色高效转型的评价，主要分析资源型城市工业绿色转型发展效率，通过工业绿色转型超效率、工业绿色全要素生产率的测算衡量工业发展的绿色高效化程度。

二、研究区域

本章以《全国资源型城市可持续发展规划（2013-2020 年）》中明确的地级及以上的资源型城市为研究对象，并按照规划中根据城市资源保障能力和可持续发展能力对资源型城市所做的分类，将研究对象划分为成长型城市、成熟型城市、衰退型城市和再生型城市四种类型。成长型城市是我国能源资源的后备基地，资源保障能力强。成熟型城市是指资源开发处于稳定阶段，资源保障能力强，经济发展水平较高的城市。衰退型城市是指城市资源趋于枯竭，经济发展滞后、民生问题、生态问题突出的城市。再生型城市是城市发展基本摆脱了资源依赖，社会经济开始进入良性发展轨道。目前地级及以上资源型城市中大多数处于成熟期，该类型城市占 59 个，其次是衰退型城市，该类型城市有 23 个，这两类资源型城市占我国资源型城市总数的 80% 左右（见表 4-1）。衰退型城市的转型已经迫在眉睫，必须切实做好转型工作。事实上，即便是成熟型的资源型城市也即将面临衰退的困境，开展产业绿色转型应未雨绸缪。

表 4-1　按发展周期分类的我国资源型城市（地级及以上）区域分布表

	成长型	朔州市、鄂尔多斯市、呼伦贝尔市、松原市、贺州市、南充市、六盘水市、昭通市、咸阳市、延安市、榆林市、武威市
按照城市发展周期分类	成熟型	邯郸市、邢台市、张家口市、承德市、大同市、阳泉市、长治市、晋城市、晋中市、运城市、忻州市、临汾市、吕梁市、赤峰市、本溪市、吉林市、鸡西市、大庆市、黑河市、湖州市、淮南市、滁州市、宿州市、亳州市、池州市、宣城市、三明市、南平市、龙岩市、赣州市、宜春市、东营市、济宁市、莱芜市、平顶山市、鹤壁市、三门峡市、鄂州市、衡阳市、邵阳市、郴州市、娄底市、云浮市、河池市、自贡市、攀枝花市、广元市、广安市、达州市、雅安市、安顺市、曲靖市、普洱市、保山市、临沧市、宝鸡市、渭南市、平凉市、克拉玛依市
	衰退型	乌海市、抚顺市、阜新市、辽源市、白山市、鹤岗市、双鸭山市、伊春市、七台河市、淮北市、铜陵市、景德镇市、萍乡市、新余市、枣庄市、濮阳市、焦作市、黄石市、韶关市、泸州市、铜川市、白银市、石嘴山市
	再生型	唐山市、包头市、鞍山市、盘锦市、通化市、徐州市、宿迁市、马鞍山市、淄博市、临沂市、洛阳市、南阳市、丽江市、张掖市

资料来源：《全国资源型城市可持续发展规划（2013-2020 年）》。

三、数据来源

考虑到数据的可获得性，本书选取了《全国资源型城市可持续发展规划（2013-2020 年）》中确定的地级行政区及以上的资源型城市，剔除了数据大量缺失的陇南市、百色市、金昌市、泰安市、庆阳市、葫芦岛市、牡丹江市、毕节市、大兴安岭市及少数民族自治州，并依据规划中对资源型城市的分类将其划为成熟型城市、成长型城市、衰退型城市及再生型城市四种类型。本书主要对选取的 108 个地级及以上资源型城市的数据进行分析。

在研究时段的选择方面，本书对产业专业化与多样化测度的研究时间段为 2003~2017 年；由于 2017 年缺失资源型城市全市第一产业、第二产业和第三产业产值方面的数据，本书对产业升级方向和产业转型速度测度、资源消耗的脱钩分析、资源约束效应测度以及环境污染的脱钩分析的研究时间段选取为 2003~2016 年；由于 2009 年以前工业固定资产投资统计的是规模以上工业企业固定资产净值年平均余额，2009 年以后统计的是规模以上工业企业固定资产合计，同时 2017 年无法获取各市规模以上工业企业总产值数据，为了保持数据的连贯性，本书对资源型城市工业绿色转型效率测度的研究时间段选取为 2009~2016 年。数据主要来源于历年的《中国城市统计年鉴》及EPS 数据库。

第二节　资源型城市产业结构升级评价

一、产业专业化分析

在经济的发展过程中，随着地区之间分工不断深化，一些具有地域特色的专业化生产部门在本地区的自然优势、劳动力优势和区位优势的基础上形成。产业专业化是指少数生产部门占据了所在区域内绝大多数生产要素，并贡献了该区域生产总值的大部分。产业专业化在一定程度上可以反映地区主导产业的变换更替情况。经济学家在研究产业结构时广泛使用了区位熵、赫芬达尔—赫希曼指数等测量方法衡量产业专业化程度。其中区位熵主要被用于分辨某个产业构成地区专业化程度的高低，并衡量该区域内部生产要素的主要分布程度，是比较地区产业专业化程度的主要指标。

本书借鉴 Henderson 和 Glaeser 的研究方法，采用区位熵来衡量产业专业化水平。考虑到资源型城市是依托资源的开采与加工兴起的城市，本书重点测度采掘业的专业化水平，表达式如下：

$$SI = \frac{l_{ic}/l_{ia}}{L_c/L_a} \tag{4-1}$$

式（4-1）中，SI 为产业专业化指数，本书主要考察我国资源型城市的采掘业、制造业的产业专业化水平。l_{ic} 为城市 i 的采掘业、制造业从业人员数，l_{ia} 为城市 i 所有从业人员数；L_c 为全国采掘业、制造业从业人员数，L_a 为全国总就业人数。如果 SI 值大于 1，则表明该产业是 i 城市的专业化产业；SI 值越大，则表明产业的专业化水平越高。

表 4-2　2003~2017 年我国资源型城市及分类型城市采掘业专业化指数均值

年份	再生型	成熟型	成长型	衰退型	均值
2003	2.82	1.985	2.674	3.191	2.427
2004	2.735	2.112	2.853	3.302	2.528
2005	2.626	2.228	3.062	3.587	2.662
2006	2.577	2.204	3.186	3.152	2.563
2007	2.728	2.237	3.426	3.153	2.628
2008	2.771	2.302	3.493	3.188	2.684
2009	2.918	2.373	3.536	3.138	2.736
2010	3.034	2.478	3.087	3.31	2.795
2011	2.809	2.527	3.861	3.485	2.916
2012	2.824	2.633	4.149	3.815	3.078
2013	2.895	2.947	4.714	3.836	3.326
2014	2.977	2.991	4.773	3.936	3.388
2015	3.123	3.157	4.541	3.75	3.432
2016	3.1	3.306	5.188	3.491	3.528
2017	3.147	3.41	5.358	3.466	3.604

　　一般而言，采掘业专业化程度可以反映一个城市对资源型产业依赖的程度。从表 4-2 中可以看出，2003~2017 年我国资源型城市采掘业专业化指数均值基本都在 2 以上，表明我国资源型城市采掘业专业化水平较高，具有明显的以矿产资源的开采、加工为主导产业的特征。2003~2017 年，采掘业专业化水平具有进一步提升的趋势。从分类型资源型城市的情况来看，2003 年采掘业专业化水平表现为衰退型城市>再生型城市>成长型城市>成熟型城市，但是成长型城市、成熟型城市采掘业专业化水平增长迅速。2013~2017 年均表现出成长型城市>衰退型城市>成熟型城市>再生型城市的特征。从发展趋势来看（见图 4-2），2003~2017 年，成长型城市、成熟型城市采掘业专业化水平增长趋势明显，而再生型城市、衰退型城市波动较大，增长幅度不大。

　　从表 4-3 中可以看出，2003~2017 年我国资源型城市制造业专业化指数均值远低于 1，表明与全国平均水平相比，我国资源型城市制造业专业化水

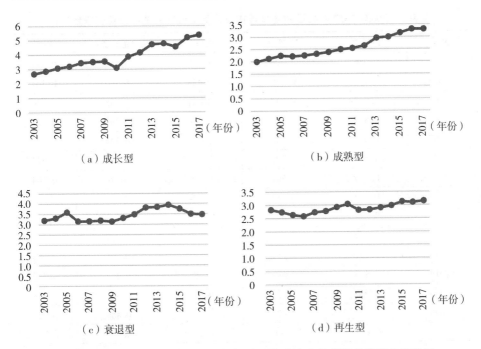

图4-2　2003~2017年分类型资源型城市采掘业专业化指数均值变化趋势图

平较低。研究结果符合资源型城市的产业特征，由于资源型产业具有"挤出效应"，生产要素是从生产规模递增的制造业部门流向资源部门。从分城市类型的结果来看，整体表现出再生型城市>衰退型城市>成熟型城市>成长型城市，这正好与采掘业专业化水平排名相反，而且成长型城市制造业专业化指数远低于其他类型城市，而采掘业专业化水平远高于其他类型的城市。研究结果在一定程度上进一步验证了资源型城市产业发展高度依赖于资源开发，形成了以资源型产业为主导的产业体系。由于资源型产业对生产要素的吸纳效应及资源型产业的资产专用性等特征，产生资源型部门对制造业部门的挤出作用，导致资源型产业与非资源型产业的结构失衡，使资源型城市产业发展表现出明显的"反工业化"现象。从各类型城市制造业专业化指数变化趋势来看（见图4-3），成熟型城市制造业专业化指数下降趋势明显，成长型城市在波动中下降，衰退型城市呈现U字形趋势，再生型城市波动幅度较大，规律不明显。

表 4-3　2003~2017 年我国资源型城市及分类型城市制造业专业化指数均值

年份	再生型	成熟型	成长型	衰退型	均值
2003	0.936	0.779	0.48	0.884	0.788
2004	0.911	0.758	0.438	0.875	0.767
2005	0.897	0.737	0.421	0.843	0.745
2006	0.857	0.725	0.406	0.792	0.721
2007	0.834	0.721	0.403	0.744	0.705
2008	0.826	0.707	0.376	0.734	0.692
2009	0.869	0.707	0.358	0.776	0.704
2010	0.852	0.687	0.384	0.755	0.69
2011	0.842	0.687	0.348	0.752	0.683
2012	0.862	0.689	0.348	0.757	0.688
2013	0.841	0.684	0.468	0.796	0.704
2014	0.865	0.695	0.47	0.803	0.715
2015	0.89	0.7	0.451	0.845	0.728
2016	0.9	0.695	0.445	0.859	0.729
2017	0.847	0.71	0.428	0.872	0.731

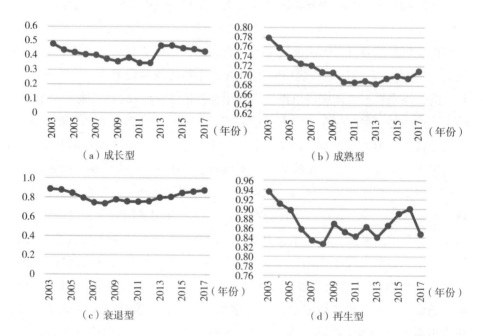

图 4-3　2003~2017 年分类型资源型城市制造业专业化指数均值变化趋势图

根据资源型经济的特点，假设将工业化进程简化为工业部门内部结构的演变，即资源部门与制造业部门的此消彼长，工业化进程表现为资源部门所占比例的下降与制造业部门所占比例的上升，反之则认为是"反工业化"。本书进一步利用采掘业专业化指数与制造业专业化指数之比来衡量我国资源型城市的"反工业化"指数，公式表达如下：

$$AII = \frac{SI_c}{SI_z} \tag{4-2}$$

式（4-2）中，SI_c 为采掘业专业化指数，SI_z 为制造业专业化指数，计算结果如表4-4所示。

表4-4 2003~2017年我国资源型城市及分类型城市"反工业化"指数均值

年份	再生型	成熟型	成长型	衰退型	均值
2003	3.012	2.55	5.574	3.608	3.078
2004	3.002	2.787	6.516	3.774	3.296
2005	2.927	3.022	7.28	4.258	3.571
2006	3.007	3.04	7.847	3.978	3.555
2007	3.271	3.102	8.505	4.24	3.726
2008	3.352	3.255	9.3	4.346	3.881
2009	3.359	3.358	9.88	4.046	3.888
2010	3.563	3.605	8.033	4.382	4.054
2011	3.335	3.68	11.1	4.632	4.268
2012	3.275	3.82	11.932	5.038	4.472
2013	3.444	4.312	10.071	4.82	4.725
2014	3.441	4.305	10.159	4.904	4.74
2015	3.508	4.51	10.062	4.439	4.716
2016	3.442	4.759	11.663	4.061	4.841
2017	3.714	4.805	12.511	3.975	4.932

从表4-4和图4-4中可以看出，我国资源型城市"反工业化"指数较高，且2003~2017年"反工业化"指数具有进一步提高的趋势。表明我国资源型城市依然存在明显的"反工业化"现象，一定程度上验证了资源型产业对制造业具有明显的挤出效应，资源型产业挤出非资源型产业的趋势还在进

一步强化。从城市分类型结果来看，表现出成长型城市>成熟型城市>衰退型城市>再生型城市的特征。其中成长型城市的"反工业化"指数数值较大且增长明显，成熟型城市的"反工业化"指数也表现出明显的增长态势，而衰退型城市与再生型城市的"反工业化"指数波动较大。

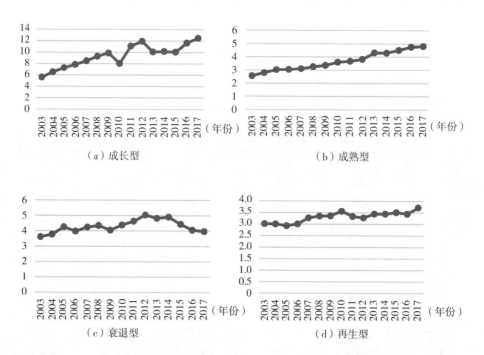

图4-4 2003~2017年分类型资源型城市"反工业化"指数均值变化趋势图

二、产业多样化分析

产业多样化是指具有相关联系的不同产业在某一地区存在的产业布局，产业多样化指数可以反映产业内部的多样化程度。与产业结构简单的地区相比较，产业多样化程度高的地区，具有经济增长平稳的特点。产业的多样化一般采用赫芬达尔—赫希曼指数的倒数来衡量，将所有部门的就业份额平方之和再求倒数得到。

本章为了对不同城市间进行横向对比，参考了李金滟和宋德勇对产业多样化指数的测度方法[169]，表达式为：

$$DI = 1/\sum |l_{ij} - L_j| \tag{4-3}$$

式（4-3）中，DI 为产业相对多样化指数，l_{ij} 为 i 城市 j 部门就业人数占全市总就业人数的份额，L_j 为产业 j 占全国份额的比重。产业多样化值越小，则表明该城市产业多样化程度越低，即该城市产业发展的均等化程度低，产业发展主要集中于少数几个行业领域，使得城市产业系统内部发展差异较大。相反，产业多样化值越大，则表明产业发展相对均衡。

2003~2017 年我国资源型城市及分类型城市产业多样化指数均值见表 4-5。

表 4-5　2003~2017 年我国资源型城市及分类型城市产业多样化指数均值

年份	成长型城市	成熟型城市	衰退型城市	再生型城市	均值
2003	1.822	2.441	2.191	2.567	2.335
2004	1.73	2.413	2.121	2.483	2.284
2005	1.703	2.233	2.065	2.429	2.164
2006	1.755	2.283	2.075	2.558	2.216
2007	1.692	2.29	2.054	2.642	2.219
2008	1.624	2.233	1.995	2.563	2.157
2009	1.531	2.184	2.073	2.566	2.138
2010	1.6	2.102	2.016	2.531	2.083
2011	1.5	2.117	2.055	2.486	2.083
2012	1.42	2.029	1.951	2.379	1.99
2013	1.597	2.026	2.187	2.713	2.101
2014	1.611	2.066	2.188	2.746	2.13
2015	1.593	1.996	2.16	2.596	2.064
2016	1.65	2.014	2.187	2.735	2.104
2017	1.54	2.007	2.171	2.549	2.06

从表 4-5 中可以看出，2003~2017 年我国资源型城市多样化指数整体呈现下降趋势。表明我国资源型城市产业发展进一步向资源型产业集中，加剧了资源型城市产业的非均衡化发展，产业结构单一化问题依然严重，资源型城市构建多元化产业体系的目标依然任重道远。从资源型城市的分类型结果来看，2017 年平均多样化指数从高到低依次为再生型城市、衰退

型城市、成熟型城市和成长型城市。再生型城市成功实现了产业的转型，摆脱了对资源型产业的依赖，产业结构逐步向多元化发展；衰退型城市资源型产业逐渐衰落，使其不得不面对产业的转型问题，从而使接续替代产业得到支持发展，这在一定程度上推动了资源衰退型城市产业多样化发展；成熟型城市由于正处于资源开发的稳定阶段，资源型产业是主导支柱产业，而成长型城市也正处于资源开发上升阶段，所以抑制了其他非资源型产业的发展。从时间的变化趋势来看，成熟型城市与成长型城市产业多样化指数整体均呈现出下降的趋势，如图4-5（a）、图4-5（b）所示，这一定程度上验证了资源型产业的"挤出效应"。由于资源开发处于上升期与稳定期，资源型产业的边际收益较高，加上资源型产业高专用性导致的"资金锁定效应"，使资源型城市在发展资源型产业的同时会挤出制造业、服务业等非资源型产业。衰退型城市产业多样化指数呈现"U"型趋势，如图4-5（c）所示，其中2003~2012年产业多样化指数逐步下降，2013~2017年产业多样化指数逐步回升。主要是由于国家一系列政策出台加大了对资源型城市产业发展的资金与政策的支持，大力扶持接续替代产业发展，推动资源衰退型城市转型，使资源衰退型城市产业的多样化指数逐步提升。而再生型城市产业多样化指数呈现波动式变化，如图4-5（d）所示，可能原因是处于产业转型期，产业发展的多样性增加。

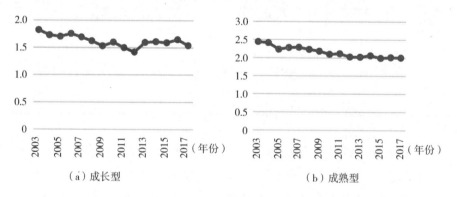

（a）成长型　　　　　　　　　　（b）成熟型

图4-5　2003~2017年分类型资源型城市产业多样化指数均值变化趋势图

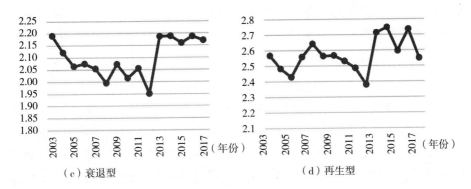

（c）衰退型　　　　　　　　（d）再生型

图4-5　2003~2017年分类型资源型城市产业多样化指数均值变化趋势图（续图）

三、产业升级方向分析

产业结构超前系数是测定某一产业结构增长相对于整个经济系统增长趋势的超前程度，可以反映产业结构的演变趋势及超前程度，客观地判断产业转型的方向，其计算公式为：

$$E_i = a_i + (a_i - 1)/R_i \tag{4-4}$$

式（4-4）中，E_i 为产业结构超前系数，a_i 为产业 i 报告期产业份额与基期产业份额之比，R_i 则表示 GDP 的平均增长率。若 $E_i > 1$，则表示产业 i 份额呈上升趋势，产业超前发展；若 $E_i < 1$，则表示产业 i 份额呈下降趋势，产业滞后发展。

本章计算出 2003~2016 年，我国 108 个资源型城市的三次产业超前系数。我国所有资源型城市三次产业超前系数的均值，可以在一定程度上反映产业的发展趋势。整体而言，2003~2016 年，第一产业超前系数大于 1 的资源型城市有 19 个，表明这些城市的第一产业发展较快。其中 8 个是资源衰退型城市，表明衰退型城市在资源枯竭的形势下积极谋求产业转型发展。另外，108 个资源型城市中包括 4 个森工类产业主导型城市，其中只有伊春市第一产业超前系数大于 1，而吉林市、白山市和丽江市第一产业超前系数均为负数。吉林市的第三产业超前系数大于 1，表明相比第一、二产业，第三产业发展迅速。白山市第二、三产业超前系数均大于 1，表明这一时期白山市随着自然资源禀赋的衰退，第一产业发展受限，开始向第二、三产业转型发展。

丽江市第二、三产业超前系数也大于1，丽江市属于再生型城市摆脱了森工产业主导的资源型产业，成功向第二、三产业转型。伊春市第一、三产业发展迅速，第二产业发展滞后。2003~2016年，第二产业超前系数大于1的资源型城市有53个，表明这些城市的第二产业得到快速发展。尤其是保山市、广元市、宿州市、辽源市、呼伦贝尔市和南充市等。因为这些城市2003年第二产业比重较低，而在2003~2016年其第二产业比重得到了明显的提升。2003~2016年，第三产业超前系数大于1的城市有86个，表明这一时期79.63%的城市第三产业获得较快发展，其产业高级化发展趋势明显。尤其是大庆市、盘锦市、克拉玛依市、东营市、鞍山市和运城市等，这些城市在2003年第二产业比重都较高，经济发展主要是依靠工业支撑，第三产业发展明显不足。但是，经过13年的发展，资源型产业增长受到冲击制约了其第二产业的发展，至2016年第三产业的比重快速上升，发展迅速。整体来看，我国资源型城市中第三产业超前系数大于1的城市个数明显大于第二产业，表明2003~2016年我国资源型城市产业结构逐步向高级化方向发展的大趋势。

通过将研究时段划分为2003~2011年、2011~2016年两个阶段，进一步对资源型城市三次产业超前系数进行分析。2003~2011年，第一产业超前系数大于1的资源型城市有13个，第二产业超前系数大于1的资源型城市有94个，第三产业超前系数大于1的城市有30个。从我国资源型城市三次产业超前系数均值来看（见表4-6），第二产业超前系数均值大于1、第一产业超前系数均值为负、第三产业超前系数均值小于1，第二产业超前系数均值远大于第一、三产业。表明这一时期是资源型城市处于加速工业化时期，资源型城市经济实现了快速增长，其GDP年均增长率达到19.4%。2011~2016年，第一产业超前系数大于1的资源型城市有27个，第二产业超前系数大于1的资源型城市只有19个，第三产业超前系数大于1的资源型城市有96个，这一时期资源型城市第三产业超前系数均值明显大于第一、二产业超前系数均值。表明在这一时期资源型城市第二产业发展缓慢，而第三产业发展迅速，由于受到资源环境的约束、国际经济形势低迷及国内经济进入新常态，资源型城市面临产业结构调整的阵痛期，资源型城市经济在这一时期遇到增长的瓶颈，其GDP年均增长率只有6.24%。我国资源型城市在这一时期具有增长速度换挡期、结构调整阵痛期以及前期刺激政策消化期三期叠加的明显特征。

表 4-6　2003~2016 年我国资源型城市三次产业超前系数均值

时期	第一产业	第二产业	第三产业
2003~2011 年	−0.309	1.694	0.767
2011~2016 年	0.969	0.440	1.613
2003~2016 年	−0.555	0.907	3.120

将资源型城市按发展周期类型划分后，进一步对资源型城市三次产业超前系数均值进行分析（见表4-7），以期更详细地考察各类型城市产业转型方向。第一，从再生型城市的计算结果来看。2003~2011 年第一、二和第三产业超前系数均值均大于1，且第三产业均值系数最大，表明这一时期再生型城市第一、二和第三产业都实现了快速发展；2011~2016 年第三产业超前系数均值大于1，远大于第一、二产业超前系数均值，表明这一时期，再生型城市第三产业依然发展迅速；整体来看，2003~2016 年间，第三产业超前系数大于1，而第一、二产业为负，表明这一时期再生型城市第三产业发展势头强劲，相比较而言第一、二产业发展缓慢，产业结构正处在向第三产业转型升级的过程中。第二，从成熟型城市的计算结果来看，2003~2011 年第一、三产业超前系数小于1，第二产业超前系数大于1，表明这一时期成熟型城市基于自身充足的资源供给，大力推进工业化；2011~2016 年，成熟型城市第二产业发展滞缓，第一产业和第三产业得以迅速发展。第三，从成长型城市的计算结果来看，2003~2011 年第二产业单兵突进，第一、三产业相对发展滞缓；2011~2016 年，成长型城市第二产业依然发展强劲，表明成长型城市第二产业发展依然后劲足；整体而言，2003~2016 年成长型城市第二产业发展强劲，而第三产业同样得以迅速发展，但第一产业发展滞缓。第四，从衰退型城市的计算结果来看，2003~2011 年第二产业超前发展，而第一、三产业发展滞缓；2011~2016 年，衰退型城市第二产业发展滞缓，第一、三产业超前发展，尤其是第三产业发展迅速，表明这一时期衰退型城市产业发展呈现出向第三产业转型的特征；从 2003~2016 年整体来看，衰退型城市第三产业发展超前，第一、二产业发展滞缓，产业具有转型升级的趋势。综上可知，2003~2016 年成熟型城市、成长型城市第二产业超前发展明显，而再生型城市、衰退型城市出现第二产业滞缓发展并向第三产业转型发展的趋势。其中

成熟型城市第三产业超前发展且其超前发展系数大于第二产业超前发展系数，说明成熟型城市第三产业比第二产业发展迅速。成长型城市第三产业也实现了超前发展，但第二产业超前系数大于第三产业，表明成长型城市第二产业比第三产业发展迅速，成长型城市工业化发展后劲依然强劲。

表 4-7　2003～2016 年分类型我国资源型城市三大产业超前系数均值

时期	T_1 = 2003～2011 年			T_2 = 2011～2016 年			T = 2003～2016 年		
城市类型	第一产业	第二产业	第三产业	第一产业	第二产业	第三产业	第一产业	第二产业	第三产业
再生型城市	1.295	1.281	1.331	0.422	0.818	1.256	-1.306	-0.078	4.823
成熟型城市	-0.033	1.753	0.723	1.217	0.072	2.157	-0.400	1.178	3.082
成长型城市	-2.493	1.925	0.696	-0.191	1.449	-1.166	-1.418	2.150	1.882
衰退型城市	-0.698	1.564	0.482	1.089	0.743	1.486	0.088	0.158	2.515

四、产业转型速度分析

产业升级的动态测度有多种模型，本章根据 More 结构变化值和产业结构年均变动值两种模型估算产业结构的变化速度，从而测定我国资源型城市产业结构转型升级速度。More 值模型是以向量空间夹角为基础，假设有 N 个产业部门，构成一组 n 维向量，用两组向量在两个时期的夹角 ∂ 来衡量产业结构的变化指标，公式表达如下：

$$M = \cos\partial = \sum_{i=1}^{N} (W_{i0} \times W_{it}) / (\sum_{i=1}^{N} W_{i0}^2 \times \sum_{i=1}^{N} W_{i0}^2)^{1/2} \qquad (4-5)$$

式（4-5）中，M 值为产业结构变化值，就是两组向量夹角的余弦值 $\cos\partial$，W_{i0} 为基期产业 i 的比重，W_{it} 为报告期产业 i 的比重，则两组向量两个时期的夹角 ∂ 为：

$$\partial = \arccos M$$

若 ∂ 值越大，则说明产业结构变化速度越快；若 ∂ 值越小，则说明产业结构变化速度越慢。同时，本章进一步采用产业结构平均变动值来衡量一定时间内的产业结构变化，其公式为：

$$k = \sum_{i=1}^{n} |q_{it} - q_{i0}|/t \qquad\qquad (4\text{-}6)$$

式（4-6）中，k 为产业结构年均变动值，q_{i0} 为基期构成比，q_{it} 为报告期构成比，t 为考察期年数。通过上述公式，本章分别计算了资源型城市 2003～2011 年、2011～2016 年及 2003～2016 年的产业向量夹角及产业结构年均变动值。

从产业向量夹角的计算结果来看：第一，2003～2016 年，我国资源型城市产业结构转型速度较快的城市有伊春市、宿州市、盘锦市、运城市、辽源市、大庆市、大同市、广元市、松原市、鞍山市、双鸭山市、亳州市、泸州市、安顺市、鸡西市、临汾市和吉安市，其夹角值 ∂ 都超过了 20° 以上，而淮北市、焦作市、铜川市、曲靖市、淮南市、承德市、黄石市、鄂州市、攀枝花市、铜陵市、景德镇市和三门峡市产业转型速度最慢，其夹角值 ∂ 不到 5°。第二，从分时段结果来看，2003～2011 年，产业结构转型速度较快的有辽源市、南充市、宜春市、宿州市、泸州市、昭通市、广元市、达州市和郴州市，而克拉玛依市、马鞍山市、大庆市、淄博市、抚顺市、张家口市、阳泉市、乌海市和鸡西市产业结构转型速度比较缓慢，夹角值 ∂ 不到 3°。2011～2016 年，产业结构转型速度较快的城市有双鸭山市、七台河市、平凉市、盘锦市、大庆市、阜新市、伊春市、鹤岗市、鸡西市和本溪市，其中大部分城市为衰退型城市，也在一定程度上验证了在调挡减速的宏观背景下，资源衰退型城市产业转型诉求更为紧迫。大庆市、鸡西市在 2003～2011 年产业转型速度缓慢，但在 2011～2016 年明显加快了产业结构转型升级的速度。对比两个时期总体情况发现，2011～2016 年产业结构转型速度总体更快，这主要是由于在资源环境约束下我国经济进入以高质量发展为目标的发展阶段，而金融危机后世界经济持续低迷，有效需求不足，钢铁、煤炭等资源型产品产能过剩，促使我国资源型城市产业不得不加快转型发展。

从产业结构年均变动率的计算结果来看：第一，2003～2011 年我国资源型城市产业结构的年均变动率为 2.46%，而 2011～2016 年产业结构年均变动率为 4.08%，明显高于 2003～2011 年。说明我国资源型城市从 2011 年以来，产业转型升级速度明显加快，产业转型的压力更大，动力更足。第二，进一步计算方差进行分析。2011～2016 年的方差值明显高于 2003～2011 年，表明各城市之间的产业结构转型升级出现了明显的分化现象，转型速度差异更明显。相比 2003～2011 年，2011～2016 年是我国资源型城市产业结构快速变动的时期。产业结构演化理论认为，人均产值的高增长率与生产结构的高变动率是密切相关的，现代经济增长的显著特点是经济总量的高增长率和经济结构的高变动率。但是，2011 年资源型城市经济普遍存在增长率"断崖式"下落，究其原因是资源型城市普遍存在的第三产业"赶超态势"，其增长是在第二产业（尤其是工业）比重相对下降的基础上出现的"伪增长"。因此，我国资源型城市虽然表现出第三产业比重逐步提高，甚至一些资源型城市第三产业比重高于第二产业比重的情况，但这种倾向的形成缘于目前很多资源型城市第二产业（尤其是工业）发展出现了瓶颈。若由此判断我国资源型城市产业转型升级已获得良好成效，就容易陷入资源型城市"产业转型升级效果显著"的假象中。

第三节　资源型城市工业发展与
资源环境的关系评价

　　资源型城市产业发展高度依托矿产资源等的开采和加工，所以工业部门是推动资源型城市经济增长的主要力量。在资源环境承载力限度下，由于工业部门是主要的资源消耗者和污染排放者，所以资源型城市产业绿色转型发展必须通过摆脱传统工业化、传统重化工业和传统制造业发展模式，实现工业增长对资源依赖减小，以及实现工业增长与环境污染逐步脱钩。我国资源型城市普遍存在着能耗高、环境污染严重等问题。这些问题不仅关系到资源型城市自身产业发展，而且对于缓解我国资源环境约束、维护生态安全、应对气候变化和增强可持续发展影响深远。因此，本章对资源型城市工业增长与资源消耗、环境污染的脱钩状态，以及工业增长的资源约束效应进行了分析，衡量资源环境承载力约束下资源型城市产业绿色转型的现状。

一、工业增长与资源的脱钩分析

节约资源和保护环境是我国的基本国策，资源型城市产业绿色转型的资源约束目标是实现对矿产资源依赖程度降低，以及对能耗、水资源消耗降低。Tapio 脱钩模型是目前学者们常用的分析资源环境与经济之间"脱钩"关系的方法，因此本章通过计算工业增长与矿产资源依赖、能源消耗和水资源消耗的脱钩指数，衡量资源型城市工业增长对资源依赖程度的变化。

本章以矿产资源依赖、能源消耗和水资源消耗表示资源消耗情况，基于 Tapio 脱钩状态分析模型，构建工业增长与资源消耗之间的脱钩指数计算公式：

$$t = \frac{\Delta R}{\Delta IO} = \frac{(R_t - R_0) / R_0}{(IO_t - IO_0) / IO_0} \tag{4-7}$$

式（4-7）中，t 为工业增长与资源消耗之间的脱钩指数即脱钩弹性值，ΔR 为资源消耗指标变化率，ΔIO 为产业产值变化率，R_0 为初始年的资源消耗量，R_t 为期末年份资源消耗量，IO_0 为初始年份的工业增加值，IO_t 为期末年份的工业增加值。本章参考 Tapio 的脱钩程度判定标准，将经济发展与资源环境之间的脱钩关系分成八种状态（见表4-8）。

表 4-8 Tapio 的脱钩程度判定标准

状态	类型	ΔEA（环境压力）	ΔIO（产业发展）	弹性指数 t	备注
脱钩	强脱钩	<0	>0	<0	产业增长，污染排放下降，为最理想状态
	弱脱钩	>0	>0	$0 \le t \le 0.8$	产业增长，污染排放缓慢增长，为较理想状态
负脱钩	衰退脱钩	<0	<0	t>1.2	产业衰退，污染大幅下降
	增长负脱钩	>0	>0	t>1.2	产业增长，污染大幅增长
	强负脱钩	>0	<0	<0	产业衰退，污染上升，为最不理想状态
连接	弱负脱钩	<0	<0	$0 \le t \le 0.8$	产业衰退，污染缓慢下降

状态	类型	ΔEA（环境压力）	ΔIO（产业发展）	弹性指数 t	备注
连接	增长连接	>0	>0	0.8<t≤1.2	产业增长，污染排放增长，基于临界幅度
	衰退连接	<0	<0	0.8<t≤1.2	产业衰退，污染下降，基于临界幅度

通过脱钩指数计算公式，分别得出我国资源型城市 2003~2016 年，每年的矿产资源依赖、能源消耗和水资源消耗与工业增长的脱钩指数（见表 4-9）。结合 Tapio 脱钩程度判定标准，分别评定资源型城市工业增长与矿产资源依赖、能源消耗和水资源消耗的脱钩状态（见表 4-10、表 4-11 和表 4-12）。

表 4-9　2003~2016 年资源型城市工业增长与矿产资源依赖、

能源和水资源消耗脱钩指数

时期	ΔIO	$\Delta R_{矿产}$	$\Delta R_{能源}$	$\Delta R_{水}$	$t_{矿产}$	$T_{能源}$	$T_{水}$
2003~2004 年	0.3898	0.0501	0.1456	−0.0231	0.1286	0.3736	−0.0592
2004~2005 年	0.3721	0.0306	0.1311	−0.0077	0.0824	0.3523	−0.0206
2005~2006 年	0.2796	0.0170	0.1451	−0.0378	0.0609	0.5188	−0.1351
2006~2007 年	0.2980	−0.0030	0.1347	−0.0008	−0.0100	0.4518	−0.0025
2007~2008 年	0.3142	0.0280	0.0668	−0.0849	0.0891	0.2125	−0.2703
2008~2009 年	0.0844	0.0033	0.0541	−0.0678	0.0391	0.6408	−0.8038
2009~2010 年	0.3268	−0.0109	0.1504	−0.0684	−0.0333	0.4604	−0.2093
2010~2011 年	0.2796	0.0366	0.0670	0.0402	0.1308	0.2396	0.1436
2011~2012 年	0.1074	−0.0123	0.0148	−0.0218	−0.1148	0.1381	−0.2030
2012~2013 年	0.1092	−0.0680	0.0509	0.0075	−0.6231	0.4659	0.0683
2013~2014 年	0.1240	−0.0597	0.0076	0.0068	−0.4815	0.0612	0.0548
2014~2015 年	0.0738	−0.0830	−0.0269	−0.0370	1.1238	0.3646	0.5005
2015~2016 年	0.0484	−0.0415	−0.0001	−0.0427	−0.8580	−0.0029	−0.8824

表 4-10　2003~2016 年资源型城市工业增长与矿产资源依赖的脱钩状态

时期	ΔIO'	ΔR	t	状态
2003~2004 年	>0	>0	0<t<0.8	弱脱钩
2004~2005 年	>0	>0	0<t<0.8	弱脱钩
2005~2006 年	>0	>0	0<t<0.8	弱脱钩
2006~2007 年	>0	<0	<0	强脱钩
2007~2008 年	>0	>0	0<t<0.8	弱脱钩
2008~2009 年	>0	>0	0<t<0.8	弱脱钩
2009~2010 年	>0	<0	<0	强脱钩
2010~2011 年	>0	>0	0<t<0.8	弱脱钩
2011~2012 年	>0	<0	<0	强脱钩
2012~2013 年	>0	<0	<0	强脱钩
2013~2014 年	>0	<0	<0	强脱钩
2014~2015 年	<0	<0	0.8<t<1.2	衰退连接
2015~2016 年	>0	<0	<0	强脱钩

表 4-11　2003~2016 年资源型城市工业增长与能源消耗的脱钩状态

时期	ΔIO'	ΔR	t	状态
2003~2004 年	>0	>0	0<t<0.8	弱脱钩
2004~2005 年	>0	>0	0<t<0.8	弱脱钩
2005~2006 年	>0	>0	0<t<0.8	弱脱钩
2006~2007 年	>0	>0	0<t<0.8	弱脱钩
2007~2008 年	>0	>0	0<t<0.8	弱脱钩
2008~2009 年	>0	>0	0<t<0.8	弱脱钩
2009~2010 年	>0	>0	0<t<0.8	弱脱钩
2010~2011 年	>0	>0	0<t<0.8	弱脱钩
2011~2012 年	>0	>0	0<t<0.8	弱脱钩
2012~2013 年	>0	>0	0<t<0.8	弱脱钩
2013~2014 年	>0	>0	0<t<0.8	弱脱钩
2014~2015 年	<0	<0	0<t<0.8	衰退连接
2015~2016 年	>0	<0	<0	强脱钩

表 4-12　2003~2016 年资源型城市工业增长与水资源消耗的脱钩状态

时期	ΔIO'	ΔR	t	状态
2003~2004 年	>0	<0	<0	强脱钩
2004~2005 年	>0	<0	<0	强脱钩
2005~2006 年	>0	<0	<0	强脱钩
2006~2007 年	>0	<0	<0	强脱钩
2007~2008 年	>0	<0	<0	强脱钩
2008~2009 年	>0	<0	<0	强脱钩
2009~2010 年	>0	<0	<0	强脱钩
2010~2011 年	>0	>0	0<t<0.8	弱脱钩
2011~2012 年	>0	<0	<0	强脱钩
2012~2013 年	>0	>0	0<t<0.8	弱脱钩
2013~2014 年	>0	>0	0<t<0.8	弱脱钩
2014~2015 年	<0	<0	0<t<0.8	衰退连接
2015~2016 年	>0	<0	<0	强脱钩

可以看出，我国资源型城市工业增长对矿产资源的依赖处在强脱钩与弱脱钩之间徘徊，其中仅 2014~2015 年属于衰退连接，工业增长与矿产资源依赖之间的关系正处于优化阶段。我国资源型城市工业增长与能源消耗大部分时段为弱脱钩状态，其中 2014~2015 年属于衰退连接，只有 2015~2016 年为强脱钩状态，可见现阶段能源消耗与工业增长之间的关系仍需进一步优化。我国资源型城市工业经济增长与水资源消耗大部分时段为强脱钩状态，其中 2014~2015 年也属于衰退连接。整体来看，我国资源型城市工业增长与资源消耗基本实现了脱钩，反映了工业增长在资源消耗方面有向好的趋势，即表明基本实现了工业增长伴随着资源消耗下降或者较小幅度上升的趋势，资源利用率提高。但不足之处在于，脱钩指数只能反映我国资源型城市工业发展与资源消耗的趋势，并不能定量检验工业发展对资源消耗的具体程度，所以本章进一步采用量化研究检验资源对产业的约束程度。

二、工业增长的资源约束分析

资源型城市工业发展加剧了对资源的消耗，不可避免地要受到资源容量的限制，而资源容量的限制又反过来制约工业发展的速度和规模。对于资源约束效应的定量分析，学者们一般采用资源环境对经济增长的"尾效"分析方法。大多数学者都是基于新古典经济增长模型，通过构建包含资源要素的道格拉斯生产函数进行研究，进一步分析经济增长过分依赖资源而产生的问题。Nordhaus 和 Weizman 估算了 1980~2050 年美国资源的限制对经济增长的约束，得出不可再生资源中的能源燃料和非燃料矿产每年分别会导致经济增长率 0.155% 和 0.029% 的下降，可再生资源中土地资源每年会导致经济增长率 0.052% 的下降[170]。国内一些学者围绕着能源、土地和水等资源的尾效进行了定量分析，不少学者提出应高度重视产业发展中的尾效问题[171~175]。

本书在对 Romer 的资源约束下经济增长的修正模型的基础上，进一步进行了修正，来定量分析资源型城市矿产资源数量、能源数量和水资源数量对工业产出的约束效应大小。

1. 资源对经济增长的约束模型

在凯恩斯宏观经济学理论的基础上，自英国经济学家哈罗德和美国经济学家多马建立了第一个真正意义上的现代经济增长理论以来，经济增长理论一直是经济学家研究的重要课题之一。经典的索洛—斯旺模型的基本假设为：第一，生产过程中只有资本和劳动两种生产要素且可以相互替代；第二，市场是完全竞争的且处于充分就业状态；第三，生产规模报酬不变；第四，劳动力按照一个不变的比率 n 增长；第五，社会储蓄函数为 S = sY，s 为储蓄率，且 0<s<1。其主要关注产出（Y）、技术进步（A）、资本（K）和劳动（L）四个变量，其社会生产函数表示为：

$$Y(t) = F[A(t), K(t), L(t)] \tag{4-8}$$

式（4-8）中 t 表示时间，索洛—斯旺模型中并没有考虑资源要素对经济增长的影响。Romer 在此基础上，利用柯布—道格拉斯生产函数，分析了土地和自然资源对经济增长的影响[176]，构建了资源约束下的经济增长模型：

$$Y(t) = K(t)^{\alpha} R(t)^{\beta} T(t)^{\gamma} [A(t) \cdot L(t)]^{1-\alpha-\beta-\gamma} \tag{4-9}$$

式（4-9）中 R(t) 为生产中可以利用的资源数量，T(t) 为土地数量，α、β、γ 分别为资本生产弹性、资源生产弹性和土地生产弹性，且 α>0，β>0，γ>0 及 α+β+γ<1。

为了定量分析资源型城市矿产资源数量、能源数量和水资源数量对工业产出的约束效应的大小，本章对式（4-9）进行了修正，修正后的生产函数为：

$$Y(t) = K(t)^{\alpha} R(t)^{\beta} E(t)^{\gamma} W(t)^{\theta} [A(t) \cdot L(t)]^{1-\alpha-\beta-\gamma-\theta} \qquad (4-10)$$

式（4-10）中，$R(t)$ 为矿产资源数量，$E(t)$ 为能源数量，$W(t)$ 为水资源数量，β、γ、θ 分别为资源生产弹性、能源生产弹性和水资源生产弹性，其他的符号含义不变，且 $\alpha>0$，$\beta>0$，$\gamma>0$，$\theta>0$ 及 $\alpha+\beta+\gamma+\theta<1$。对式（4-10）两边取对数，得到的函数形式为：

$$\ln Y(t) = \alpha \ln K(t) + \beta \ln R(t) + \gamma \ln E(t) + \theta \ln W(t) + (1-\alpha-\beta-\gamma-\theta)[\ln A(t) + \ln L(t)] \qquad (4-11)$$

再对式（4-11）两边求时间导数，得到函数形式为：

$$g_Y(t) = \alpha\, g_K(t) + \beta\, g_R(t) + \gamma\, g_E(t) + \theta\, g_W(t) + (1-\alpha-\beta-\gamma-\theta)[g_A(t) + g_L(t)] \qquad (4-12)$$

式（4-12）中，$g_Y(t)$、$g_K(t)$、$g_R(t)$、$g_E(t)$、$g_W(t)$、$g_A(t)$ 及 $g_L(t)$ 分别表示工业产出水平（Y）、工业资本投入（K）、矿产资源数量（R）、能源数量（E）、水资源数量（W）、技术进步（A）及劳动（L）的增长率。为实现平衡增长路径，产出水平（Y）、资本（K）的增长率必定相等，则函数变为：

$$g_Y^{\,bgp} = \frac{\beta\, g_R + \gamma\, g_E + \theta\, g_W + (1-\alpha-\beta-\gamma-\theta)(g+n)}{1-\alpha} \qquad (4-13)$$

式（4-13）中 $g_Y^{\,bgp}$ 为工业产出水平 $Y(t)$ 平衡路径下的增长率，则单位劳动力的平均产出增长率为：

$$g_{Y/L}^{\,bgp} = g_Y^{\,bgp} - g_L^{\,bgp} = \frac{\beta\, g_R + \gamma\, g_E + \theta\, g_W + (1-\alpha-\beta-\gamma-\theta)g - (\beta+\gamma+\theta)\, n}{1-\alpha} \qquad (4-14)$$

式（4-14）说明，在平衡增长路径上，单位劳动力平均产出增长率可以为正值也可以是负值，可以看出矿产资源、能源和水资源对单位劳动力平均产出增长率是有约束作用的。为进一步测算矿产资源、能源和水资源所产生的约束大小，需要假定：

一是假设能源和水资源不变，矿产资源不受限制，矿产资源增长率与劳动力增长率相同，即矿产资源增长率 $\dot{R}(t) = nR（t）$，可以得到新的单位劳动力平均产出增长率为：

$$\tilde{g}_{Y/L}^{bgp} = \frac{\beta\,g_R + \gamma\,g_E + \theta\,g_W + (1-\alpha-\beta-\gamma-\theta)\,g - （\gamma+\theta）\,n}{1-\alpha} \qquad (4-15)$$

在矿产资源不受限制与能源受到限制的情形下，单位劳动力平均产出增长率之差，则由于矿产资源受限而产生的约束为：

$$C_R^E = \tilde{g}_{Y/L}^{bgp} - g_Y^{bgp} = \frac{\beta n}{1-\alpha} \qquad (4-16)$$

二是假设矿产资源和水资源保持不变，而能源不受限制，能源增长率与劳动力增长率相同，即能源增长率 $\dot{E}(t) = nE（t）$，同理可以得出由于能源受限而产生的约束为：

$$C_E^E = \frac{\gamma n}{1-\alpha} \qquad (4-17)$$

三是假设矿产资源与能源保持不变，而水资源不受限制，水资源增长率与劳动力增长率相同，即水资源增长率 $\dot{W}(t) = nW（t）$，同理可以得出由于水资源受限而产生的约束为：

$$C_W^E = \frac{\theta n}{1-\alpha} \qquad (4-18)$$

因此，矿产资源、能源与水资源对经济增长的约束大小为：

$$C_{REW}^E = \frac{（\beta+\gamma+\theta）\,n}{1-\alpha} \qquad (4-19)$$

从式（4-19）中可以看出，资源对产出水平增长的约束随矿产资源生产弹性、能源生产弹性、水资源生产弹性及劳动力增长率而增大，即随着各种资源消耗的增加，资源对产出水平的约束会进一步提高。这点也从侧面表明了，粗放的产业发展模式即产业发展过分依赖资源投入而非技术进步，将导致产业产出水平的增长降低。

2. 约束效应分析

本章主要考察资源型城市矿产资源、能源和水资源对工业经济增长的约束效应。选取 Y 为规模以上工业总产值；K 为工业企业固定资产合计；L 为工业从业人员数，采用采掘业从业人员数、制造业从业人员数及电力煤气及水生产供应从业人员数之和来衡量；R 为矿产资源数量，由于矿产资源数量数据难以收集，本章采用采矿业从业人员数占全部从业人员数的比重，以此衡量一个城市对矿产资源的依赖程度；E 为能源消耗量，由于城市能源消耗总量数据难以获取，采用工业用电量来代表；W 为水资源消耗量，采用工业用水量来衡量。根据模型计算出结果，如表 4-13 所示。

表 4-13　2003~2016 年资源型城市矿产资源、能源和水资源对工业经济增长的约束效应

lnY	Coef.	Std. Err.	z	P>z
lnW	0.0705	0.0234	3.0100	0.0030
lnE	0.1357	0.0240	5.6500	0.0000
lnK	0.2989	0.0258	11.5700	0.0000
lnL	0.5685	0.0360	15.7900	0.0000
lnR	−0.0736	0.0127	−5.8000	0.0000
_ cons	8.8412	0.4171	21.2000	0.0000

由表 4-13 可得到工业经济增长的最终方程为：

$$\ln Y_t = 8.8412 + 0.2989\ln K + 0.5685\ln L - 0.0736\ln R + 0.1357\ln E + 0.0705\ln W$$

$$(4-20)$$

式（4-20）中，资本的生产弹性系数为 0.2989，劳动力的生产弹性系数为 0.5685，矿产资源依赖的生产弹性系数为−0.0736，能源的生产弹性系数为 0.1357，水资源的生产弹性系数为 0.0705。

根据劳动力增长率计算公式 $n = (L_{2016}/L_{2009} - 1)^{\wedge}(1/7)$，可以得出资源型城市劳动力增长率为 0.7716，则通过上述推导模型可以进一步计算得出能源、矿产资源依赖、水资源对资源型城市工业经济增长的"尾效"分别为 0.1493、0.0810 和 0.0776。以上研究结果表明，我国资源型城市能源、矿产资源依赖和水资源对工业经济增长的阻力分别为 0.1493、0.0810 和 0.0776。因此，现阶段能源对资源型城市工业经济增长的阻尼作用是最为显著的，其次是矿产资源的依赖，最后是水资源。尾效的存在制约了资源型城市工业增长的可持续性，而且我国资源型城市工业增长的尾效系数较大。由此可见，我国资源型城市工业发展模式依然是高耗能模式，由此也印证了资源型城市

产业绿色转型的迫切性和必要性。

三、工业增长与环境的脱钩分析

"绿水青山就是金山银山"的绿色发展理念已经深入人心，资源型城市产业绿色转型的环境目标是在产业发展的同时改善生态环境。资源型城市资源型产业的发展对生态环境造成了巨大压力，降低污染排放、加强环境保护是资源型城市产业绿色转型发展的基本要求。本章通过工业增长与环境污染排放的脱钩指数，衡量资源型城市工业发展的生态环境压力的变化，主要计算了工业增长与工业废水排放、工业二氧化硫排放及工业烟尘排放的脱钩指数。

本章以工业废水排放量、工业二氧化硫排放量和工业烟尘排放量表示污染排放情况，基于 Tapio 脱钩状态分析模型，构建工业增长与污染排放之间的脱钩指数计算公式：

$$t = \frac{\Delta EA}{\Delta IO} = \frac{(EA_t - EA_0)/EA_0}{(IO_t - IO_0)/IO_0} \tag{4-21}$$

式（4-21）中，t 为工业增长与污染排放之间的脱钩指数即脱钩弹性值，ΔEA 为污染物排放指标变化率，ΔIO 为工业产值变化率，EA_0 为初始年的污染排放量，EA_t 为期末年份污染排放量，IO_0 为初始年份的工业增加值，IO_t 为期末年份的工业增加值。

通过脱钩指数计算公式，分别得出我国资源型城市 2003～2016 年，每年的工业废水排放、工业二氧化硫排放和工业烟尘排放与工业增长的脱钩指数（见表 4-14）。

根据计算结果结合评定标准，分别评定工业增长与工业废水、工业二氧化硫和工业烟尘排放的脱钩状态（见表 4-15、表 4-16、表 4-17）。

表 4-14 2003～2016 年我国资源型城市工业增长与工业三废排放的脱钩指数

时期	$\Delta IO'$	$\Delta EA_{废水}$	$\Delta EA_{二氧化硫}$	$\Delta EA_{烟尘}$	$T_{废水}$	$T_{二氧化硫}$	$T_{烟尘}$
2003～2004 年	0.3898	0.0720	0.1735	0.0732	0.1847	0.4451	0.1879
2004～2005 年	0.3721	0.0485	0.1718	0.1059	0.1303	0.4618	0.2847

时期	ΔIO'	ΔEA$_{废水}$	ΔEA$_{二氧化硫}$	ΔEA$_{烟尘}$	T$_{废水}$	T$_{二氧化硫}$	T$_{烟尘}$
2005~2006 年	0.2796	0.0120	0.0116	−0.0945	0.0429	0.0416	−0.3380
2006~2007 年	0.2980	−0.0002	−0.0318	−0.1325	−0.0008	−0.1067	−0.4445
2007~2008 年	0.3142	0.0012	−0.0237	−0.1313	0.0037	−0.0754	−0.4180
2008~2009 年	0.0844	−0.0241	−0.0441	−0.1466	−0.2857	−0.5223	−1.7382
2009~2010 年	0.3268	0.0447	−0.0237	−0.0019	0.1368	−0.0727	−0.0059
2010~2011 年	0.2796	0.0336	0.1174	3.1601	0.1202	0.4200	11.3014
2011~2012 年	0.1074	−0.0004	−0.0762	−0.0221	−0.0040	−0.7092	−0.2056
2012~2013 年	0.1092	−0.0393	−0.0360	−0.1983	−0.3602	−0.3299	−1.8158
2013~2014 年	0.1240	−0.0719	−0.0470	−0.2261	−0.5795	−0.3794	−1.8234
2014~2015 年	−0.0738	−0.0325	−0.1027	−0.1157	0.4405	1.3902	1.5665
2015~2016 年	0.0484	−0.2574	−0.4503	−0.3299	−5.3161	−9.3007	−6.8128

表 4-15 2003~2016 年我国资源型城市工业增长与工业废水排放的脱钩状态

时期	ΔIO	ΔEA	T	状态
2003~2004 年	>0	>0	0≤t≤0.8	弱脱钩
2004~2005 年	>0	>0	0≤t≤0.8	弱脱钩
2005~2006 年	>0	>0	0≤t≤0.8	弱脱钩
2006~2007 年	>0	<0	<0	强脱钩
2007~2008 年	>0	>0	0≤t≤0.8	弱脱钩
2008~2009 年	>0	<0	<0	强脱钩
2009~2010 年	>0	>0	0≤t≤0.8	弱脱钩
2010~2011 年	>0	>0	0≤t≤0.8	弱脱钩
2011~2012 年	>0	<0	<0	强脱钩
2012~2013 年	>0	<0	<0	强脱钩
2013~2014 年	>0	<0	<0	强脱钩
2014~2015 年	<0	<0	0≤t≤0.8	弱负脱钩
2015~2016 年	>0	<0	<0	强脱钩

表 4-16　2003~2016 年我国资源型城市工业增长与工业二氧化硫排放的脱钩状态

时期	ΔIO	ΔEA	t	状态
2003~2004 年	>0	>0	0≤t≤0.8	弱脱钩
2004~2005 年	>0	>0	0≤t≤0.8	弱脱钩
2005~2006 年	>0	>0	0≤t≤0.8	弱脱钩
2006~2007 年	>0	<0	<0	强脱钩
2007~2008 年	>0	<0	<0	强脱钩
2008~2009 年	>0	<0	<0	强脱钩
2009~2010 年	>0	<0	<0	强脱钩
2010~2011 年	>0	>0	0≤t≤0.8	弱脱钩
2011~2012 年	>0	<0	<0	强脱钩
2012~2013 年	>0	<0	<0	强脱钩
2013~2014 年	>0	<0	<0	强脱钩
2014~2015 年	<0	<0	>1.2	衰退脱钩
2015~2016 年	>0	<0	<0	强脱钩

表 4-17　2003~2016 年我国资源型城市工业增长与工业烟尘排放的脱钩状态

时期	ΔIO'	ΔEA	t	状态
2003~2004 年	>0	>0	0≤t≤0.8	弱脱钩
2004~2005 年	>0	>0	0≤t≤0.8	弱脱钩
2005~2006 年	>0	<0	<0	强脱钩
2006~2007 年	>0	<0	<0	强脱钩
2007~2008 年	>0	<0	<0	强脱钩
2008~2009 年	>0	<0	<0	强脱钩
2009~2010 年	>0	<0	<0	强脱钩
2010~2011 年	>0	>0	>1.2	增长负脱钩
2011~2012 年	>0	<0	<0	强脱钩
2012~2013 年	>0	<0	<0	强脱钩
2013~2014 年	>0	<0	<0	强脱钩
2014~2015 年	<0	<0	>1.2	衰退脱钩
2015~2016 年	>0	<0	<0	强脱钩

表4-15中，我国资源型城市工业增长与工业废水排放脱钩状态除2014~
2015年为弱负脱钩，其他年份均为脱钩状态（包括强脱钩与弱脱钩）。说明
近年来，我国资源型城市工业增长速度快于工业废水排放速度，资源型城市
工业废水减排治理具有一定成效；表4-16中，2003~2016年我国资源型城市
工业增长与工业二氧化硫全部处于脱钩状态，且大部分年份为强脱钩状态，
表明我国资源型城市呈现出工业增长与废气排放显著下降的理想趋势，废气
减排治理效果显著；表4-17中，我国资源型城市工业增长与工业烟尘排放
大部分呈现脱钩状态，仅2010~2011年呈现增长负脱钩状态，表明大部分年
份工业增长与工业烟尘排放都处于强脱钩状态，工业烟尘减排治理具有成效。
由此可见，资源型城市产业发展在环境治理和污染减排方面都作出了积极的
努力，并初见成效。

第四节　资源型城市工业绿色转型效率评价

《工业绿色发展规划（2016-2020年）》中明确提出，2020年，绿色发
展理念成为工业全领域全过程的普遍要求的发展目标，要大力推进能效提升、
大幅减少污染排放，我国工业的转型是以绿色发展为导向的。随着资源环境
趋紧，低端工业结构体系、低效产业发展给当地经济社会发展带来了前所未
有的冲击与矛盾。工业部门是推动资源型城市经济增长的主要力量，但是资
源型城市工业发展高度依托矿产资源的开采和加工，具有高投入、高排放、
高污染和高耗能的粗放型特征，使得经济增长难以形成内在的驱动力，是不
可持续的。在资源环境承载力限度下，作为主要的资源消耗者和污染排放者，
资源型城市工业绿色转型升级成为必然的选择。工业绿色转型意味着降低对
资源的过度消耗及对环境的破坏，实现工业产业发展与资源环境保护的
"双赢"。

一、工业绿色转型效率的指标体系

随着研究方法与研究技术的发展，目前已经有众多手段可以用于效率评

价。从已有文献可以看出，对于产业转型效率评价学者们多数是采用层次分析法、DEA方法。由于层次分析法的权重确定受人为主观因素影响较大，而资源型城市产业绿色转型各项指标涉及大量异质指标，指标的量纲错综复杂，将各异质指标上的评价值统一到相同衡量区间的合理性尚不明确[177]，因此权重的赋值往往难度较大，确定的各指标权重的主观性较强，在一定程度上影响了结果的可信度。而数据包络法不需要构建投入产出之间的函数关系，不需要预先设置参数，也无须对投入产出指标的权重进行人为主观设定，而是通过目标函数转化为线性规划问题，通过最优化过程来确定权重，可以有效克服效率评价中所面临的权重确定和量纲不统一的问题，使决策单元评价的结果更具客观性，特别适合复杂系统的效率评价。由此，本书对资源型城市产业绿色转型效率的评价采用DEA的研究方法。

1. 包含非期望产出的SBM超效率模型

本书采用Tone K提出的非径向、非角度的SBM（slacks-based measure）模型来度量，比起DEA的其他模型能更好地体现效率评价的本质。由于Super-SBM是基于截面数据的分析，使得每个年份效率的边界都是不同的，因此年份之间不具有可比性。为了考察资源型城市工业绿色转型效率的时间变化特征，本书超效率的计算采用跨期生产前沿DEA方法和Super-SBM模型相结合，也就意味着所有决策单元是采用样本期间内所有投入—产出数据构建的单一生产前沿来进行评价，这样还可以避免投入产出数据短期波动的影响。

假设将每个资源型城市为一个决策单元DUM（$DUM_j = 1, 2, \cdots, n$），每个决策单元都包含N种投入要素$x = (x_1, x_2, \cdots, x_N) \in R_N^+$、M种期望产出$y = (y_1, y_2, \cdots, y_M) \in R_M^+$及I种非期望产出$b = (b_1, b_2, \cdots, b_I) \in R_I^+$，借鉴Tone等提出了超效率模型，构建时期$t = 1, 2, \cdots, q, \cdots, T$，城市$k = 1, 2, \cdots, j, \cdots, K$包含非期望产出的Super-SBM模型为：

$$\rho^* = \min \frac{\frac{1}{N} \sum_{n=1}^{N} \frac{\overline{x_n}}{x_{n0}}}{\frac{1}{M+I} \left(\sum_{m=1}^{M} \frac{\overline{y_m}}{y_{m0}} + \sum_{i=1}^{I} \frac{\overline{b_i}}{b_{i0}} \right)} \tag{4-22}$$

$$
s.t. \begin{cases} \bar{x} \geq \sum_{k=1,k\neq j}^{K} \sum_{t=1,t\neq q}^{T} \lambda_k^t x_{kn}^t, \quad \bar{x} \geq x_{jn}, \quad n=1, \cdots, N \\ \bar{y} \leq \sum_{k=1,k\neq j}^{K} \sum_{t=1,t\neq q}^{T} \lambda_k^t y_{km}^t, \quad \bar{y} \leq y_{jm}, \quad m=1, \cdots, M \\ \bar{b} \geq \sum_{k=1,k\neq j}^{K} \sum_{t=1,t\neq q}^{T} \lambda_k^t b_{ki}^t, \quad \bar{b} \geq b_{ji}, \quad i=1, \cdots, I \\ \sum_{k=1}^{K} \lambda_k^t = 1, \quad \lambda_k^t \geq 0 \end{cases} \tag{4-23}
$$

式（4-22）、式（4-23）中，ρ^* 为可变规模报酬（VRS）下的 q 时期 j 决策单元的工业绿色转型效率，$\bar{x}_n$、$\bar{y}_m$、$\bar{b}_i$ 分别为有效决策单元的投入产出变量的最优解，λ_k^t 为权重向量，$\lambda_k^t \geq 0$ 则表示绿色生产是基于规模报酬不变（CRS）的假设，$\lambda_k^t \geq 0$ 且 $\sum_{k=1}^{K} \lambda_k^t = 1$ 则表示绿色生产是基于规模报酬可变（VRS）的假设。

2. Global Malmquist-Luenberger 指数

DEA 模型中对于全要素生产率的测算，经常使用 Malmquist 指数法与 Malmquist-Luenberger 指数，考虑非期望产出一般选择使用 Malmquist-Luenberger 指数代替 Malmquist 指数，以此来分析存在环境污染时的生产率[178]。本书借鉴 Oh Global Malmquist-Luenberger 的思想[179]，来测算资源型城市工业绿色全要素生产率（GFTP）的动态变化，兼顾了投入、非期望产出的减少与期望产出的增加，与资源型城市产业绿色发展、资源开发要求低能耗、低排放和低污染的现实相符。构建包含全部样本点的生产可能性集为：

$$
P^G(x) = \{(x, y, b) \mid \sum_{t=1}^{T}\sum_{k=1}^{K} \lambda_k^t x_{kn}^t \leq x_{kn}^t; \sum_{t=1}^{T}\sum_{k=1}^{K} \lambda_k^t y_{km}^t \geq y_{km}^t; \sum_{t=1}^{T}\sum_{k=1}^{K} \lambda_k^t b_{ki}^t \geq b_{ki}^t\} \tag{4-24}
$$

基于 SBM 方向距离函数，构建从 t 期至 t+1 期的 Global Malmquist-Luenberger 生产率指数公式表达如下：

$$
GML_t^{t+1} = \frac{1 + \vec{S}_V^G(x^t, y^t, b^t, g^t)}{1 + \vec{S}_V^G(x^{t+1}, y^{t+1}, b^{t+1}, g^{t+1})} \tag{4-25}
$$

式（4-25）中，$\vec{S}_V^G(\cdot)$ 是全局方向性距离函数，g 则代表方向向量，

g = (-x, y, -b)，绿色全要素生产率测算的是两个时期之间的绿色生产率的动态变化，进一步可以分解成技术进步（TC）及技术效率（EC），分别表示 t 至 t+1 期工业绿色转型技术进步与绿色技术效率的变化。对于任何一个省市而言，如果计算得出 GFTP、TC（技术进步）及 EC（技术效率）大于或者小于 1，则分别表示 t 至 t+1 期资源型城市工业绿色全要素生产率是增长的或者下降的，技术进步是上升的或者倒退的，技术效率是改善的或者恶化的。技术的进步指的是创新或者引进先进技术所形成的生产可能性边界外移即为增长效应，技术效率增长主要是制度与政策改革等推动资源配置效率改善使实际生产状况向"最佳实践者"（最优省市）靠近即追赶效应。技术进步与技术效率的改善是全要素生产率增长的源泉。

3. 投入产出指标选取

传统的经济增长理论认为生产函数的基本变量为资本、劳动力、技术及产出水平。迈克尔·波特提出自然资源、劳动力和资本等生产要素的生产率是影响一个国家或地区的经济效率和竞争力的重要因素。经济学家马丁·魏茨曼认为经济增长源泉主要包括人力资本、物质资本以及自然资本，并提出环境即是一种重要的自然资本[180]。本章充分考虑资源与环境对工业经济发展的规模与速度的刚性约束，进一步将资源环境纳入工业经济增长的分析框架，以资本、劳动力和自然资源为投入指标，以工业总产值及污染排放为产出指标。在借鉴近年来相关学者选取指标基础上，同时考虑指标数据的可获得性与指标在所选研究模型中的适用性，本章构建资源型城市工业绿色转型效率评价指标体系，如表 4-18 所示。

在投入指标选取上，对于资本要素投入，采用规模以上工业企业固定资产合计来衡量；在劳动力要素投入方面，学者们一般采用工业从业人员年平均人数来衡量，由于没有资源型城市的城市层面工业从业人员的统计数据，而工业部门主要包括采掘业、制造业、电力煤气及水生产和供应业，本章利用采掘业从业人员数、制造业从业人员数、电力煤气及水生产供应从业人员数之和来衡量工业劳动力投入；在资源要素投入方面，由于无法获取资源型城市工业的能源消费总量，鉴于能源消费、水资源消耗是非期望产出的主要来源，本章采用工业用电量和工业用水量来衡量。

表 4-18　资源型城市工业绿色转型效率评价指标体系

指标类型	指标类别	指标名称	指标单位
投入指标	资本类	规模以上工业企业固定资产合计	万元
	劳动力类	采掘业从业人员数	万人
		制造业从业人员数	万人
		电力煤气及水生产供应从业人员数	万人
	资源类	工业用电量	万千瓦时
		工业用水量	万吨
产出指标	经济类指标（期望产出）	规模以上工业企业总产值	万元
	环境类指标（非期望产出）	工业二氧化硫排放量	万吨
		工业烟尘排放量	万吨
		工业废水排放量	万吨

在期望产出指标选取上，采用规模以上工业企业总产值为期望产出指标；在非期望产出指标选取上，考虑到目前资源型城市工业发展给城市带来的空气污染和水污染问题突出，选择使用工业烟尘排放量、工业二氧化硫排放量和工业废水排放量为非期望产出指标。

二、工业绿色转型效率测度及结果分析

1. 基于 Super-SBM 模型的工业绿色转型效率的静态结果分析

基于 Super-SBM 对资源型城市工业绿色转型发展效率进行了测度，利用 MaxDEA7 软件计算了所有资源型城市及分类型资源型城市的工业绿色转型效率的均值（见表 4-19），2009~2016 年增长趋势如图 4-6 所示。

表 4-19　2009~2016 年资源型城市工业绿色转型超效率结果分析

年份	2009	2010	2011	2012	2013	2014	2015	2016
成熟型城市	0.374	0.408	0.426	0.423	0.413	0.431	0.432	0.526
成长型城市	0.599	0.599	0.595	0.598	0.457	0.482	0.503	0.731

续表

年份	2009	2010	2011	2012	2013	2014	2015	2016
再生型城市	0.336	0.409	0.371	0.425	0.518	0.447	0.441	0.558
衰退型城市	0.244	0.261	0.284	0.300	0.291	0.293	0.305	0.445
均值	0.366	0.398	0.407	0.416	0.405	0.409	0.414	0.536

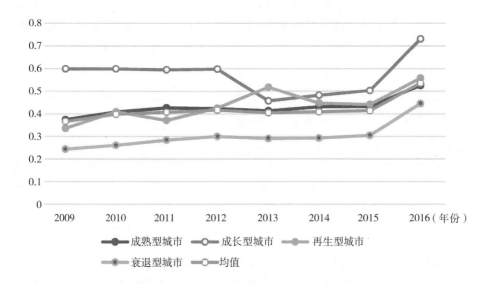

图4-6　2009～2016年资源型城市工业绿色转型效率的变化趋势

图4-6中，我国资源型城市工业绿色转型效率均值在2016年最高，但也仅为0.536。表明工业绿色转型效率整体水平偏低，资源型城市工业化进程中存在严重的资源浪费与环境污染现象，我国资源型城市工业发展仍属于高投入、高能耗和高排放的粗放型发展模式。但从均值的时间变化趋势来看，整体呈现上升趋势。2009～2015年缓慢增长，2016年快速上升，表明在资源环境约束及国家绿色发展战略推动下，我国资源型城市工业高投入、高能耗和高排放的状况正在逐步改善，工业绿色转型发展效率提升具有一定的效果。从分类型城市的工业绿色转型效率来看：第一，成长型城市最高，可能是因为成长型城市作为新兴工业化城市，工业发展采用的是具有低能耗、低排放

等绿色发展特征的新技术与新设备，出现明显的后发优势，资源型产业的快速发展，使得工业部门迅速扩张，经济效益明显增高。但从时间变化趋势来看，2009~2015年呈现波动下降的趋势，2016年具有明显提升。第二，再生型城市工业绿色转型效率排位第二，接续替代产业发展壮大步入产业转型的阶段，非工业产业得到快速发展，产业结构逐步优化，这可能是再生型城市工业绿色转型效率不及成长型城市的原因。第三，成熟型城市工业绿色转型效率排位第三，成熟型城市资源开发处于稳定阶段，工业部门扩张速度放缓，要素投入、产出规模进入缓慢增长阶段，规模报酬不再递增甚至出现下降。经过多年的发展，长期积累的机制体制问题开始凸显，绿色技术与设备更新缓慢，使得成熟型城市工业绿色转型效率并不高。第四，衰退型城市工业绿色转型效率得分排位最后，且远低于其他类型城市的工业绿色效率。一个重要的原因是这些老工业基地往往存在设施设备老化落后、绿色新技术无法得到更新，以及体制机制落后的历史遗留问题，工业部门企业生产经营效益差。而且资源枯竭、生产规模萎缩、人才流失、工业经济增长滞缓和生态环境压力增大导致转型压力大。因此，资源衰退型城市是工业绿色转型的重点与难点地区。

另外，投入产出冗余度与不足度表示各变量的松弛量与其投入产出指标值的比例，其大小可以反映工业部门绿色转型效率损失。为探索资源型城市工业绿色转型无效率的来源，进一步明晰工业部门节能减排的方向与潜能，本章进一步分析资源型城市工业绿色转型效率的投入产出冗余度与不足度，为制定针对性政策提供科学依据。本章通过计算整理，得出资源型城市工业绿色转型效率的投入产出冗余度与不足度（见表4-20）。2009~2016年，资源型城市工业部门劳动力、资本、水资源和能源投入冗余度均值分别为46.89%、38.09%、40.36%及53.72%，非期望产出的工业烟尘、工业二氧化硫和工业废水的冗余度均值分别为65.87%、58.88%及49.92%，反映期望产出的工业总产值不足度仅为1.88%。可以看出，排在前位的依然是工业三废排放与能源消耗，说明这一时期资源型城市工业绿色转型效率不高主要来源于能耗与污染排放的冗余，节能减排形势依然严峻，是工业实现绿色转型必须解决的一项重点工作。从工业生产要素投入冗余度变化情况来看，整体上呈现下降的趋势，资本的冗余度变化趋势不明显，呈反复波动变化，这可能与市场的变化、政府的政策支持有关。水资源、能源具有明显的下降趋势，反映了这一时期我国资源型城市工业部门在自然资源消耗方面有了明显改善。从非期望产出的冗余度变化来看，工业三废排放均呈下降趋势，表明资源型城市工业发展环境在改善，工业发展正在争取节能减排目标的实现，但是相比工业废水与工业二氧化硫的减排，工业烟尘减排依然任重道远。

表 4-20　2009~2016 年资源型城市工业绿色转型投入产出冗余情况

单位:%

年份	冗余度							不足度
	劳动力	资本	水资源	能源	工业烟尘	工业二氧化硫	工业废水	工业总产值
2009	52.70	42.34	42.61	60.32	67.27	70.51	63.80	4.09
2010	48.34	37.99	41.54	59.92	63.15	66.83	59.08	1.33
2011	46.38	34.79	42.83	54.81	66.76	64.24	52.71	0.85
2012	44.08	36.44	40.47	54.61	67.24	60.43	51.68	1.45
2013	50.74	38.33	40.19	50.91	68.67	60.70	47.88	1.00
2014	47.91	38.95	40.57	52.75	70.70	55.96	45.36	0.99
2015	46.96	40.18	40.76	51.42	69.15	55.59	46.68	0.50
2016	37.98	35.69	33.89	45.01	54.00	36.76	32.18	4.84
均值	46.89	38.09	40.36	53.72	65.87	58.88	49.92	1.88

2. 基于 GML 指数的工业绿色全要素生产率结果分析

资源型产业附加值水平较低，技术水平不高、技术创新滞后和对生态环境具有负外部性，依靠产业技术进步实现从要素投入驱动到全要素生产率驱动是解决这些问题的重要途径[181]。所以，本章在对资源型城市工业绿色转型静态效率分析的基础上，进一步测算了 2009~2016 年工业绿色全要素生产率指数及其成分均值（见表 4-21），动态分析其时期演变规律以及技术进步、技术效率的改善情况。

表 4-21　2009~2016 年资源型城市工业绿色全要素生产率及其成分均值

	GTFP	GEC	GTC
成熟型城市	1.057	1.011	1.046
成长型城市	1.021	0.998	1.023
衰退型城市	1.063	1.018	1.044
再生型城市	1.079	0.971	1.112
均值	1.057	1.006	1.0512

注：表中均值为 108 个城市样本数据的均值，由于计算的原因，该均值与各类型城市的均值稍有出入。

可以看出，资源型城市 2009~2016 年工业绿色全要素生产率指数的几何平均值为 1.057，说明工业绿色全要素生产率平均增长 5.7%。进一步说明，整体而言这一时期资源型城市工业增长与资源环境的关系朝更为协调的方向发展。其中，87 个城市的工业绿色全要素生产率均值大于 1，即表明在这一时期共有 80.56% 的资源型城市工业实现了绿色全要素生产率的增长。从绿色全要素生产率的分解来看，技术效率指数的平均值为 1.006，表明技术效率年均增长率仅为 0.6%，技术进步指数的平均值为 1.0512，则技术进步年均增长率为 5.12%。说明在 2009~2016 年，我国资源型城市绿色全要素生产率的提高基本来源于技术进步，而技术效率改善不明显。从不同类型的资源型城市来看，全域绿色全要素生产率的均值从高到低依次为再生型城市>衰退型城市>成熟型城市>成长型城市。从全域技术进步均值来看，从高到低依次为再生型城市>成熟型城市>衰退型城市>成长型城市。从全域技术效率均值来看，从高到低依次为衰退型城市>成熟型城市>成长型城市>再生型城市。再生型是资源型城市转变经济发展方式的先行区，属于产业转型较为成功的城市。

其一，再生型城市基本摆脱了资源依赖，工业发展逐步走出"资源诅咒"的陷阱，通过加大研发投入和提高人力资本积累来促进科技创新水平的提高，进一步改造传统产业、发展战略性新型产业推动产业的成功转型，从而降低工业发展对资源的过度依赖，使得近年来相比其他类型资源型城市工业绿色转型效率增长更为明显。其二，资源衰退型城市的技术效率及技术进步年均小幅增长。资源衰退型城市面临着城市资源趋于枯竭，在资源环境的约束下正积极谋求工业绿色转型发展，初见成效。其三，成熟型城市工业绿色效率与绿色技术进步并不明显。成熟型城市的资源开发处于稳定阶段，资源保障能力强，工业比重高，工业发展过程中存在"资金锁定效应"以及对人力资本、创新的挤出效应等，使得其存在着工业绿色转型动力不足的问题。其四，成长型城市虽然工业绿色转型效率高，但其工业绿色全要素增长率却较低。成长型城市增长缓慢的原因在于工业绿色技术效率的下降及绿色技术进步的不明显。工业绿色技术效率在这一时期出现下降，技术效率变化在经济内涵上综合反映了生产中的制度创新、经验累积和规模经济等因素的变化，而技术进步变化在经济内涵上综合体现了生产技术和工艺等的创新和改进。一方面，成长型城市资源开发还处于上升阶段，产业规模小，规模效应还没有完全体现。另一方面，处于开发初期的成长型城市普遍开发秩序不够规范，在资源供给充足的情形下发展模式粗放，影响了其资源配置效率的提高。再者，成长型城市工业的管理经验积累、技术积累不及成熟型城市，导致其工业绿色技术下降及技术进步不明显，因此成长型城市应进一步规范资源开发秩序。

从资源型城市工业绿色全要素生产率的年际变化来看（见图4-7），2009~2016年间，工业绿色全要素生产率总体上呈现波动式变化，在2012~2013年、2014~2015年出现负增长。整体来看，2009~2013年工业绿色全要素生产率出现下降的趋势，这可能与产能过剩有关。后金融危机时代世界经济持续低迷，对石油、铁矿石和煤炭等资源性产品需求下降，同时"四万亿"投资带来的产能进一步导致一些行业富余产能增加，尤其是钢铁、煤炭、水泥等行业，形成产能过剩，造成资源浪费，对资源型城市工业部门的影响尤为显著。2014~2016年资源型城市工业绿色全要素生产率呈现上升趋势，尤其是2015~2016年实现跨越式增长，增长率高达20.85%，这主要是因为2013年国务院制定了《关于化解产能严重过剩矛盾的指导意见》。随后国家针对产能过剩行业出台了一系列调控政策，加强供给侧结构性改革，对资源型城市工业部门发展起到了积极推动的作用。

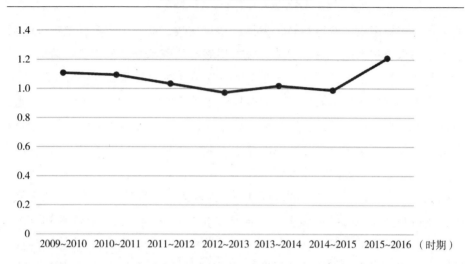

图 4-7　2009~2016 年资源型城市年际工业绿色全要素生产率变化趋势

第五章 资源型城市产业绿色转型障碍与制约效应分析

我国资源型城市产业绿色转型存在效率不高、速度缓慢等问题。资源型城市面临的问题本质上是一种结构性危机，而这种结构性危机主要表现在产业结构的畸形发展给城市经济社会环境带来的一系列问题，实现产业绿色转型成为资源型城市发展摆脱危机的关键[182]。在绿色和高质量发展的背景下，资源型城市经济增长乏力，产业绿色转型成为摆在资源型城市面前亟须解决的难题。虽然我国中央政府与当地政府为资源型城市产业的转型提供了大量政策与资金支持，很多资源型城市在产业绿色转型方面进行了积极探索，但仍然收效甚微，不少资源型城市出现产业绿色转型缓慢、转型效果不佳和转型失败等问题。甚至一些城市出现了新的替代产业还未形成，资源型产业已衰退的现实问题。究其原因，我们不能忽视资源型城市产业绿色转型中存在的制约机制。本章主要分析资源型城市产业绿色转型的障碍有哪些，并进一步利用资源诅咒及资源诅咒传导效应模型检验资源型城市产业绿色转型的制约效应。

第一节 资源型城市产业绿色转型障碍分析

一、产业发展障碍

资源型城市的发展问题，根本在于产业发展问题，资源型城市产业面临着许多现实问题。第一,产业发展具有明显的资源导向。资源型城市是以本地区自然资源开采、加工为主导产业的城市,产业的发展具有较大的资源依赖性。大多数资源属于不可再生资源,而且资源的开发对生态环境会产生较大的破坏。第二,产业结构偏重且单一。以资源为导向的产业使资源型城市产业结构偏重,资源型产业的自我强化机制使资源型城市存在明显的产业结构单一特征。第一产业和第三产业发展滞后,导致资源型城市工业"虚高度化",而且工业内部资源型产业比重高、非资源型产业发展不足,使其表现出"高工业化"的假象[183]。由此,导致资源型城市经济发展往往呈现出高投入、高能耗和高污染的特征。第三,产业具有资本密集型特征。资源的开发、加工及相关产业投资规模大、建设周期长且投资回收期长,属于典型的资本密集型产业。随着时间的推移,设备技术不断老化,而设备和技术的专用性强,需要大量资金对设备和技术进行更新。并且,资源型产业尤其是矿产资源产业随着资源开发难度增加,存在明显的成本递增特征,产业的发展也需不断追加资金供给才能维系。第四,产业技术进步缓慢。由于资源型城市产业发展长期依赖资源生产要素的成本优势,技术更新缓慢、劳动生产率低。部分城市在推动产业转型中逐步布局先进制造业和高新技术产业,但由于资源型产业的高收益会导致其他产业、教育及人力资本投资的不足,使先进制造业和高新技术产业往往存在产业配套不足的问题,逐渐缺乏竞争力。而且,资源型城市普遍存在人力资本不足的问题,也制约了传统产业的技术进步。第五,从产业的就业特征来看,资源型产业所需的劳动力技能水平低,资源部门除少部分管理人员和技术人员外,大部分从业人员文化程度、技能水平较低,仍处于以劳动密集型为主导的工业化阶段。第六,从产业发展的微观主体来看,由于资源型城市初期资源的开发都是依靠国家集中投入大量人力、物力和财力,所以资源型城市主导产业的微观主体以国有企业或者国有控股企业为主,资源型城市的国有经济特征明显高于全国平均水平。虽然近年来,资源型城市一直大力推动国有企业改革,积极推动民营经济的快速发展,但体量庞大的国有企业占据了大量资源,挤占了民营企业的发展空间,使民营企业的发展受到制约。第七,从产业关联来看,资源型产业是在资源开发的基础上发展下游产业,产业链比较短且产业链附加价值比较低,而产业的横向外延式延伸往往受到自身经济软环境的制约,延伸速度慢。相关的产业配套均围绕着资源型产业与其他产业，尤其是高新技术产业关联度较低，导致资源型城市主导产业对其他产业的辐射带动作用不显著，且产业之间还会形成对资源需求的竞争。总体而言，资源型城市产业具有资源密集型、劳动密集型和资本密集型特征，在资源型产业的自我强化机制下，资源型城市产业发展呈现"低端产业锁定"状态。

产业的发展关系着城市的兴衰，面对资源型城市产业发展的现实困境，产业的绿色转型是资源型城市的根本支撑，但是我国资源型城市产业绿色转型还存在以下诸多障碍。

二、市场机制障碍

在市场经济条件下，产业转型升级是一个自然而然的过程，其动力来源于市场规律，市场的优胜劣汰法则可以推动产业结构的自发转型升级。但是在市场规律下，很多资源型城市仍然产业结构单一、产业重工业化特征明显，面临着难以实现产业绿色转型升级的困境，市场对资源型城市产业绿色转型难以做出充分的调整。原因在于，一方面，市场的分工会进一步强化资源型城市按自身的比较优势发展，进一步促使产业结构单一、畸形化发展，增加产业转型的阻力。长期以来，基于自身资源的优势，资金、技术和人才等生产要素都向资源型产业倾斜，使得资源型产业的比较优势不断强化，在市场规律下以资源型产业为主体的产业体系会进一步强化和固化。另一方面，长期以资源型产业为主导的产业体系的发展积累了大量的物质资本、人力资本及无形资本存量，但资源型产业的设施设备、技术和人才专用性强，造成了巨大的沉淀成本，产业的发展具有较大的发展惯性和超稳态性，使得资源型产业发展的路径依赖严重，转型成本大，难以按照市场的需求顺利进行转型升级。

三、要素约束性障碍

从资金供给障碍来看。在计划经济时代，国家按照指令性计划、指定价格低价输出原材料，而加工区向资源型城市高价返销轻工业产品，导致资源型城市利润的双向流失。在市场经济时期，国家又通过税收拿走了大部分的利润。另外，资源的高回报使资源权益的拥有者容易暴富，而富人倾向于将资金转向经济较发达、环境较好的地区或者用于奢侈品的消费，导致资本外流问题。以上因素都会导致资本积累能力弱化，资源型产业发展获得的资本收益难以形成对非资源型产业的反哺。同时，资源型城市在吸引外来投资方面处于劣势，主要表现在：一是资源型城市大部分位于内陆地区，区位优势不明显；二是高精尖等产业偏重于集聚在国内的经济核心区，而资源型城市的市场优势不明显，使得大部分资源型城市都远离市场中心；三是我国资源型城市在资源开采过程中，往往会带来生态破坏、环境污染等问题，带来生产条件与生活条件的恶化；四是资源型城市制度僵化，容易滋生腐败，腐败导致寻租行为和监管套利行为，会恶化地区的营商环境与投资环境，难以为接续替代产业的壮大创造良好的环境。资源型城市的城市竞争力明显降低，从而也降低了其对资本的吸引力。

从技术供给障碍来看。大部分资源型城市的产品属于产业链的前端，产品科技含量低，形成了以资源劳动密集型为主的单一产业体系，技术更新、技术进步缓慢，先进核心技术缺乏。一方面，不利于传统产业的绿色改造；另一方面，由于资源型产业的低关联性特征，难以形成对接续替代产业的技术供给。

从人力资本供给障碍来看。资源型产业的高收益与低技能要求的特征，往往使得资源型区域忽视对教育的投入及人力资本的培育。再者，部分衰退型资源型城市随着资源枯竭，导致经济下滑、大量人员失业或工资收入减少，人口外流现象严重致使经济进一步下滑，形成经济、人口共同收缩的恶性循环[184]。因此，资源型城市普遍存在劳动力受教育程度不高、下岗（失业）现象严重、再就业困难、人才流失严重和人力资源分布结构不合理等人力资源供给质量不高的问题。人才是新兴产业与替代接续产业培育与成长的关键，低人力资本积累使得资源型城市产业绿色转型受到明显的制约。

由于资源型城市存在的资金供给障碍、技术供给障碍及人力资本障碍，使其产业绿色转型缺少必要的资金、科技、人才支撑，资金不足、核心技术缺乏以及人才稀缺造成资源型城市产业更新能力较弱。

四、生态环境压力障碍

在传统的要素驱动型经济发展模式下，资源型产业长期采用高投入、高排放和高污染的发展方式，加速了资源的耗竭。同时，由于在资源开发利用方式上的不合理、开发利用水平上的滞后，导致环境污染加剧、生态破坏恶化等问题十分突出。由于污染源的有效治理难以实现，带来了地下水污染、废渣废铁、地面塌陷及诱发的地质灾害、地表植被的大面积破坏、土壤的重金属污染和大气污染等，严重影响生活社会环境[185]。而且，这些都限制了高新技术产业、生态旅游和生态农业等产业的形成与发展，使得仍有很多资源型城市目前尚未找到有效的产业发展方向，并且接续替代产业培育进程缓慢。同时，环境也越来越成为吸引人才的一个重要因素，恶化的生态环境往往难以吸引与留住人才。

五、传统产业退出障碍

退出障碍是一些行业长期低效益、低效率甚至负效益的主要原因。形成退出障碍的因素有以下几个方面：一是资本的专用性。资本的专用性包括物质资本、专用性资本和人力资本专用性。由于资源型产业前期需要投入大量的资本（包括物质资本与人力资本），而这些资本又具有强专用性、不可移动性和不可复用性的特征，只能用于特定的生产和服务中。企业在退出这一产业的时候就只能获得较低的清算价值，这无疑造成了该产业的退出障碍。另外，专用性的资产只能转给相同产业的企业。资源型产业发展易受宏观经济波动性影响，当一个企业到了不得不退出的时候，大多数情况下整个行业都处于低潮期，在此情况下愿意付出大量资本购买的企业寥寥无几，使企业难以在退出时收回其投资。人力资本的专用性是指资源型产业中员工知识、技能的专用性。由于资源型产业的专业化程度高，使长期从事该行业的员工在企业破产、转产时难以胜任新的工作，因此人力资本的专用性导致了企业员工的再就业困难，从而产生较多的社会问题，给当地政府带来沉重的负担。二是巨大的退出成本。一方面，企业员工的安置成本较高。企业退出后需要对员工重新安排工作或者重新培训，而转移费用及培训费用往往较高，这也成为国有企业退出的关键问题。另一方面，我国资源型产业中占比最高的是大型国有企业，企业的破产会给银行造成巨大损失。国有企业最大的债权人是银行，银行与当地政府为了避免企业的退出给当地带来的金融风险，一般都愿意采取维持现状的政策，即使企业处于衰退期，政府仍然倾向于为其提供资金、土地和人才等政策支持，在一定程度上会恶化产业发展环境。再者，企业退出存在隐蔽成本。比如当员工知道企业要退出，则会消极怠工，生产率明显下降。供应商及客户也会迅速撤出，导致企业的财务进一步恶化。另外，还存在产业关联性障碍问题。一个企业的退出意味着产业链的上游与下游都会受到巨大的影响，而资源型产业是资源型城市的支柱产业，在替代接续产业还没有发展起来的情形下，企业的退出会带来巨大的就业问题与经济发展问题。最后，机制体制性障碍问题。在现行的国有产权制度下，相关退出法律法规不健全，也增加了企业退出的难度。

总体而言，资源型城市产业结构单一、自身基础较差，而且自我调整能力不足。其中资金不足、人才薄弱、核心技术缺乏、生态环境不优及体制机制不灵活等因素是我国资源型城市产业绿色转型面临的重要瓶颈与障碍。

第二节　资源型城市产业绿色转型的制约效应分析

在城市的经济发展与生产管理过程中，常常受到不同要素之间的相互作用。资源城市产业绿色转型发展效果也受到不同要素的作用与制约，如何对这些相互制约的影响因素展开分析、评价，确定不同要素之间的作用关系与作用机理，常用的方法是通过对不同要素进行回归，或通过结构方程模型对不同要素间的关系进行整体分析。本章基于"资源诅咒"这一概念，以资源要素为核心，构建资源型城市产业绿色转型制约效应的分析模型。

一、资源诅咒及资源要素的制约效应模型设定

资源型城市的兴起发展得益于资源，而产业的绿色转型又受困于资源。

Sachs 和 Waner 等学者检验资源诅咒模型，通过检验资源与经济发展之间的关系，揭示资源是否会成为导致资源型城市陷入经济增长陷阱的制约因素。本章借鉴 Sachs 和 Waner 的方法[186]，检验资源是否是我国资源型城市产业绿色转型的"绊脚石"。结合面板数据的特点，本章建立的资源与产业绿色转型关系的回归方程如下：

$$Y_t^i = \alpha_0 + \alpha_1 R_t^i + \alpha_2 X_t^i + \varepsilon_t^i \tag{5-1}$$

式（5-1）中，被解释变量 Y 为产业绿色转型水平，本章主要用资源型城市工业绿色转型效率衡量；R_t^i 为资源的依赖程度，学者们主要采用的指标有初级产品出口占 GDP 的比重、初级产品部门的劳动力占全部劳动的比重、矿产资源储量相对比重、采掘业固定资产占全部固定资产比重、能源的生产总量和采掘业从业人口占总从业人口的比重等[186~187]。本章考虑到数据的获取与数据统计中的换算统一性等问题，借鉴已有的研究方法，采用采掘业从业人员数占全部从业人员数的比重来衡量，表明一个城市采掘业人员比重越高则资源依赖性越强。另外，X_t^i 为控制变量的向量集，ε_t^i 为随机扰动项，i 为各资源型城市，t 为时间即各年份。

对于控制变量的选择，影响工业绿色转型效率的因素众多，学者们一般从工业发展规模、要素禀赋结构、创新水平、政府行为影响能力、环境规制、教育水平、基础设施、FDI、贸易开放度和工业企业国有化程度等方面进行分析研究。本章依据文献经验分析，同时考虑数据可得性，主要选取以下指标：

经济发展水平（RGDP）：一个地区经济发展水平越高，当地居民对环境质量的要求越高，越有利于促进当地工业的绿色转型发展。本章以人均 GDP 为代理变量。

教育水平（EDU）：加大教育投入有利于提高当地人力资本水平，检验教育水平提高是否能促进工业绿色转型发展。本章采用教育支出占地方财政一般预算内支出的比重为代理变量。

科研投入（RD）：加大科研投入有利于当地企业进行技术创新，同时也有利于推动工业企业新技术的运用，提高企业的技术效率，推动资源的节约与污染的减排。本章采用科学支出占地方财政一般预算内支出的比重为代理变量。

考虑了控制变量的最终方程为：

$$Y_i^t = \alpha_0 + \alpha_1 R_t^i + \alpha_2 Edu_t^i + \alpha_3 RD_t^i + \alpha_4 RGDP_t^i + \varepsilon_t^i \qquad (5-2)$$

二、资源要素的制约效应分析

基于式（5-2）的设定，本章采用逐步回归的思路，围绕资源要素，逐次引入科研投入、教育水平、经济发展水平三个影响资源型城市产业绿色转型的一般要素，对资源型城市产业绿色转型中的资源要素制约及其他影响因素进行分析，结果由 Stata15 计算运行得出。

从表 5-1 中可以看出，通过对加入各变量逐步回归，且残差项数值逐步递减，资源要素（R）的相关性系数显著性水平逐步提高，表明逐步回归结果可信，其中模型 4 的结果最接近产业绿色转型的一般规律。

表 5-1　2009~2016 年资源型城市资源与产业绿色转型水平的回归结果

	模型 1	模型 2	模型 3	模型 4
R	−0.0058712 *	−0.0058799 *	−0.0055569 *	−0.00596 **
RD	—	−0.0965098	−0.1101411	−0.69405
Edu	—	—	0.2976778	0.470584 *
RGDP	—	—	—	1.04E−06 **
_ cons	0.4298142 ***	0.4309668 ***	0.3760285 ***	0.310841 ***

注：*、**、***分别表示 10%、5% 和 1% 显著性水平。

资源依赖程度的系数一直为负，即表明我国资源型城市的资源开发对产业绿色转型效率存在诅咒效应，资源的开发不利于资源型城市产业绿色转型。该结论可以从对资源型城市的转型路径的相关研究结论中找到依据。从经济角度来看，资源型城市的资源开发及相关产业创造的经济规模和就业机会是资源型城市稳定发展的重要经济依托。根据产业惯性理论，不论是政府方面、企业方面还是居民方面，都会带来一定程度的转型滞后，尤其是当资源相关产业就业人口作为当地重要就业人口的时候，产业的绿色转型会直接影响到建立在资源相关产业基础上的城市结构。

传统产业惯性理论中，将惯性的产生归结于公司对于搬迁成本和适应新区位的成本。将这一理念拓展到城市各主体中可以发现，区域发展对于资源的依赖度影响到政府最为关注的经济发展和就业创造。当资源依赖度较高的时候，政府从城市管理角度出发，难以支持短期内的产业绿色转型，而会选择通过降低本地资源依赖度，为长期的产业绿色转型打下基础；而当资源依赖度较低的时候，政府则可以通过财税补贴、就业辅助等政策手段支持产业的绿色转型。从居民角度出发，区域的资源依赖度直接影响到从业人员的消费规模在本市场中的比例，而放到经济循环过程中，则进一步造成原本与资源型产业并不直接相关的其他产业也形成资源依赖。

从其他不同因素的相关系数来看，科研投入（RD）的影响水平始终为负，且其显著性均为不显著，表明由政府主导的科研投入对于产业绿色转型有一定的阻碍作用，但其阻碍的大小该模型无法估计。一般认识中，科研投入对于产业绿色发展具有促进作用，而该结果显示，由政府主导的科研投入在资源型城市的产业绿色转型过程中可能并不像传统理解的促进绿色化。该现象的产生存在两种可能性：其一，资源型城市的发展阶段决定了科研投入的中心不同，发展型与成熟型资源型城市的政府，在这一时期较为迫切的需求是通过推动科技发展促进资源开发的效率，因此其科研投入产生的结果是加快资源的开发速度，同时扩大资源的开发规模，这一侧重点的差异显然有别于其他城市的发展历程。其二，在不考虑资源型城市特殊性的情况下，单就城市的一般发展规律而言，科研投入的效果也符合库兹涅茨曲线倒"U"型的基本假设。城市在发展初期的主要需求是扩大生产规模，这一阶段的研发投入并不必然进入对环境的收益溢出，相反其目标为通过技术发展实现从资源环境要素中实现超额利润。以上两方面可能是形成这一现象的重要因素。教育水平（Edu）是该模型中的重要影响因素，且是该模型中最为突出的正面影响因素，在模型4中影响最大，显著性检验表明其影响显著。教育水平是一个地区产业结构调整的重要基础，通过教育水平的提高可以为本地产业绿色转型的提高提供足够数量的高质量劳动力。经济发展水平（RGPD）的相关系数较小，显著性检验表明结果可信，说明资源型城市的经济发展水平对于其产业绿色转型的影响较小，依托城市的经济发展实现产业绿色转型难度较大。

三、资源要素制约的传导效应分析

1. 资源诅咒传导效应模型设定

根据第二章资源型城市产业绿色转型制约传导机制分析及上文中资源型城市产业绿色转型的障碍分析可知，由于资源开发产生的"荷兰病效应"、挤出效应和制度弱化效应使资源型城市资源型产业进一步强化，资源型城市产业绿色转型受到制约。本章进一步建立资源诅咒传导效应模型，检验资源型城市的资源开发是如何通过市场机制因素、资金供给因素、技术供给因素、人力资本供给因素和制度因素等影响产业绿色转型的。通过计算资源型城市资源依赖程度与各制约因素之间的关联强度，精确分析各个传导途径的作用强度，以识别我国资源型城市由于资源因素导致产业绿色转型陷入困境的传导机制。因此在进行传导机制模型设定之前，首先进行了传导机制的基本假设。

假设1：资源型城市的资源开发会形成以资源型产业为主导的产业体系，在市场规律机制作用下，挤压制造业发展空间，抑制制造业的发展，因此不利于资源型城市产业绿色转型。

假设2：资源型城市的资源开发会抑制物质资本投资，尤其是抑制对非资源型产业的投资，恶化当地投资环境，导致资本外流，非资源型产业难以壮大，培育替代接续产业难度加大，因此不利于资源型城市产业绿色转型。

假设3：资源型城市的资源开发会抑制人力资本积累，而人力资本和教育水平的提高有利于战略性新兴产业及高新技术产业的发展，有利于推动资源型产业技术创新转而向低能耗、清洁化发展。因此低人力资本积累不利于产业高级化及绿色化发展，不利于资源型城市产业绿色转型。

假设4：资源型城市的资源开发会抑制技术创新的发展，而技术创新是一个地区产业结构优化、产业高效化的根本动力，因此低技术创新不利于产业的绿色转型发展。

假设5：资源型城市的资源开发会造成严重的环境污染、生态破坏和地质灾害等问题，而良好的生态环境有利于吸引外来资本、人才流入，有利于高新技术产业的布局，另外生态环境也是重要的生产力和竞争力，因此生态环境破坏不利于产业的绿色转型。

假设6：资源型城市的资源开发更容易滋生政府寻租与腐败行为，造成制度弱化。我国资源型城市由于体制机制不健全，城市的管理发展问题较多，严重影响城市竞争力与吸引力，因此资源开发造成的制度弱化因素不利于资源型城市产业绿色转型。

本书进一步通过资源诅咒传导效应模型的设立和验证来确认传导机制是否成立。

$$X_t^i = \beta_0 + \beta_1 R_t^i + \mu_t^i \tag{5-3}$$

式（5-3）中，被解释变量 X_t^i 表示可能成为资源型城市产业绿色转型障碍的传导路径的变量向量集，β_0 为常数项，β_1 为待估参数，μ_t^i 为随机扰动项。根据前文分析，进一步将市场因素、资金因素、技术因素、人力资本积累因素、环境因素和制度因素纳入回归方程中。其中市场因素主要反映的是资源型产业对非资源型产业的挤出效应，并在市场规律作用下进一步强化，表现为对制造业的挤出，所以本书采用制造业从业人员数占全部从业人员数的比重来衡量市场机制因素，在此记作 Man；资金因素采用固定资产投资总额来衡量，在此记作 Inv；人力资本积累采用教育支出占地方财政一般预算内支出比重来衡量，在此记作 Edu；技术因素采用科学支出占地方财政一般预算内支出比重来衡量，在此记作 RD；环境因素采用环境污染综合指数来衡量，环境污染综合指数通过工业废水、工业二氧化硫和工业烟尘这三大工业污染物排放综合计算得来，在此记作 E；制度因素由于难以科学精准量化，并且反映城市层面的寻租、腐败程度和制度缺陷等的统计数据缺失无法获取，本书参照邵帅等学者的处理方法选取实际利用外资额来衡量，实际利用外资额在一定程度上能够反映城市投资环境、营商环境及对外开放程度，在此记作 FDI（见表5-2）。

表5-2 变量描述说明

变量	符号	变量说明
市场机制	Man	制造业从业人数占总从业人数比重
资金供给	Inv	固定资产投资额
人力资本积累	Edu	教育事业支出占地方财政总支出比重

变量	符号	变量说明
技术供给	RD	科学事业支出占地方财政总支出比重
制度因素	FDI	实际利用外资额
环境因素	E	环境污染排放综合指数

由此，得到资源型城市产业绿色转型障碍的传导机制效应的最终方程如下：

$$
\begin{cases}
Man = \beta_0 + \beta_1 R_t^i + \mu \\
Inv = \beta_2 + \beta_3 R_t^i + \mu \\
Edu = \beta_4 + \beta_5 R_t^i + \mu \\
RD = \beta_6 + \beta_7 R_t^i + \mu \\
E = \beta_8 + \beta_9 R_t^i + \mu \\
FDI = \beta_{10} + \beta_{11} R_t^i + \mu
\end{cases}
\tag{5-4}
$$

2. 传导效应分析

第一，市场机制因素。通过计算，得到市场机制因素与资源开发度的计量模型检验结果（见表5-3）。

表5-3 市场机制因素与资源开发度的回归结果

	Coef.	Std. Err.	t	P>t
r	−0.0230	0.0059	−3.9200	0.0000
_cons	0.8129	0.0174	46.7200	0.0000

从模型估计的结果来看，资源开发度的符号为负，且结果通过了1%的显著性检验。表明在市场规律机制下，资源型城市的资源开发对制造业显示出了明显的挤出作用，这种市场机制作用使资源型产业发展进一步强化，造成资源型城市产业绿色转型障碍。相较于资源型产业，制造业产业链更长、附加值更高、技术含量更高，产业带动作用更明显，更能促进产业结构的优化升级，推动地区技术进步，从而更好地实现产业绿色转型。在市场机制规律作用下，资源型产业能够产生更丰厚的利润和经济租，吸引资源型城市有

限的人力、资本都流向资源型产业，导致制造业发展水平的下降难以实现规模效应，制造业发展进一步萎缩。我国大部分的资源型城市在发展之初就依托资源开发兴起，以资源开发为主导，在市场规律作用下，单一的产业结构进一步强化，加大了资源型城市产业绿色转型的难度。

第二，资金供给因素。通过计算，得到资金供给因素与资源开发度的计量模型检验结果（见表5-4）。

表5-4　资金供给因素与资源开发度的回归结果

lninv	Coef.	Std. Err.	t	P>t
r	−0.0244	0.0084	−2.89	0.004
_ cons	15.9502	0.0367	434.44	0.000

从模型估计的结果来看，资源开发度的符号为负，且结果通过了1%的显著性检验。表明资源开发与物质资本的供给存在负相关关系，即资源的开发会形成对物质资本的挤出作用。国内外学者在研究资源诅咒效应时发现，资源的开发会降低物质资本投资的动力，也会降低居民的储蓄需求，导致新的资本形成能力弱。新产业的培育与成长需要大量资本的投入与供给。新产业的投资存在较大风险性，投资者基于风险的考虑与路径的依赖，更倾向于向比较熟悉的资源型产业领域投资，这些因素都是导致资源型城市产业绿色转型障碍的重要因素。因此，资源开发引起的非资源型产业资本形成不足，是资源型城市产业绿色转型的重要阻碍。

第三，人力资本积累。通过计算，得到人力资本积累因素与资源开发度的计量模型检验结果（见表5-5）。

表5-5　人力资本积累投入与资源开发度的回归结果

	Coef.	Std. Err.	t	P>t
r	−0.0011	0.0005	−2.41	0.016
_ cons	0.1851	0.0020	94.13	0.000

从模型估计的结果来看，资源开发度的符号为负，且结果通过了5%的

显著性检验。表明资源开发与人力资本积累之间的关系为负，即我国资源型城市资源的开发会挤出人力资本积累。2017 年我国资源型城市平均教育投入为 521288.22 万元，明显低于非资源型城市 1003591.46 万元的教育投入。众所周知，高的人力资本水平有利于推动产业结构转型升级，是经济增长的新动能，所以很多城市都加入了"人才争夺战"。资源型城市资源型产业发展对人力资本的挤出，制约了资源型城市战略性新兴产业与高新技术产业的发展，也不利于资源型产业自身的清洁化、高效化发展。实证检验说明，资源开发对人力资本积累的挤出是制约资源型城市产业绿色转型的重要因素。

第四，技术因素。通过计算，得到技术因素与资源开发度的计量模型检验结果（见表 5-6）。

表 5-6　技术因素与资源开发度的回归结果

	Coef.	Std. Err.	t	P>t
r	−0.0000899	0.0001212	−0.74	0.458
_ cons	0.0119431	0.0005274	22.64	0.000

从模型估计的结果来看，资源开发度的符号为负，但是其系数非常小，且并没有通过 10% 的显著性检验。表明我国资源型城市资源开发对技术投入具有一定的挤出效应，但是这种挤出效应日渐式微。国内外学者研究认为资源开发会使资本在资源开采及初级加工行业积累，而技术进步快的制造业受到挤占，从而制约了资源型城市的技术创新活动。2017 年我国资源型城市平均科学技术支出为 33959.30 万元，远低于非资源型城市 202949.71 万元的科学技术支出金额。2003~2017 年我国资源型城市科学技术支出占财政支出的比重整体具有上升趋势，从 2003 年的 0.68% 增加到 2017 年的 2.9%，但平均比重仍不足 3%。一直以来，我国资源型城市科学技术投入比重较低，产业技术体系的基础很薄弱，从而使得资源开发对技术创新活动的抑制影响也没有明显体现出来。

第五，制度因素。通过计算，得到制度因素与资源开发度的计量模型检验结果（见表 5-7）。

表 5-7　制度因素与资源开发度的回归结果

	Coef.	Std. Err.	t	P>t
r	-0.0454	0.0161	-2.82	0.005
_ cons	9.8117	0.0701	139.89	0.000

从模型估计的结果来看，资源开发度的符号为负，且通过了1%水平下的显著性检验。由于本章制度因素是选取实际利用外资额来衡量，在一定程度上能够说明资源开发不利于城市投资环境、营商环境及对外开放程度的优化。制度因素对资源型城市产业的发展方向与发展水平都有着举足轻重的作用，固化的思维方式、陈旧的思想观念和难以适应现代经济社会发展的体制机制阻碍了经济转型与社会的进步，因此要推动资源型城市产业绿色转型成功，体制机制改革是一项非常重要的任务。

第六，环境因素。通过计算，得到环境因素与资源开发度的计量模型检验结果（见表5-8）。

表 5-8　环境因素与资源开发度的回归结果

	Coef.	Std. Err.	t	P>t
r	-0.0215	0.0063	-3.42	0.001
_ cons	0.4966	0.0186	26.64	0.000

从模型估计的结果来看，资源开发度的符号为负，且通过了1%水平下的显著性检验。表明资源开发不利于生态环境的优化。资源开发过程中的废水废渣及工业废弃物排放会对生态环境造成很大危害，破坏土地上的天然植被，造成水土流失严重，还会导致崩塌、滑坡、泥石流和地面塌陷等地质灾害，严重威胁着生态系统的平衡。资源开发对生态环境的负向影响也是资源型城市产业绿色转型的一个重要制约因素。

3. 传导效应的影响因素分析

为了分析哪些措施更有利于突破资源型城市产业绿色转型的障碍与制约效应，更好地推动资源型城市产业绿色转型，本书进一步构建传导效应的各影响因素与产业绿色转型之间的关系模型。首先对传导效应各影响因素与产业绿色转型的关系做出以下基本假设：

假设1：资源型城市制造业水平的提升有利于产业绿色转型，本书选取制造业从业人员数占从业人员总数的比重来衡量，因此预期符号为正。

假设2：资源型城市物质资本积累有利于推动产业绿色转型，本书选取固定资产投资总额来衡量，因此预期符号为正。

假设3：资源型城市人力资本积累的提高有助于推动产业绿色转型，本书选取教育支出占财政预算内支出的比重来衡量，因此预期符号为正。

假设4：技术创新是一个地区产业结构优化、产业高效化的根本动力，本书选取科学技术支出占财政预算内支出的比重来衡量。资源型城市技术创新的发展有利于产业的绿色转型发展，因此预期符号为正。

假设5：良好的生态环境有利于吸引外来资本、人才流入，有利于高新技术产业的布局，本书选取环境污染指数来衡量。生态环境的改善有利于产业绿色转型，因此预期符号为负。

假设6：资源型城市制度改革有利于营商环境优化，本书选取外商直接投资来衡量。制度改革有利于资源型城市产业绿色转型，因此预期符号为正。

基于以上假设，构建方程如式（5-5）所示，通过面板数据回归得出结果（见表5-9）。

$$\ln Y_i^t = \alpha_0 + \alpha_1 \ln t_t^i + \alpha_2 \ln t_t^i + \alpha_3 \ln Edu_t^i + \alpha_4 \ln FDI_t^i + \alpha_5 \ln Inv_t^i + \alpha_6 \ln Man_t^i + \varepsilon_t^i \qquad (5-5)$$

表5-9　传导效应的各影响因素与产业绿色转型的回归结果

	Coef.	Std. Err.	t	P>t
lnT	0.0498	0.0332	1.5000	0.1340
lnE	−0.2963	0.0327	−9.0600	0.0000
lnEdu	0.4989	0.0833	5.9900	0.0000
lnFdi	0.0196	0.0167	1.1700	0.2400
lnInv	0.0281	0.0291	0.9600	0.3350
lnMan	0.1004	0.0331	3.0300	0.0020
_cons	−0.8618	0.5069	−1.7000	0.0900

由回归结果可以看出，科技水平的系数为正，但是没有通过显著性检验，这可能与我国大部分资源型城市科技水平较低有关；生态环境系数为负，且

通过了显著性检验，这表明环境的恶化不利于产业绿色转型，而生态环境的改善有利于推动产业绿色转型；人力资本的系数为正，且通过了显著性检验，表明人力资本的积累有利于推动产业绿色转型；对外直接投资的系数为正，但没有通过显著性检验，说明制度优化有利于产业绿色转型但不显著。这主要与选择指标有关，资源型城市资源型产业中往往国有企业比重高，而且很多资源型产业限制境外资本参与，造成了外商直接投资额指标指示结果的局限性；物质资本的系数为正，但是没有通过显著性检验，这可能与资源型城市固定资本投资的主要来源与政府扶持有关；制造业水平的系数为正且通过了显著性检验，表明制造业的发展有利于推动资源型城市产业绿色转型。

综上可知，资源型城市资源的开发产生了对制造业挤出、对物质资本投资制约、对人力资本积累制约、对技术创新制约、对制度的弱化以及对生态环境的破坏。资源的开发通过对这些因素的负向影响，使资源型城市产业绿色转型的困难加大，导致一些城市虽然积极推动产业绿色转型，但是仍然收效甚微。另外，体制机制问题、资金问题、制造业落后问题、人才问题、核心技术问题和环境问题是影响资源型城市产业绿色转型的重要因素。

第六章　资源型城市产业绿色转型的模式与策略

第一节　资源型城市产业绿色转型的模式分析

资源型城市产业发展在资源环境约束方面都有向好发展的趋势，对环境污染的减排治理初见成效，产业发展的资源消耗有所下降但高耗能特征依然明显。由于资源的公共品属性和生态环境的负外部性，一方面政府政策引导在资源环境的改善中起到主导作用，另一方面通过产业结构优化升级改变产业发展方式，也可以在一定程度上起到促进资源消耗减少、环境污染减少的作用，但对其进行改善的过程是一个系统而长期的过程。资源型城市以资源型产业为主的产业体系、产业结构和产业发展特征问题显著，既直接影响着产业绿色转型，同时也与资源环境约束密切相关。考虑到资源型城市产业绿色转型的举措，其产业优化升级是关键，所以本节在资源型城市产业结构状态和产业发展现状的基础上，从产业发展的角度总结资源型城市产业绿色转型的模式。

目前，我国资源型城市产业结构与产业发展既有其优势也有需要改进的地方（见表6-1）。成熟型城市和成长型城市产业结构单一化依然显著，再生型城市和衰退型城市较之略好；成熟型城市和成长型城市第二产业发展依然强劲，而再生型城市和衰退型城市第二产业呈现发展滞缓并向第三产业转型的趋势，但整体呈现产业结构高级化趋势；衰退型城市整体转型速度较快，压力大动力足；产业转型绿色高效化方面由高到低依次为成长型城市、再生型城市、成熟型城市和衰退型城市，而技术进步方面由高到低依次为再生型城市、衰退型城市、成熟型城市和成长型城市。由此可见，处于不同产业发展阶段的资源型城市产业结构及产业发展有其共性特点。为了更直观地反映其现状特征（见图6-1），以产业多样化指数、第三产业超前系数、产业向量夹角、工业绿色转型效率及工业绿色转型全要素生产率值的排名次序分别衡量产业结构合理化、产业结构高级化、产业结构转型速度、产业转型绿色高效化和产业技术进步这五个维度的情况。针对产业结构和产业发展现状的五个主要维度反映出的优势及不足，总结不同类型资源型城市的产业绿色转型模式。

表6-1　资源型城市产业结构状态及不同类型城市情况总结

产业结构状态	整体趋势	不同类型城市表现		指标趋势	时变趋势
		较不佳	较佳		
产业结构合理化	产业结构合理化较差，产业结构单一化严重	成熟型城市和成长型城市产业专业化水平上升趋势显著，多样化水平下降趋势显著	再生型城市和衰退型城市产业专业化水平和多样化水平呈波动趋势，增减幅度较小	采掘业专业化指数较大且具上升趋势；制造业专业化指数较小且具下降趋势；反工业化指数较大且具上升趋势；产业多样化指数较小且具下降趋势	2003~2011年，产业专业化水平呈上升趋势，产业多样化水平呈下降趋势；2011~2016年，产业多样化水平有回升趋势
产业结构高级化	产业结构整体向高级化发展	成熟型城市和成长型城市第二产业超前系数较大，第二产业超前发展显著	再生型城市和衰退型城市第三产业超前系数较大，第二产业发展滞缓，向第三产业转型	第三产业超前系数大于1的资源型城市数量呈上升趋势	2003~2011年，第一产业、第二产业、第三产业超前系数分别为<0、>1和<0；2011~2016年，第一产业、第二产业、第三产业超前系数分别为<0、<0和>1

续表

产业结构状态	整体趋势	不同类型城市表现		指标趋势	时变趋势
		较不佳	较佳		
产业结构转型速度	转型速度整体加快	参差不齐，不显著	衰退型城市转型速度大部分较快，产业绿色转型压力大，动力足	2003～2011年，转型速度年际变化率为2.46%；2011～2016年，转型速度年际变化率为4.08%	2003～2011年，转型速度较慢；2011～2016年，产业结构快速变动
工业绿色转型高效化	工业绿色转型效率整体较低	绿色转型效率方面：成熟型城市>衰退型城市；绿色全要素生产率方面：成熟型城市>成长型城市	绿色转型效率方面：成长型城市>再生型城市；绿色全要素生产率方面：再生型城市>衰退型城市	工业绿色转型效率<1；工业绿色全要素生产率>1	2009～2015年增长缓慢，2016年快速上升

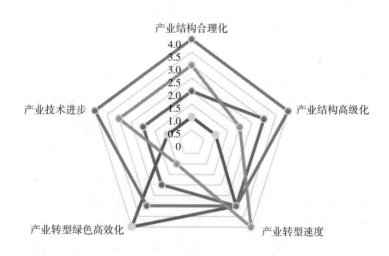

图 6-1 不同类型资源型城市产业结构状态及产业发展情况比较

一、成长型城市主导产业振兴模式

成长型城市是新建或初具规模的资源型城市，资源储量丰富，资源开发处于上升阶段，资源保障潜力大。成长型城市产业绿色转型主要采用主导产业振兴模式，通过产业链延伸增强资源型产业的技术开发能力，使产业不断更新和升级，延长资源型产业的生命周期。并且，通过着力规范资源开发秩序，合理确定资源开发强度，严格环境影响评价，将企业生态环境恢复治理成本内部化，提高资源深加工水平，加快完善上下游产业配套，推动产业绿色转型。

由图 6-1 可见，成长型资源型城市产业转型的绿色高效化发展显著，转型速度尚可，主要需要改善目前产业结构合理化、高级化较弱，产业技术进步缓慢的不足。成长型城市以资源型产业作为主导产业，所以要依托资源优势，在资源开发产业的基础上，大力发展下游产业，实行纵向一体化，上中下游产业联动发展。通过实现资源的就地深加工、延长资源产品的深加工链条，最大限度地提高资源的附加值，进而建立起资源深加工和综合利用的产业集群。成长型城市产业绿色转型的初期，在培育和发展城市主导产业上实行产业延伸模式，不仅能更充分地发挥本地资源优势，有效地发挥前后产业之间的技术经济联系效能，降低转型难度，而且也会随着延伸产业的不断发展，使城市的竞争力和自我发展能力逐渐增强。比如重点煤矿地区，可以充分利用能源资源的低成本优势，布局建设高耗能、高载能原材料工业，进而延伸发展新型材料。又如大型油田地区，可以借助石油资源优势和石油开采工业基础，积极发展石油冶炼和石油化工，继而发展日用化工产业、有机合成化工产业乃至精细化工产业。再如煤铁产地，可以沿着产业链纵向延伸，发展冶炼产业和铸造产业，由初级原料向制成品方向推进，进而发展精密铸造和高档金属品。但这种模式抗市场风险的能力较差，因产业发展主要局限于某一个领域之内，比较容易受到经济波动的影响。处于基础地位的资源赋存优势和资源型产业，一旦出现不利情况，如资源衰竭、产业衰退等，整个产业链条必将受到严重打击。下游产业的发展也未能脱离原有的资源优势，产业发展的循环还是较为封闭，不利于对区内其他资源的开发和培育，经济基础的多样性不足，产业结构弹性小。如山西省榆林市以煤、气和油等矿产资源为主导产业。为了扩大资源型产业的发展优势，榆林市一方面通过加大勘探力度、加强管理和引进先进技术等方法确保资源产业的合理开发；另一方面积极引进装备和技术水平先进的地勘单位，加大对煤、盐和油气资源的潜力勘探，从而增加资源的储备量，延长资源的开采期；此外，对于资源富集区强化资源开发、生产和经营过程的管理，限制煤炭、石油等资源的超规模开采，企业全面实施燃煤机组超低排放和节能改造，提高资源的综合利用效率。在合理开采资源的基础上，依托工业园区建设，打造以精细煤化工、油气化工和盐化工等为主的资源深加工产业群，通过建设煤油综合利用、煤制清洁产品等大型项目，推动煤化工向合成纤维、树脂和橡胶等下游高附加值的产品延伸。

二、成熟型城市支柱产业调整模式

成熟型城市资源开发处于稳定阶段，资源保障能力强。成熟型城市要采用支柱产业调整模式，并非完全按照某种单一的模式来实施，通常以两种或两种以上模式结合，共同促进产业绿色转型。对于处于资源开采中期的资源型产业，不能单纯追求资源型产量和业绩而过度耗费资源，要科学制定多元化发展步骤。在初期多采用产业链延伸模式，控制支柱产业的发展规模避免造成资源枯竭，中期采用复合型的新型产业发展模式，从比较优势明显的资源深加工起步，带动其他行业的发展，形成多元化的产业体系，并逐步发展成为综合性的现代化工业城市。

由图6-1可见，成熟型资源型城市产业结构合理化、产业绿色转型绿色高效化、产业技术进步均处于中等平均水平，转型速度和产业结构高级化略高于平均水平，主要需要改善目前产业结构合理化较弱、产业转型绿色高效化不够以及产业技术进步缓慢的不足。成熟型城市在初期采用产业延伸模式，使其主导产业逐步由采掘业向加工业转变。一方面，这一阶段仍处于规模收益递增阶段，维护现有矿产采选业，大力加强技术投入，避免忽视技术投入的状况，适当增加规模效应，使其作为城市的支柱产业满足国民经济基础产业发展的需要。另一方面，高效开发利用资源，提高资源产业技术水平，延伸产业链条，加快培育一批资源深加工龙头企业和产业集群。伴随着加工业的不断发展、新兴产业的不断壮大以及城市功能的逐步完善，成熟型城市逐步演化为综合性城市，原有产业结构不合理的局面逐渐改变，对于综合条件比较优越的成熟型城市来说，适合继续进行接续产业布局。如四川省攀枝花市，作为钢铁工业基地，过去两年大量关停煤炭及钢铁相关企业，将钢铁产能转向附加值更好、资源消耗更少、环境代价更小的钒钛产业，大力推动钢铁、钒钛等产业链条不断向精深加工领域延伸。高度重视产业"深度融合"，推动钒钛产业与钢铁产业、机械制造等不断融合，催生出具有市场竞争力的钒钛低微合金钢、含钒钛机械零部件、钒钛合金及功能材料等特色优势产业。另外，大力推进跨界资源整合，结合干热河谷治理和黄山绿化腾出生态环境容量，优先利用森林资源推动森林康养产业发展，提出"康养+"产业发展模式，探索新业态新商业模式。通过建设绿色工业园区的产业发展目标，促进康养、现代农业、文化和旅游等产业不断向中高端迈进。

三、衰退型城市接续产业替代模式

衰退型城市是资源枯竭区域，经济发展滞后、民生问题突出、生态环境压力大，是加快转变经济发展方式的重点难点地区。衰退型城市要采用接续产业替代模式，利用资源开发所积累的资金、技术和人才，或借助于外部力量，建立起基本不依赖原有资源的全新的产业群，尽快形成若干支柱型接续产业。

由图 6-1 可见，衰退型资源型城市产业转型速度最快，产业结构合理化、产业技术进步均处于中等平均水平，而产业转型绿色高效化和产业结构高级化相比较弱，主要需要改善目前产业结构高级化较弱、产业绿色转型高效化不够的不足。资源衰退型城市资源逐渐枯竭或资源失去竞争力，重点考虑发动一切有利条件发展接续替代产业。从接续替代产业的选择上来看，一是通过资源重组优化存量资产配置，降低产业成本，建立衰退产业资源退出的通道，有利于资源从低效企业、低效产业流向高效率的企业或产业，尤其是大企业通过资源重组使衰退产业中的资源平稳地流向新兴产业，使衰退产业和新兴产业互补，实现产业多元化。二是延长传统产业链条，重视高新技术的引进和创新，建立起资源深度加工和利用的纵向关联产业。三是加工型产业多元化，基本不依赖原有资源，建立以资源深加工为主导的产业群，由资源深加工产业群的技术外溢和牵动效应，使资源深加工产业群和其他产业群之间相互服务、相互促进。发展接续产业也必须把传统产业改造和培育新兴产业结合起来，因地制宜选择接续产业。如安徽省铜陵市，2009 年被国务院列入全国资源枯竭型城市名单，铜陵基本没矿可挖，铜矿产业面临着结构单一、产业链条短、产品附加值低等多种困境。一方面，铜陵市积极推动生产高等级铜材，提高铜产品附加值，使铜产业向精深加工延伸。同时，积极进行国际尖端的新型铜合金研发，已成功生产出成本最低的电路用铜板材；另一方面，铜陵市还加大研发投入，突破了高效回收、检测调控和精细分离等若干关键技术，致力于培育复杂稀贵金属物料多元素梯级回收提炼产业。铜陵市通过技术创新、人才聚集，带动推动铜产业精深加工延伸，并加快新产业培育，盘活了整条产业链，是资源衰退型城市向绿色工业型城市转型探索的创新之举。

四、再生型城市新兴产业扶持模式

再生型城市基本摆脱了资源依赖，经济社会开始步入良性发展轨道，是资源型城市转变经济发展方式的先行区。中国再生型资源型城市第二产业对经济增长的贡献率处于劣势，第三产业则呈相反态势，"结构性减速"成为再生型资源型城市产业转型发展的主导因素，所以因地、因类制宜推动新兴主导产业发展成为其产业绿色转型的重要选择。再生型城市一般在除资源开采以外的其他产业具备一定优势，通过有步骤地关停原有不适合发展的资源开发产业，产生"裂变式"的产业替代，从外部嵌入重新培育主导产业，努力培植如新材料、精细化工、医药等新兴产业，大力引进龙头企业，加速新兴主导产业集聚。新兴产业扶持模式是一种内生型转型方式，转型过程十分重视主导产业的选择，充分利用原有的工业基础，以便于城市的平稳过渡，适用于在除资源开采以外的其他产业具备一定优势的资源型城市，以城市内部力量参与为主，通过内部产业结构的调整，达到产业转型的目的。

由图 6-1 可见，再生型资源型城市产业结构高级化、产业结构合理化和产业技术进步与其他类型城市相比均处于最佳水平，产业转型绿色高效化和转型速度较弱，但与其他类型城市相比也高于其平均水平，主要需要改善目前产业转型速度不够快、产业绿色转型高效化不够的不足。产业更新模式是最彻底的产业转型模式，它摆脱了对原有资源的依赖，在以采掘业为主导的产业上，发展有竞争力的替代产业群是该模式最大的挑战。一方面吸引外来投资是行之有效的途径，在吸引资金的同时，还伴随着技术、管理和观念的引进。另一方面大力发展中小企业和多种经济成分企业，推动中小企业与大企业形成协调合作的企业网络，通过分工协作形成动态联盟。这些企业发挥自身优势和特长，专注于特定细分市场，通过纵向与横向的整合联系，使企业网络之间的知识、信息和产品交流更加顺畅。如江苏省徐州市是长江经济带矿业城市中面积最大、人口最多、经济最发达的城市。徐州市逐步控制矿产品开采量，压缩矿业开发企业数量，对本地制造业原料来源和产品结构进行调整。并在"十二五"规划中明确现代服务业作为地方产业政策的重要发展方向，徐州市创建了徐州经济开发区和徐州软件园，设立专项资金发展服务外包产业，着力培养一批涵盖专利服务、软件设计、文创服务等领域的本地企业。在产业快速增长的同时，吸引国内外服务外包企业纷纷落户产业园区。新产业快速发展带来了用地需求，徐州市围绕原采煤沉陷区进行了一系列生态综合整治，并且通过复垦置换和建设利用，将其迅速转变为建设用地，完成了采矿迹地改造，进而实现生态改造的投入回收。徐州市通过产业转型与新产业的发展规划，利用产业发展的需求推动生态改造，利用生态改造创造产业发展条件，再通过新兴产业的发展和园区建设将生态改造的投入进行回收，使得徐州市在保持了产业结构改革和区域经济良性发展的同时，推动了采矿迹地生态恢复，很好地实现了产业绿色转型。

第二节 资源型城市产业绿色转型策略分析

结合国内外有关资源型城市转型的理论研究及实践经验与教训，本章从宏观、微观两个层面构建了资源型城市产业绿色转型的策略体系（见

图 6-2），这是资源型城市产业实现可持续发展的客观要求，同时也是资源型城市加快生态文明建设的现实需要。

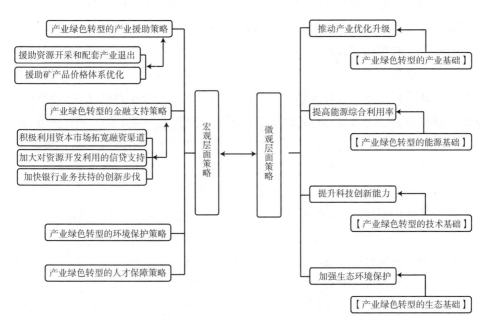

图 6-2　资源型城市产业绿色转型的策略体系

一、宏观层面的产业绿色转型策略

1. 产业绿色转型的产业援助策略

第一，援助资源开采和配套产业退出。首先，加强对矿业开发利用的管理，通过产业准入与产业退出机制约束开发秩序。其一，严格执行矿产资源勘查开发准入制度，要严格审批手续，实行审批责任制，建立严格的准入管理制度。其二，实行分区管理制度，优化资源勘查开发布局和结构，调控引导开发时序和强度，通过引进实力强大的公司，采用收购、兼并、控股、合同挂靠等方式，分矿种、分区域进行深度整合，构建集约、高效、协调的资源开发格局。其三，完善矿业权市场运行机制，构建有形的矿业权交易机构，坚持矿产资源的产权改革与矿山资产的产权改革相结合，矿山企业产权市场与矿业权市场相配套，加强矿山企业产权市场建设，促进企业兼并、联合和重组。其次，鼓励企业之间采取合作或调整矿业权范围等方式，解决矿业权重叠范围内资源协调开发问题，统筹协调资源的综合开采和开发。通过积极推行矿业权改革，扭转资源行业因垄断造成的活力不足。另外通过拍卖、挂牌等竞争方式对探矿权进行公开出让，对长期勘查投入不足的核减其区块面积，探索退出机制。如山西省将全面实行煤层气矿业权退出机制，将提高煤层气区块最低勘查投入标准和区块持有成本，具备开发条件的区块将限期完成产能建设，已进入自然保护区等禁采区的矿权要责令停止开采并有序退出。

第二，援助矿产品价格体系优化。资源型产品的价格形成机制必须发挥市场主体功能，以市场规律的调节作用为基础，反映市场供求关系和产品综合成本。其一，资源型产品本身除合理的资源租金、生产成本外，还携带了较多的外部成本[195]，如传统矿产开发活动带来环境污染、生态破坏，对这类损失的补偿称为资源开采补偿成本、环境治理成本和生态修复成本；矿产开发活动导致区域发展能力下降，严重影响当地居民的生活与生产发展，对这类损失的补偿称为补偿性税费成本；矿产开发由于资产专用性强[196]、投资数额大，容易形成巨大的沉淀成本，导致严重的资源配置扭曲，对这类损失的补偿称为企业转型成本。矿产开发中，作业环境的不完全可知性和作业场所的经常流动性伴随着各种安全隐患，对这类损失的补偿称为安全设施建设成本。科学的资源型产品成本构成核算需要包括矿业权取得、资源开采、环境治理、生态修复、安全生产投入、基础设施建设等费用，合理体现这些成本构成，充分反映资源价值的市场价格，体现资源开采的效益性。如深化矿产资源有偿使用制度改革，提高资源补偿费率，加大征收力度；科学制定资源性产品成本的财务核算办法，增强资源税费制度的可操作性；调整资源补偿费在中央和地方之间的分配关系，改善资源税费用于基础性、公益性地质勘查过多，而对资源型城市或地区基础设施更新、环境保护和产业转型等领域扶持过少的状况；针对资源开采的不同阶段，制定合理的资源补偿费、资源税等资源开发补偿措施和扶持办法。其二，应推进矿产品交易平台建设，以网络技术为手段，以区域交易为中心，建立由政府宏观调控、市场主体自由交易的现代矿产品交易体系。由于国际资源价格波动频繁，而国内资源的供给弹性较低，带来了资源收入不稳定，价格高涨时政府难以抑制投资热情和财政支出，价格疲软时则不易削减开支、加剧债务风险，这种资源收益波动对经济增长产生的负效应覆盖了资源收益本身对经济增长的正效应[197]。其三，应当建立稳定基金制度调控矿产品市场的收益波动。矿产品价格流动性强，在矿产品价格较高时对开发企业收取超额利润部分，在价格低迷时对开发企业进行补贴，平抑市场资源价格异动，同时将资源产品价格上升带来的额外收益以基金形式留给后代实现代际补偿。

2. 产业绿色转型的金融支持策略

资金供给是资源型城市产业绿色转型的重要驱动力[198]。通过金融体制改革等手段，一手拓宽融资渠道募集转型资金，一手降税减负，在实行统一增值税的基础上实施区域性税收优惠政策[199]，对新型低碳产业链的关键环节采取减免税收、政府采购等方式给予支持，降低转型成本，营造良好的金融环境，促进资源型城市产业绿色转型。

第一，积极利用资本市场拓宽融资渠道。首先，加大资源型企业上市力度，推进一批大中型重点企业整体上市，培育部分业绩好的创新型中小企业适时进入中小板、创业板筹集资金，利用多层次资本市场融资。其次，引导企业通过资产重组、合资合作、引进创业风险投资基金或私募股权投资基金等多种方式融资。最后，放宽保险公司投资渠道，允许保险公司参与资源型城市的重大产业项目投资。此外，设立资源型城市产业绿色转型基金，通过发行长期建设债券、从财政预算中划拨专项资金、社会捐助等多种方式融资。

第二，加大对资源综合开发利用的信贷支持。通过优化贷款政策，积极支持能够推进产业结构战略性调整的项目建设，支持资源型城市高新技术产业以及具有地方特色的旅游业的培育。完善中小企业担保体系，支持资源型产业配套加工企业发展。强化对"三农"经济的信贷支持，大力发展特色农业，培育龙头企业。

第三，加快银行业务扶持的创新步伐。鼓励银行不断深化业务创新，采取市场化运作模式，运用各种金融工具和金融手段，积极支持能够增加财源和发展后劲的重点项目建设。建立和完善科技投入体系，拓宽资金渠道，充分发挥政府投入和企业投入的主体作用，壮大市级技术创新基金，鼓励发展高科技风险投资公司。同时，大力发展消费信贷业务，为下岗失业人员提供小额担保贷款，为繁荣第三产业、有效缓解资源衰退型城市再就业压力提供强有力的金融支持。

3. 产业绿色转型的环境保护策略

完善资源开发生态补偿制度，制定合理的开发补偿标准、时限、程序、考评及监督机制，努力建设绿色矿区，大力发展和谐矿业。研究建立资源开发与城市可持续发展协调评价制度，开展可持续发展预警与调控，促进资源开发和城市发展相协调，并成立专门的资源开发补偿管理部门，设计科学的资源开发补偿办法，监督资源开发主体承担资源补偿、生态建设和环境整治等方面的责任和义务，将企业生态环境恢复治理成本内部化。一是完善矿产开发前的规范化开采与环境服务支付费制度。进行严格的环境影响评价和审查，通过立法的形式规范开采者矿业开采活动，禁止各类可能导致生态功能不可逆转、不可恢复性的破坏性矿业开发行为，如严格执行森林采伐限额，控制森林资源采伐强度；完善会计核算制度，对预期损害、防范性措施以及开采后的生态修复计划进行全面评估和有效监督，将预防性投入计入企业生产成本，激励开采者采取防范性措施。二是完善开发中的即时修复与补偿制度。要求开采者严格执行环境影响评价和"三同时"制度（即防治污染措施必须与建设项目主体工程同时设计、同时施工、同时投产使用），采取环境友好型绿色开采方式，因地制宜制定土地复垦与地质环境恢复治理规划，确保资金和技术措施落实，做到边开采、边复垦、边恢复生态环境，强化同步恢复治理。对已经造成的生态环境破坏及时进行修复，对受损的当地居民给予经济补偿和实物补偿。三是完善开发后的矿区生态恢复制度。要求开采者或者政府治理矿区土地，恢复矿区植被。

4. 产业绿色转型的人才保障策略

内生增长理论表明区域长期经济增长主要取决于资本积累，尤其是人力资本[200]。资源型城市产业绿色转型发展需要以人才保障为根本，构筑可转型发展的人才优势。其一，完善公共就业服务体系。制定人力资源市场发展规划，优化人才引进、留用及培养机制，逐步形成层次高、规模大、覆盖面广、辐射性强的人才服务体系。加大人力资源市场信息系统建设，建立资源型城市人力资源供求信息预测、预报与发布制度，实现联网贯通、信息共享。

其二，进一步拓宽服务领域，增强服务功能，充分调动基层特别是企业在人才资源开发中的积极性，保障资源型城市产业转型与可持续发展的人才优势。其三，充分发挥人才市场的媒介作用，实现人才在企事业之间的合理流动，促进人力资源高效、充分、合理配置。其四，加强法制建设，取消妨碍公平竞争、设置行政壁垒的各种规定，畅通各类人力资源流通渠道。确保人才竞争公开、公平、公正，营造良好的人才环境。其五，健全人才激励制度，促进高技能人才人力资源建设。奖励有突出贡献的优秀人才，支持企事业单位以多种形式重奖有突出贡献的科技人员。

二、微观层面的产业绿色转型策略

1. 推动产业结构优化升级

资源型城市产业绿色转型必须坚持产业结构升级的转型核心任务。通过充分发挥供给主体，即资源型企业的积极性，升级产业供给的基本要素，优化产业供给体系。要逐步打破资源型产业在资源型城市中的刚性垄断地位，发展基于数字技术的先进制造业，提升第三产业尤其是高新技术行业如技术服务业、科学研究、咨询信息服务等相关产业发展，并大力发展战略性新兴产业，集中力量突破互联网、生物、新能源、新材料、文化创意、新一代信息技术的关键共性技术，围绕产业需求部署创新链，推动战略性新兴产业的快速发展。

第一，延伸产业链条，密切产业联系，提升传统产业竞争力。资源型城市传统产业主要以开采加工煤矿、铁矿、石油等自然资源为主，存在大量沉淀成本，生产环节技术相对落后，尤其钢铁、有色、化工等传统产业在制造技术、制造模式、制造组织等方面处于技术相对落后的水平。资源型城市应在资源开发基础上，立足资源优势有选择地延伸产业链，大力发展下游精深加工产业，向先进制造业转型，并且重点支持低碳排放相关产业，建立上下连接、左右配套和相互支撑的资源精深加工产业集群。通过构筑全产业链优势，破解产品初级化、产业低端化难题，而交易成本内部化也可以降低和消化沉淀成本，减少交易费用，实现产业整体效益最大化。

第二，发展特色产业，逐渐脱离资源产业的束缚。积极引进与资源产业没有直接关联的替代产业，特别要大力培育污染少、能耗低、经济效益高的低碳产业，可以重点选择一批排放少、生成速度快的优质生态产业项目。发展自身特色的产业体系，围绕具有区域特色的产业培育投资环境，形成独具一格的区域发展模式。

第三，以创新驱动增强传统产业升级动力。以创新推动传统优势产业由"加工制造"向"研发智造"转变，抢占产业价值链制高点，完成由"加工车间"向"研发中心"的角色转变。加大对内外开放力度，积极承接区域技术和产业转移，尽快融入全球价值链体系，加快构建可持续发展的现代产业体系和创新体系，推动传统优势产业集群升级。围绕产能输出、技术升级、支持企业有序推进钢铁、化工、有色等传统优势产业产能转移，与"一带一路"沿线国家和地区合作建设研发生产基地。同时，加强与东部沿海地区的产业协作配套，推动内陆资源型城市传统产业由内源性向内源性、开放型双轮驱动转变，增强产业发展动力，拓展市场需求空间，为产业升级提供有力支撑。此外，还应重视和支持民营经济发展，民营经济有很大的弹性和灵活性，可以很好地弥补国有经济的空缺，完善资源型城市的市场经济体系。

2. 提高能源综合利用效率

资源型城市的能源消耗在经济结构中发挥着重要作用，大量使用的结果是碳排放的日益增加、生态环境日益恶化。资源型城市应提高能源综合利用效率，发展新能源产业，推动循环经济发展，这是实现产业绿色转型的能源基础。虽然新能源使用成本比较高，但从长远来看其经济效益和生态效益是总体最优的。因此资源型城市特别是资源衰退型城市更应该积极开发新能源，实现城市能源结构的低碳化、多元化发展。首先，抑制高耗能产业过快增长，严格固定资产投资项目节能评估审查，继续加大冶金、建材、化工、电力、煤炭等行业落后产能和工艺技术设备淘汰力度，促进节能减排。其次，资源型城市要利用技术创新提升能源的单次利用效率，从而提高能源的综合利用率，减少资源的使用量和温室气体的排放，有力地支撑循环经济的发展。通过清洁发展机制引进发达国家的成熟技术，提高能源的使用效率与使用效果。另外，选择适当的新能源项目，通过原始创新和集成创新，重点攻关中短期内可以获得较大效益的能源技术，尤其是提高重化工行业能效的新技术。最后，资源型城市要重视太阳能、光热、水能、风能、生物质能等可再生新能源的开发利用，以可再生型能源替代非再生型能源，以无耗型能源替代有耗型能源。另外，以创新型能源替代保守型能源，比如数字经济、大数据、物联网等。

3. 提升科技创新能力

绿色产业往往是知识密集型产业，没有完善的绿色技术创新体系很难实现绿色产业的快速发展。提高科技创新能力是实施资源型城市产业绿色转型的必要条件。资源型城市要通过科技创新提高劳动生产率、资源利用率，提高资源型产品深加工的科技含量，增加单位产品的附加值，提高整个资源型城市的信息化和现代化水平，提高科技创新能力是实施资源型城市产业绿色转型的必要条件。

第一，用高新技术改造主导产业。应着力培育资源型城市转型所需的关键技术，如低碳技术、资源的集约利用技术、资源开采处理和回收技术、生态恢复和治理技术、垃圾无害化处理技术、工业废弃物回收利用技术等。强化原始创新，把采用先进制造技术和高新技术改造落后的生产技术、流程和管理，提高产品开发设计能力和自主开发的比重作为努力方向。围绕主导产业的技术改造，大力推动和应用先进、成熟的电子信息技术、制造技术、生物工程技术、节能降耗技术和机电一体化技术，促进企业采用新工艺、新技术，努力降低能源、原材料消耗。

第二，用技术进步直接推动产业高度化。结合资源型城市的特色优势产业，实施一系列科技支撑工程项目，尤其对于具有"公共产品"属性的技术创新行为，开展技术攻关和科技能力建设，围绕新能源、新材料、节能环保产业、高端装备制造产业、生物产业等战略性新兴产业，大力培育和发展战略性新兴产业。通过利用技术产业园的优势，促进精细化工、有色金属新材料、新能源技术、生态恢复材料与技术、环保材料等高新技术产业尽快成长。

第三，构建产学研相结合的技术创新模式，完善以企业为主体、市场为导向、产学研相结合的技术创新体系。加强资源型城市的产学研联合，专业研究所和高等院校负责科技创新任务，企业负责创新成果的转化和新产品的生产。积极引导企业与全国大专院校和科研院所多种形式的挂靠、合作，借助外智、外力，提高企业的技术开发能力。同时要不断完善企业自主创新体系，依靠和借助社会力量，聘请专业技术人员或对已有员工进行培训调整科技人员的分布结构，逐步使企业科技人员占主体，建立企业自己的科技人才队伍。

第四，加强创新成果产业化，提高资源型城市产业核心竞争力。通过技术市场的健全，公共技术服务平台的建立，促进科技资源共建共享，推动技术成果向现实生产力高效转化。制定各行业的技术进步政策细则，放活技术市场主体，放开技术市场要素，拓宽技术市场范围，强化技术市场的技术交易、技术转移、网上技术市场、洽谈对接、技术中介等功能，鼓励科研院所、高等院校、大中型企业等市场主体，进入技术市场进行技术交易，为转型提供强有力的技术保障。

4. 加强生态环境保护

资源型城市的产业发展导致了城市生态环境遭到严重破坏，积极保护和改善城市环境是实施资源型城市产业绿色转型的重要目标。资源型城市产业绿色转型必须对环境污染进行改善，并积极引进与资源产业没有直接关联的替代产业。这对加快转型速度有着正向推动作用，也间接地有利于投资环境的改善以及高素质人才的引入。

第一，从源头加强资源型城市生态功能保护和管理的预防措施。严格限制矿产资源开发，禁止新建可能对生态环境产生不可恢复破坏性影响的矿产资源开采项目，增强涵养水源、保持水土、防风固沙能力，维持生态系统的稳定性和完整性。针对新建矿区要科学规划、合理布局，加强对矿产资源开发规划和建设项目的环境影响评价工作，切实预防环境污染和生态破坏。另外，森工型城市要结合实施天然林保护工程，逐步调减采伐量，强化森林管理与保护，加快森林资源培育，切实巩固退耕还林成果，高度重视资源开采引发的水土流失、土地沙化、湿地萎缩等生态问题，切实做好恢复治理工作。

第二，积极推行节能减排。提高行业排放标准以及高碳行业准入门槛，淘汰经济效益低、碳排放高的产业部门，实行碳交易制度，把减排任务合理地分配到相关行业、细分到各个企业、部门，通过税收等政策鼓励高排放企业引进低碳技术改造传统产业，提高生产效率、资源利用率。同时支持循环经济的发展，将清洁生产、资源综合利用、生态设计和可持续发展等融为一体。

第三，加强矿山地质环境恢复治理。资源型城市因矿山开采而产生的地面裂缝、变形以及地面塌陷破坏了大量耕地和生态环境。应遵循"山、水、林、田、湖"的理念，从土地资源、水资源、生物资源、景观资源、人居环境损毁与复垦利用角度，大力推进废弃土地复垦，水资源、生物资源、景观资源、人居环境恢复，并支持开展历史遗留工矿废弃地复垦利用，积极引导社会力量参与矿山环境治理。提升重建生态的完整性、生态承载力、土地适宜性以及生态敏感性。

第七章 案例分析——以黄石市产业绿色转型为例

黄石市位于湖北省东南部，是武汉城市圈副中心城市和长江经济带重要节点城市，也是全国重要的老工业基地和典型的资源型城市。早期黄石市"以矿立市、以矿兴市"，依靠丰富的矿产资源取得了快速发展，但是在这种长期开山挖矿和持续无节制的资源开发模式下，使黄石市在产业发展和生态环境方面都遇到诸多的困难，成为资源衰退型城市。2008年国家发展改革委、原国土资源部和国务院振兴东北办公布了《关于印发首批资源枯竭城市名单的通知》（发改厅〔2008〕712号），湖北黄石大冶市被确定为全国首批12个资源枯竭型城市之一。2009年3月，发布了《关于印发第二批资源枯竭城市名单的通知》（发改东北〔2009〕588号），确定了32个资源枯竭型城市，湖北省黄石市被确定为第二批重点支持的资源枯竭型城市。在资源枯竭形势下，工业增长乏力，前期资源开发带来的生态环境破坏问题凸显，制约了黄石市经济的发展。

后资源时代，黄石市抓住被确定为资源枯竭型城市转型试点的机遇，积极探索转型之路。黄石市进行了一系列"国字号"的试点工作，主要有"全国资源枯竭型转型试点城市""棚户区改造公共租赁房试点城市""创建创业型试点城市""3G电子政务应用试点城市""科技进步示范市"和"创建知识产权示范城市"等，为推动黄石市产业绿色转型奠定了良好的基础。在产业发展方面，黄石市逐步转向深加工为主导的下游产业，已经形成了黑色金属产业集群、有色金属产业集群、建材产业集群和能源产业集群等资源加工产业集群。除了传统的矿冶工业发展以外，依靠丰富的矿产资源，形成了黑色金属、有色金属、建材、能源、机械制造、纺织服装、食品饮料和化工医药8个主导产业集群，包括具有钢铁、有色、建材、能源、服装、机械、化工、医药和食品等 14 个主导产业在内的较为齐全的工业门类。另外，以黄石经济开发区为依托，推进高新产业布局。电子信息产业作为开发区的主导产业，已成为当前黄石市发展速度最快、发展前景最好的产业。

2017 年 4 月，黄石市被确定为全国首批 12 个产业转型升级示范区之一。2018 年，黄石市在首批产业转型升级示范区年度进展评估中被评为优秀。黄石市通过产业绿色转型转换经济增长动能，调整经济发展方式，走产业绿色发展之路，在资源约束矛盾突出的情况下实现经济社会跨越式发展，其转型发展过程具有很强的启示和借鉴意义[200]。

第一节　黄石市产业绿色转型存在的问题

目前，我国资源型城市的产业绿色转型尚处于探索阶段，均没有统一的标准，各个地方产业绿色转型的基础、发展模式及面临的制约因素也不尽相同，所以需要因地制宜才能避免走入转型的误区。黄石市作为典型的资源衰退型城市，随着资源环境约束趋紧，存在接续替代产业发育不足、产业绿色转型迫切的问题，所以转型压力大、任务重。黄石市与邻近的武汉相比，甚至与一些同等规模城市相比，产业结构失调、能耗水平不高、工业污染和生态破坏严重、人力资源积累缺乏、体制机制不灵活、技术创新能力不足等特征明显，这些因素都制约着黄石市对传统产业的改造和高新技术产业的布局，是黄石市产业绿色转型要面临的挑战。

一、产业结构失调

由于资源禀赋特征，黄石市经过长期的发展形成了重型化的产业结构，三次产业结构发展不协调。经过多年的转型发展，黄石市第二产业所占比重有所下降，但重型的工业结构依然存在。从三次产业发展上来看，一产偏"老"，劳动率低下、结构不合理、产业化水平较低；二产偏"重"，工业总体规模水平较低、产业链条不够完善、资源约束和环境压力较大，创新能力不强；三产偏"弱"，服务业总体规模不大、以生产性服务业为代表的现代服务业发展不足，市场化程度不够等。从黄石市三次产业产值的对比来看（见图7-1），黄石市二产产值表现依然突出，黄石市仍处于工业化阶段。从三次产业增加值占GDP比重的发展趋势来看（见图7-2），黄石市第二产业增长速度与第一产业、第三产业相比，其差异具有阶段性特征。2003~2011年，第二产业比重与第三产业比重的差距具有扩大的趋势，至2011年差距达到最大；2011~2016年第二产业比重逐步下降，第三产业比重逐步上升，两者差距逐步缩小；但2016~2018年，第二产业增长速度有加快的趋势，使得第二产业与第一产业、第三产业的差距再一次具有扩大的趋势。

黄石市工业比重很高，2017年工业产值占GDP的比重超过50%。而且从工业内部结构来看，黄石市重工业比重一直居高不下，其中1965年重工业比重达到90%，2017年重工业比重依然在80%以上（见图7-3）。由此可见，对于黄石市的产业绿色转型而言，产业结构调整是其发展成功的关键。

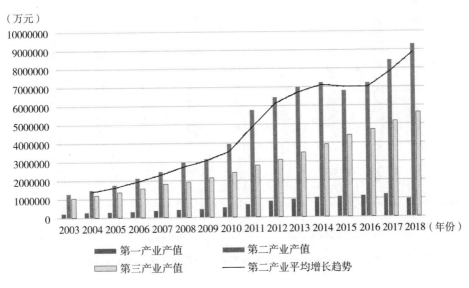

图7-1　2003~2018年黄石市三次产业产值变化趋势

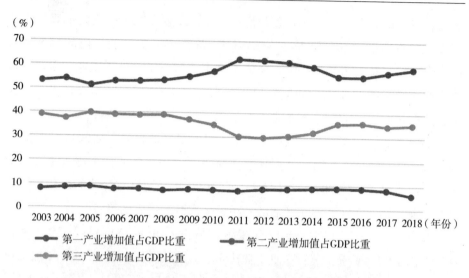

图7-2 2003~2018年黄石市三次产业增加值占GDP比重变化趋势

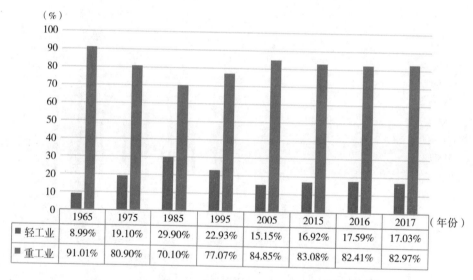

（年份）	1965	1975	1985	1995	2005	2015	2016	2017
■ 轻工业	8.99%	19.10%	29.90%	22.93%	15.15%	16.92%	17.59%	17.03%
■ 重工业	91.01%	80.90%	70.10%	77.07%	84.85%	83.08%	82.41%	82.97%

图7-3 1965~2017年黄石市轻工业与重工业比重比较图

二、能耗水平较高

黄石市重型化的工业结构势必会导致较高的能耗水平。黄石市节能环保产业规模小、节能环保产业产值低，占全省工业总产值比例小。从全市规模以上工业能源消费结构变化来看（见图7-4），能源消费总量随着国民生产总值的增加，基本呈现上升的趋势，从2006年的542万吨标准煤到2017年的997.41万吨标准煤。主要消费的能源品种有原煤、焦炭、电力、热力、成品油和天然气等，其中能源消耗中排在第一位的是煤炭，2017年消费原煤679.4万吨，2017年消费焦炭181.21万吨，所以也造成了黄石市的环境污染严重。黄石市的工业用电量整体也呈上升趋势（见图7-5），从2006年的70.81万千瓦时上升至2017年的96.36万千瓦时，这与支柱产业和主要高耗能产业是冶金产业有关。另外，节能环保企业规模小，大型企业特别是具有系统解决方案提供能力的企业不多，仍以中小企业为主，集中度低，掌握核心技术从事高端设备制造的企业不多，大多属于一般加工制造企业。所以，黄石市企业产品单位能耗水平参差不齐差异很大。如新冶钢和华新等大型企业，在技术进步和企业管理方面有较高水平，因而单位产品消耗电力在行业占据先进地位。但一些小冶炼、小锻钢等企业由于设备简陋、工艺落后、管理水平低下，能源消耗惊人。当前，黄石市经济增长的高投入、高消耗、高排放、难循环和低效率的粗放生产方式还没有得到根本性改变，原材料工业比重过大，高能耗特征还未从根本上改善。

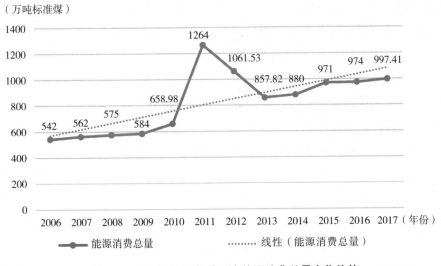

图7-4　2006～2017年黄石市能源消费总量变化趋势

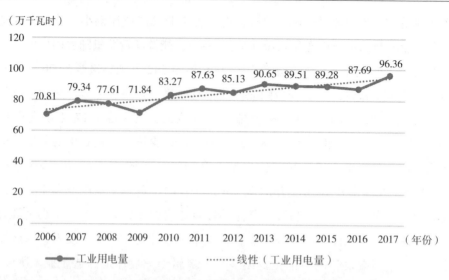

图 7-5　2006~2017 年黄石市工业用电量变化趋势

三、工业污染和生态破坏严重

黄石市着力改善生态环境质量，随着工业企业外排污水提质提标、废弃排放治理等工作的开展与大力整治，近年来环境污染情况得到了一定程度的改善。从黄石市工业废水、工业二氧化硫和工业烟尘排放量的情况来看（见图 7-6），工业三废排放随着时间基本都呈现下降的变化趋势。但是，由于黄石市工业体系以采掘、冶金、建材和煤炭为主，资源型产业为主导的产业体系导致工业发展依然处于高排放的水平。2017 年黄石市工业废水排放量为 4016.8 万吨、工业二氧化硫排放量为 1.68 万吨、工业烟尘排放量为 3.13 万吨。黄石市工业废水排放行业是采选、冶金和化工等行业，排放去向主要为长江黄石市段和大冶湖段，工业排江（湖）废水及污染物种类数量仍然较大，部分重要水域污染比较重，导致港渠湖泊水环境质量恶化；工业废气主要污染源为钢铁、有色冶金等；而工业固体废物以冶炼废渣、尾矿和粉煤灰等为主，综合利用水平不高。由于黄石市以小选矿、小洗矿、小冶炼、小选金和小化工为代表的"五小"企业发展迅猛，排放了超标废水尾砂、烟尘废气，农田土壤排放功能衰退，而且绝大多数森林生态系统集中在周边，生态屏障没有形成，生态保护基础比较薄弱，生态防护系统抗灾能力差。工业的污染导致湖泊径流区域水土流失加剧、土壤有害物质大量残留，以及一些地质灾害的发生，生态系统功能退化的趋势还没有得到有效的遏止。

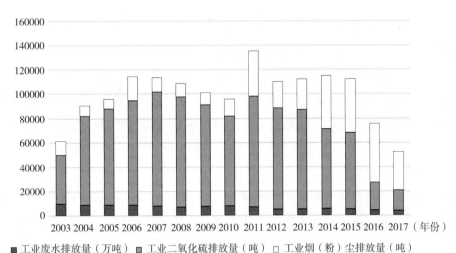

图7-6　2003~2017年黄石市工业"三废"排放量变化趋势

四、人力资源积累缺乏

黄石市地理位置毗邻湖北省省会武汉市，武汉市对人才的巨大虹吸效应，对黄石市人才引进工作产生了很大的影响。黄石市部分企业技术人员数量不足、层次不高，人才引进难、留不住，部分小微企业技术员与销售员身兼多职，产学研合作水平也不高。黄石市长期以来的资源型产业发展特点也不利于人才结构的优化。黄石市结构性人才不足，影响了产业结构调整。黄石市是计划经济时代的"老工业基地"，专业技术人才主要分布在资源型行业，人才结构单一，企业难以扩张发展；黄石市高新技术行业人才不足，使得经济发展后劲不足，制约了产业向高加工化、技术集约化方向发展。由于黄石市高新技术产业无论在规模上还是数量上都相对缺乏，也制约了相关人才的流动；黄石市创造性人才缺乏，影响了传统产业改造升级。科技发展和市场的激烈竞争，要求企业创新地和更快地将产品推向市场，缺乏创造型人才，企业将失去生命力，也难以完成传统产业的高效化、清洁化和高级化升级，制约着城市经济的发展。

五、体制机制不灵活

黄石市是国家重点支持的资源型城市，计划经济时代在国家政策、方针的指导下，大规模的人力、物力和资本大量注入，形成了国有经济为主的企业主体形式。2004～2017 年黄石市国有及国有控股企业产值保持上升趋势（见图 7-7），其中 2015～2017 年的产值规模分别达到 459.9 亿元、513.5 亿元和 628 亿元，同比增长均超过 10%。虽然黄石市国有及国有控股企业产值占 GDP 比重发展趋势处于波动起伏状态，但整体上产值占比并没有明显的下降，其占比始终维持在 40%上下的高位水平，2017 年的产值占比达 42.44%。这种国有经济占主体的局面带来了诸多问题。其一，国有经济的长期垄断压制民间资本的形成，形成了阻碍民间资本进入的制度环境，导致市场发育不足。在资金方面，大型的国有企业更容易获得政府资金政策的支持，而中小企业融资难、融资贵等问题更突出。而且资源型企业在产业转型过程中可能会使其经营风险加大，银行与金融机构出于风险的防范，在企业的产业转型初期可能会出现慎贷或拒贷的现象，使得企业转型中出现融资难、融资贵的问题，增加了产业转型的阻力。其二，国有经济的产权改革不到位，会影响企业的竞争力，进而影响地区经济活力。与之相反，民营经济以中小企业和服务业为主要形式和产业领域，可以提供大量就业岗位，而在这种情况下，民营企业在产业领域和市场机会方面都受到限制。另外，国有经济为主的形式造成体制机制僵化，直接导致投资体制不完善、城市基础设施投入不足，无法满足城市扩展升级的需要。此外，矿冶工业在产业转型的改制重组过程中会导致大量职工下岗失业，使得当地社会保障、就业压力巨大，增加了改革的风险与阻力。

六、技术创新能力不足

技术创新是转变产业发展方式的重要驱动力，黄石市要实现产业绿色转型，技术创新能力还有待进一步提高。黄石市在创新主体培育中还需补齐高新技术企业总量不大、科技型中小企业不强等短板。黄石市由于依赖资源型

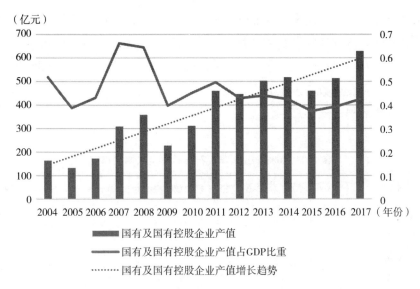

图 7-7 2004~2017 年黄石市国有及国有控股企业产值情况

产业发展，处于价值链低端，导致高科技企业数量不足、高精尖产业发展不足，所以科技创新体系不健全，科技创新平台、创新资金和科技人才等创新要素有待强化。目前，黄石市制造企业的创新能力还不足、技术研发投入还不足。截至 2018 年，全市 26 家制造企业，入围高新技术企业的不超过 10 家，全市智能输送装备行业的年研发投入占销售收入的比重只有 2.5%左右，低于3%~5%的要求。此外，研发机构和研发设施不健全，1/3 的企业没有建立研发机构，研发设施简陋。研发项目水平不高，有近一半的企业主要开展改进设计、系列化开发和新技术的应用。其中以集成创新为主，原始创新少，研发周期达到两年以上的项目少，行业共性关键技术的攻关就更少。另外，国家级重点实验室、工程技术研究中心尚未破题，创新平台科技成果产出率不高，多产业绿色转型支撑服务作用发挥不够。2008~2017 年黄石市 R&D 内部经费支出一直呈现增长的趋势（见表7-1），从 2008 年的 5.29 亿元增长至 2017 年的 27.2 亿元，表明政府一直在加大鼓励科研创新活动、推进产业发展的力度。虽然 R&D 内部经费支出呈现出增长趋势，但从科技活动人员人数来看，反而呈现明显的下降趋势，从 2008 年的 1.68 万人下降至 2017 年的 1.23 万人，尤其是 2010 年和 2012 年的科技活动人员人数跌至极低的水平，表明政府资金的投入尚未收到显著的成效。由于黄石市人力资本的制约因素，使政府鼓励科研创新的经费未发挥到最大化效应，这点从专利情况也可以看出。黄石市专利申请数逐年增长（见图7-8），专利授权数也呈现逐年增长趋势，但是专利授权数所占专利申请数的比重还未实现质的跨越，呈小幅增长或小幅下降的起伏趋势。

表 7-1　2008~2017 年黄石市科技投入相关情况

年份	2008	2009	2010	2011	2012	2013	2014	2015	2016	2017
科技活动人员数（万人）	1.68	1.71	0.4	0.51	0.14	1.34	1.32	1.33	1.28	1.23
R&D 经费（亿元）	5.29	6.27	11.35	14.61	18.7	22.37	16.4	30.2	21.72	27.2

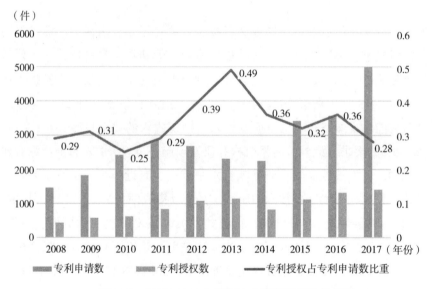

图 7-8　2008~2017 年黄石市专利情况变化趋势图

第二节 黄石市产业绿色转型的评价

一、黄石市产业结构升级分析

1. 黄石市产业多样化与专业化分析

本章通过重点测度黄石市采掘业专业化指数和制造业专业化指数,并进行对比分析,评价黄石市产业发展对资源开采与加工业依赖的程度。通过对黄石市产业多样化指数的测度,来反映黄石市产业内部多样化的程度(见表7-2)。

表 7-2　2003~2017 年黄石市产业多样化指数与专业化指数

年份	多样化指数	制造业专业化指数	采掘业专业化指数
2003	3.61	1.41	0.08
2004	2.92	1.51	0.09
2005	2.66	1.48	0.08
2006	2.75	1.46	0.11
2007	2.84	1.44	0.08
2008	2.89	1.38	0.26
2009	3.32	1.38	0.32
2010	2.11	1.47	0.29
2011	2.89	1.43	0.48
2012	2.66	1.42	0.63
2013	3.13	1.32	0.36
2014	3.37	1.26	0.39
2015	3.12	1.28	0.47
2016	3.49	1.22	0.55
2017	3.24	1.24	0.60

　　黄石市产业多样化指数的变化波动较大（见图7-9）。整体来看，2013年以后，均维持在3以上的水平。我国资源型城市自2013年以后多样化指数基本维持在2左右，黄石市的产业多样化指数高于全国的平均水平，反映了黄石市产业多样化发展水平与全国资源型城市平均水平相比较高，产业发展相对均衡，产业多元化发展趋势较明显；从黄石市制造业专业化水平来看，2003~2017年制造业专业化指数均大于1，表明制造业是黄石市的专业化产业，而2011~2017年黄石市制造业专业化水平具有下降的趋势。从我国资源型城市制造业的专业化水平均值来看，2013年以来一直维持在0.7左右，表明黄石市制造业专业化水平明显高于我国资源型城市平均水平；从采掘业专业化指数来看，2003~2017年，黄石市采掘业专业化水平整体呈现上升趋势，但采掘业专业化指数较低，远低于1。其中，2003~2005年采掘业专业化指数尚不及0.1，采掘业专业化指数的最高值出现在2012年，也只有0.63，而全国资源型城市采掘业专业化指数在2003~2011年均处于2.4以上，2012~2017年均处于3以上，表明黄石市采掘业专业化水平远低于全国资源型城市采掘业专业化水平。可能的原因是，黄石市随着资源的衰退，资源型产业发展一度受到资源约束，但随着对传统资源型产业的改造，使得传统产业又呈现出新的发展活力。同时，随着资源逐渐枯竭，黄石市也在积极布局接续替

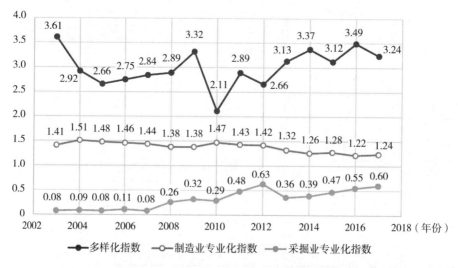

图7-9　2003~2017年黄石市产业专业化与多样化指数变化趋势

代产业，大力培育发展制造业与高新技术产业。黄石市从单一的冶金工业基地转化为全国重要的冶金加工基地、长江中游先进制造业基地和产业转移的重要承接地，其在转型发展方面做了许多积极的探索。

2. 基于偏离—份额法的黄石市产业结构分析

为了深入地剖析黄石市的产业结构特征，本章采用偏离—份额法的动态拓展模型对黄石市产业结构情况进行计算分析。偏离—份额法是国内外对产业结构研究最常用的方法，学者们已将传统的静态模型广泛应用于产业结构的分析研究中[201~202]。传统的偏离—份额模型的基本思路是将研究变量在一定时期和范围内的变化视为一个动态的过程，以一个地区所在的上级区域研究变量为参照物，将研究变量的变化分解为份额分量 N（national share）、结构分量 P（proportional shift）及竞争力分量 D（differential shift），其模型表达式为：

$$G_{ij} = N_{ij} + P_{ij} + D_{ij} \tag{7-1}$$

式（7-1）中，G_{ij} 表示 i 城市 j 产业的增长总量；N_{ij} 为份额分量，表示 i 城市 j 产业按照全国产业平均增长的速度所应具有的增长规模，为正（负）则表示具有增长优（劣）势；P_{ij} 为产业结构分量，表示的是比重差异引起的产业部门相对于全国水平产生的偏差，分量为正（负）则表明 i 区域 j 产业具有结构优（劣）势；D_{ij} 为竞争力分量，表示的是增长速度差异引起的偏差，反映 i 城市在发展该产业方面具有的相对竞争能力。

传统偏离—份额模型并未考虑产业结构影响与竞争影响之间的交互作用。i 城市 j 产业的竞争力分量，不仅来自自身变化情况，而且也依赖于城市间产业结构的差异。Esteban-Marquillas 模型将引入同位概念来解释这种交互作用，从竞争分量中分离出一个分配影响分量即资源配置分量，从而使得该模型既可以分析一个地区产业结构与竞争状况，还可以分析由于结构分量与竞争分量的相互作用引起的分配影响，与传统静态模型相比解释力更强。

动态 Esteban-Marquillas 拓展模型如下所示：

$$G_{ij} = \sum G_{ij}^{(t)} = N_{ij} + P_{ij} + D_{ij} + L_{ij} = \sum_{t=1}^{k} N_{ij}^{(t)} + \sum_{t=1}^{k} P_{ij}^{(t)} + \sum_{t=1}^{k} D_{ij}^{(t)} + \sum_{t=1}^{k} L_{ij}^{(t)} \tag{7-2}$$

式中，L_{ij} 为资源配置分量，度量了产业结构与竞争分量之间的交互作用，可以反映资源型城市产业专业化水平和竞争力水平，资源配置分量为正

（负），则表示资源配置合理（不合理）。

$$N_{ij} = \sum_{t=1}^{k} N_{ij}^{(t)} = \sum_{t=1}^{k} e_{ij}^0 \times \frac{E^{(t)} - E^{(t-1)}}{E^{(0)}} \tag{7-3}$$

$$P_{ij} = \sum_{t=1}^{k} P_{ij}^{(t)} = \sum_{t=1}^{k} e_{ij}^0 \times \left[\frac{E_j^{(t)} - E_j^{(t-1)}}{E_j^{(0)}} - \frac{E^{(t)} - E^{(t-1)}}{E^{(0)}} \right] \tag{7-4}$$

$$D_{ij} = \sum D_{ij}^{(t)} = \sum_{t=1}^{k} e_{ij}^0 \times \left[\frac{e_j^{(t)} - e_{ij}^{(t-1)}}{e_{ij}^{(0)}} - \frac{E_j^{(t)} - E_j^{(t-1)}}{E_j^{(0)}} \right] \tag{7-5}$$

$$L_{ij} = \sum_{t=1}^{k} L_{ij}^{(t)} = \left[\sum_{t=1}^{k} e_{ij}^{(0)} - e_{ij}^{(0)'} \right] \times \left[\frac{e_j^{(t)} - e_{ij}^{(t-1)}}{e_{ij}^{(0)}} - \frac{E_j^{(t)} - E_j^{(t-1)}}{E_j^{(0)}} \right] \tag{7-6}$$

$$e_{ij}^{(0)'} = e_i^{(0)} \times E_j^{(0)} / E^{(0)} \tag{7-7}$$

式（7-3）～式（7-7）中，$e_{ij}^{(0)}$、$e_j^{(t)}$ 则分别为 i 地区 j 产业基期年份和 t 年的规模水平；$e_{ij}^{(0)}$ 则为按照全国 j 产业基期所占比例确定的 i 地区 j 产业的基期规模水平。$e_i^{(0)}$ 为 i 地区基期的产业总规模，$E_j^{(0)}$、$E_j^{(t)}$ 为全国基年期和第 t 年 j 产业的规模，$E^{(0)}$、$E^{(t)}$ 为全国基年期和第 t 年的产业总规模。

但是，目前运用其动态拓展模型的实证检验并不多，而运用动态 Esteban-Marquillas 拓展模型来开展资源型城市产业结构演进的研究就更少[203]。为了深入地剖析黄石市的产业结构特征，本章采用偏离—份额法的动态拓展模型进行计算分析。

从增长份额分量来看，黄石市所有的行业都具有增长优势，但是最明显的是制造业的增长优势，其次是农林牧渔业、采矿业、批发和零售业，说明黄石市除采矿业外，农业及工业中的制造业、服务业中的批发和零售业都具有明显的增长优势；从结构份额来看，黄石市的农林牧渔业、采矿业、制造业、电力煤气及水生产供应业、建筑业及批发和零售业这些行业的产业结构偏离份额为负，说明这几大行业在全国并不具备结构优势；从竞争分量来看，采矿业、金融保险业、批发和零售业、制造业和农林牧渔业这五大行业的竞争分量为正，其他行业的竞争分量为负，说明黄石市这五大行业具有全国竞争优势；从资源配置偏离分量来看，农林牧渔业、采矿业、制造业、建筑业、信息传输、计算机服务和软件业、批发和零售业、房地产业、租赁和商务服务业、科学研究、技术服务和地质勘查业及公共管理和社会组织产值资源配置合理，而其他行业的资源配置不合理。其他行业从总的偏离分量来看，金融保险业，水利、环境和公共设施管理业，文化、体育和娱乐业这三个行业的总偏离分量为负，说明这三个行业相较全国处于下降态势（见表 7-3、图 7-10）。

表 7-3　黄石市各行业 2006~2016 年偏离—份额分析结果

	N_{ij}	P_{ij}	D_{ij}	L_{ij}	G_{ij}
农林牧渔业	123257.23	-60666.49	285.26	30.07	62906.07
采矿业	97280.60	-124357.97	91877.37	39534.20	104334.20
制造业	361338.70	-121380.95	36242.25	3480.59	279680.59
电力煤气及水生产供应业	33129.62	-27426.50	28996.89	-3180.88	31519.12
建筑业	41663.00	-510.16	-652.85	239.00	40739.00
交通运输、仓储和邮政业	61641.16	41251.59	-92492.75	-8643.80	1756.20
信息传输、计算机服务和软件业	24947.60	20017.19	-21564.79	969.23	24369.23
批发和零售业	96828.83	-68720.07	36591.24	7938.23	72638.23
住宿和餐饮业	28486.45	50920.45	-55906.90	-12764.45	10735.55
金融保险业	9110.64	5451.76	39137.60	-120446.04	-66746.04
房地产业	32226.08	48127.15	-33053.23	15734.72	63034.72
租赁和商务服务业	1982.76	2960.06	-3042.81	23640.71	25540.71
科学研究、技术服务和地质勘查业	9863.59	6400.65	-14664.24	3643.85	5243.85
水利、环境和公共设施管理业	8106.72	5618.56	-12625.28	-5869.09	-4769.09
居民服务和其他服务业	19501.30	23020.13	-31821.43	-5313.58	5386.42
教育业	34434.72	19470.94	-43605.66	-6391.56	3908.44
卫生、社会保障和社会福利业	19350.71	30181.79	-34132.50	-7221.73	8178.27
文化、体育和娱乐业	20254.24	12465.17	-29919.42	-20686.39	-17886.39
公共管理和社会组织产值	26503.69	21542.48	-19646.17	10398.21	38798.21

根据 P_{ij} 与 D_{ij} 的组合情况对各产业进一步进行分类分析，对黄石市各行业的综合优势进行评价。假设存在 $P_{ij}>0$，$D_{ij}>0$，则说明该行业在黄石市具有较好的发展基础，而且在全国也具有明显的竞争优势，行业具有较大的潜力，适宜进一步培育发展壮大，从计算结果可以看出金融保险业符合这一特征；假设存在 $P_{ij}>0$，$D_{ij}<0$，说明该行业的产业基础较好，但是行业的全国竞争力太弱，从计算结果可以看出交通运输、仓储和邮政业，信息传输、计

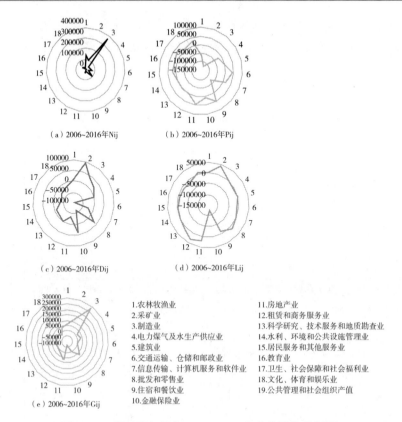

1.农林牧渔业
2.采矿业
3.制造业
4.电力煤气及水生产供应业
5.建筑业
6.交通运输、仓储和邮政业
7.信息传输、计算机服务和软件业
8.批发和零售业
9.住宿和餐饮业
10.金融保险业
11.房地产业
12.租赁和商务服务业
13.科学研究、技术服务和地质勘查业
14.水利、环境和公共设施管理业
15.居民服务和其他服务业
16.教育业
17.卫生、社会保障和社会福利业
18.文化、体育和娱乐业
19.公共管理和社会组织产值

图 7-10 黄石市各行业 2006~2016 年产业结构分析图

算机服务和软件业，住宿和餐饮业，租赁和商务服务业，科学研究、技术服务和地质勘查业，教育业，文化、体育和娱乐业，卫生、社会保障和社会福利业，公共管理和社会组织产值，房地产业这些行业均属于这一类型的行业；假设存在 $P_{ij}<0$，$D_{ij}>0$，说明该行业原有基础较差，但是区域竞争力较强，这类型产业也适合本地大力培育，从计算结果来看黄石市的农林牧渔业、采矿业、制造业、电力煤气及水生产供应业、批发和零售业属于这一类型；假设存在 $P_{ij}<0$，$D_{ij}<0$，则表明该行业产业基础较差，全国竞争力也较弱，从计算结果可以看出建筑业属于这一类型。

综合上述分析可以看出，在资源衰退的背景下，黄石市应进一步采用培育发展替代产业模式及产业进一步向下游延伸的模式，从数据分析表明黄石市金融保险业、农林牧渔业、制造业、电力煤气及水生产供应业、批发和零售业是应大力培育发展的产业。

3. 黄石市产业升级方向分析

产业结构超前系数可以反映产业结构的演变趋势及超前程度，客观地判断产业转型的方向。本章通过计算黄石市三次产业的超前系数，评价黄石市产业升级的方向。

从表 7-4 中可以看出，T_1 时期第一产业、第三产业超前系数小于 1，尤其是第三产业超前系数小于 0.1，第二产业超前系数远大于第一产业与第三产业超前系数。说明在 2003~2011 年，黄石市第二产业发展较快，而第一产业、第三产业则出现了明显的滞后。黄石市以煤炭、铁和铜为主体的矿产资源面临枯竭，随着矿井减少、矿山关停，大冶铁矿、煤炭矿务局等矿业的长期亏损及大量裁员，资源过度消耗、环境污染、生态破坏和自然灾害的增加等生态环境问题对经济发展的影响突显。在 T_2 时期，第二产业超前系数小于 1，而第一产业、第三产业超前系数大于 1。表明 2011~2016 年，相较于第一产业与第三产业，黄石市第二产业发展在这一时期明显滞后。可能因为自 2011 年开始，黄石市统筹编制了资源型城市转型规划，重点实施包括新冶钢在内的 40 多个重大转型项目的综合改造升级。统筹推进"三园一带"开发建设规划，完成了两个省级工业园区的基础设施建设和项目布局。同时，以物流园建设等项目为支撑，加快推进物流、旅游和商贸等服务业发展，其中黄石港物流园项目被列入全省首批创建现代服务业示范园区。在一系列举措的实施下，产业转型初见成效。T_3 时期，黄石市第一产业、第二产业快速发展，而第三产业出现明显滞后。说明从整体来看，黄石市依然呈现出资源型城市的产业结构特征，虽然经过政府和企业一系列转型措施的大力推进，黄石市产业转型初见成效，但是成绩并不显著，转型效果尚不稳定，还需要继续巩固加强推进产业结构升级，推动黄石市的产业发展。

表 7-4　2003~2016 年黄石市三大产业超前系数均值

时期	$T_1 = 2003\sim2011$ 年			$T_2 = 2011\sim2016$ 年			$T_3 = 2003\sim2016$ 年		
	一产	二产	三产	一产	二产	三产	一产	二产	三产
黄石市	0.831	1.756	0.020	1.606	0.607	1.661	1.894	1.344	0.345

4. 黄石市产业转型速度分析

产业转型速度可以直观地表现出产业结构变化的快慢及波动情况。本章利用 More 值模型估算黄石市产业结构的变化速度，分析黄石市产业结构转型的速度。

从表 7-5 中可以看出，2003~2011 年，黄石市产业结构变动夹角值在 10度以上，说明这一时期是黄石市产业结构转型的快速调整时期，产业结构变化波动幅度大，结构调整更为频繁。面临资源枯竭和环境污染双重压力，黄石市只有快速加大转型的力度和转型的步伐，加快产业结构转换程度，才能够更好地应对资源环境约束对经济增长带来的冲击和影响；2011~2016 年，黄石市产业结构变动夹角值为 7.342 度，相比 2003~2011 年产业结构转型的速度有所变缓，这一时期是黄石市产业结构稳步调整时期。在前期产业结构调整的基础上，黄石市逐步找到了产业结构优化的方向和方式，由追求转型速度向追求转型质量转变，精准实施政策扶持和导向的作用，提升产业结构转型措施实施的效率和效果。从 2003~2016 年整体情况来看，黄石市产业结构转型虽然没有一直处于快速变化状态，但是一直处于调整状态。产业结构调整是一项长期而系统的工作，需要持续而稳步地推进，黄石市产业结构还存在进一步优化升级的空间。

表 7-5　2003~2016 年黄石市产业结构变动向量夹角

时期	2003~2011 年	2011~2016 年	2003~2016 年
矢量夹角（度）	10.370	7.342	3.209

二、黄石市工业增长与资源环境的关系分析

1. 黄石市工业增长与资源消耗的脱钩分析

黄石市实现产业发展摆脱要素驱动的路径，就是促进黄石市工业增长与资源消耗的强脱钩，追求内生增长动力驱动的经济发展。本章采用 Tapio 脱钩模型进行计算，主要分析了黄石市工业增长与水资源消耗、能源消耗及矿产资源依赖的脱钩关系，通过计算脱钩指数，得出黄石市工业增长与水资源、

能源和矿产资源依赖的脱钩状态。由于矿产资源数量无法获取，本章采用黄石市采矿业从业人员数占全部从业人员数的比重，以此衡量黄石市对矿产资源的依赖程度；由于城市能源消耗总量数据难以获取，本章采用工业用电量来衡量能源消耗情况；采用工业用水量来衡量黄石市水资源消耗情况。从而计算出工业增长与资源消耗的脱钩指数（见表7-6、表7-7、表7-8），其中t为黄石市工业增长与资源消耗之间的脱钩指数即脱钩弹性值，ΔR 为黄石市资源消耗指标变化率，ΔIO 为黄石市工业产值变化率。

表7-6 黄石市工业增长与水资源消耗脱钩分析

时期	ΔR	ΔIO	t	状态
2003~2004 年	0.1245	0.4853	0.2565	弱脱钩
2004~2005 年	0.0125	0.2186	0.0570	弱脱钩
2005~2006 年	−0.0864	0.3615	−0.2389	强脱钩
2006~2007 年	−0.1098	0.3437	−0.3194	强脱钩
2007~2008 年	−0.0438	0.2286	−0.1914	强脱钩
2008~2009 年	−0.0507	−0.0082	6.2036	衰退脱钩
2009~2010 年	0.0160	0.3851	0.0416	弱脱钩
2010~2011 年	0.1992	0.3386	0.5882	弱脱钩
2011~2012 年	−0.6349	0.1369	−4.6375	强脱钩
2012~2013 年	0.0738	0.1498	0.4926	弱脱钩
2013~2014 年	1.4738	0.0453	32.5204	增长负脱钩
2014~2015 年	−0.5508	−0.0884	6.2334	衰退脱钩
2015~2016 年	−0.0127	0.0464	−0.2726	强脱钩

表7-7 黄石市工业增长与能源消耗脱钩分析

时期	ΔR	ΔIO	t	状态
2003~2004 年	0.0265	0.4853	0.0546	弱脱钩
2004~2005 年	0.1362	0.2186	0.6233	弱脱钩
2005~2006 年	0.1135	0.3615	0.3140	弱脱钩
2006~2007 年	0.0234	0.3437	0.0680	弱脱钩
2007~2008 年	−0.0654	0.2286	−0.2860	强脱钩

时期	ΔR	ΔIO	t	状态
2008~2009 年	−0.1020	−0.0082	12.4873	衰退脱钩
2009~2010 年	0.2569	0.3851	0.6670	弱脱钩
2010~2011 年	0.0964	0.3386	0.2846	弱脱钩
2011~2012 年	−0.0968	0.1369	−0.7073	强脱钩
2012~2013 年	0.0622	0.1498	0.4152	弱脱钩
2013~2014 年	−0.0270	0.0453	−0.5961	强脱钩
2014~2015 年	−0.0026	−0.0884	0.0294	弱负脱钩
2015~2016 年	0.0300	0.0464	0.6454	弱脱钩

表 7-8　黄石市工业增长与矿产资源依赖的脱钩分析

时期	ΔR	ΔIO	t	状态
2003~2004 年	0.0785	0.4853	0.1618	弱脱钩
2004~2005 年	−0.1185	0.2186	−0.5422	强脱钩
2005~2006 年	0.4245	0.3615	1.1743	增长连接
2006~2007 年	−0.2586	0.3437	−0.7524	强脱钩
2007~2008 年	2.0638	0.2286	9.0281	增长负脱钩
2008~2009 年	0.2398	−0.0082	−29.3642	强负脱钩
2009~2010 年	−0.1329	0.3851	−0.3451	强脱钩
2010~2011 年	0.6444	0.3386	1.9029	增长负脱钩
2011~2012 年	0.2285	0.1369	1.6686	增长负脱钩
2012~2013 年	−0.5088	0.1498	−3.3964	强脱钩
2013~2014 年	0.0003	0.0453	0.0063	弱脱钩
2014~2015 年	0.1013	−0.0884	−1.1469	强负脱钩
2015~2016 年	0.0815	0.0464	1.7557	增长负脱钩

从表 7-6 中可以看出，黄石市工业增长除了在 2008~2009 年、2014~2015 年为负增长外，其他年份均为正增长。如图 7-11 所示，黄石市工业增长与水资源消耗在 2013~2014 年为增长负脱钩关系，即这一时期黄石市工业实现增长，但同时水资源消耗也呈现大幅增长，而其他年份均处于脱钩状态，有强脱钩、弱脱钩与衰退脱钩。整体而言，黄石市工业增长与水资源消耗处

于强脱钩理想状态的年份太少，所以黄石市工业增长的水资源节约仍有较大的提升空间。

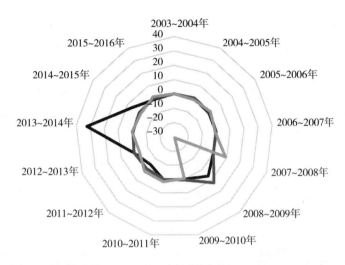

图 7-11 黄石市工业增长与资源消耗的脱钩指数分析

从表 7-7 可以看出，黄石市工业经济增长与能源消耗的关系有八年为弱脱钩状态，三年为强脱钩状态，其中 2008~2009 年出现了衰退脱钩，2014~2015 年甚至出现了弱负脱钩。表明黄石市工业增长虽然在减少能源消耗方面具有一定的进步，但仍然不是太理想，黄石市工业产业发展仍表现出高耗能的状态。

从表 7-8 可以看出，2003~2016 年，黄石市工业增长与矿产资源依赖间均呈现出不稳定的脱钩状态。2014~2015 年出现了最不理想的状态即强负脱钩，2007~2008 年、2010~2011 年、2011~2012 年和 2015~2016 年为增长负脱钩，而强脱钩的理想状态很少。表明黄石市工业增长与矿产资源的依赖关系依然紧密，黄石市工业发展有待进一步优化。

2. 黄石市工业增长与环境污染的脱钩分析

黄石市实现产业发展的同时实现对生态环境的优化，就要促进黄石市工业增长与环境污染的强脱钩状态，实现产业的绿色发展。本章对黄石市工业增长与环境污染的脱钩关系进行了分析，通过计算脱钩指数，得出黄石市工业增长与工业废水排放、工业二氧化硫排放与工业烟尘排放的脱钩状态，以此衡量黄石市工业增长与环境污染排放之间的关联程度。本章采用工业"三废"排放量，即工业废水排放量、工业二氧化硫排放量和工业烟尘排放量表征环境污染情况，其中 ΔEA 为黄石市环境污染指标变化率，ΔIO 为黄石市工业产值变化率，t 为黄石市工业增长与环境污染之间的脱钩指数即脱钩弹性值。计算黄石市工业增长与环境污染的脱钩指数（见表7-9、表7-10、表7-11和图7-12）。

表7-9　黄石市工业增长与二氧化硫排放的脱钩分析

时期	ΔEA	ΔIO	t	状态
2003~2004 年	0.8007	0.4853	1.6498	增长负脱钩
2004~2005 年	0.0850	0.2186	0.3890	弱脱钩
2005~2006 年	0.0877	0.3615	0.2425	弱脱钩
2006~2007 年	0.0904	0.3437	0.2631	弱脱钩
2007~2008 年	-0.0356	0.2286	-0.1556	强脱钩
2008~2009 年	-0.0773	-0.0082	9.4656	衰退脱钩
2009~2010 年	-0.1091	0.3851	-0.2834	强脱钩
2010~2011 年	0.2288	0.3386	0.6755	弱脱钩
2011~2012 年	-0.0891	0.1369	-0.6509	强脱钩
2012~2013 年	-0.0115	0.1498	-0.0770	强脱钩
2013~2014 年	-0.2049	0.0453	-4.5223	强脱钩
2014~2015 年	-0.0376	-0.0884	0.4258	弱负脱钩
2015~2016 年	-0.6327	0.0464	-13.6231	强脱钩

表7-10　黄石市工业增长与工业烟尘排放的脱钩分析

时期	ΔEA	ΔIO	t	状态
2003~2004 年	-0.1959	0.4853	-0.4037	强脱钩
2004~2005 年	-0.1012	0.2186	-0.4630	强脱钩
2005~2006 年	1.5108	0.3615	4.1790	增长负脱钩
2006~2007 年	-0.4039	0.3437	-1.1751	强脱钩
2007~2008 年	-0.0805	0.2286	-0.3523	强脱钩

续表

时期	ΔEA	ΔIO	t	状态
2008~2009 年	−0.0960	−0.0082	11.7513	衰退脱钩
2009~2010 年	0.4102	0.3851	1.0653	增长连接
2010~2011 年	1.6787	0.3386	4.9572	增长负脱钩
2011~2012 年	−0.4119	0.1369	−3.0088	强脱钩
2012~2013 年	0.1518	0.1498	1.0135	增长连接
2013~2014 年	0.7460	0.0453	16.4617	增长负脱钩
2014~2015 年	0.0096	−0.0884	−0.1090	强负脱钩
2015~2016 年	0.0960	0.0464	2.0671	增长负脱钩

表 7-11　黄石市工业增长与工业废水排放的脱钩分析

时期	ΔEA	ΔIO	t	状态
2003~2004 年	−0.0799	0.4853	−0.1647	强脱钩
2004~2005 年	−0.0096	0.2186	−0.0441	强脱钩
2005~2006 年	−0.0019	0.3615	−0.0053	强脱钩
2006~2007 年	−0.0907	0.3437	−0.2640	强脱钩
2007~2008 年	−0.0979	0.2286	−0.4283	强脱钩
2008~2009 年	0.0625	−0.0082	−7.6512	强负脱钩
2009~2010 年	0.0083	0.3851	0.0216	弱脱钩
2010~2011 年	−0.0887	0.3386	−0.2618	强脱钩
2011~2012 年	−0.2785	0.1369	−2.0345	强脱钩
2012~2013 年	−0.0114	0.1498	−0.0760	强脱钩
2013~2014 年	0.1539	0.0453	3.3952	增长负脱钩
2014~2015 年	−0.0859	−0.0884	0.9716	衰退连接
2015~2016 年	−0.1765	0.0464	−3.8013	强脱钩

从表 7-9 中可以看出，2003~2004 年黄石市工业增长与工业二氧化硫排放的关系为增长负脱钩，2014~2015 年为弱负脱钩，而其他年份均为脱钩状态。但是可以看出脱钩状态并不是很稳定，一直在弱脱钩、强脱钩及衰退脱钩之间频繁转换。

从表 7-10 可以看出，黄石市工业增长与工业烟尘排放有四年是增长负脱钩状态，还有一年是最不理想的强负脱钩状态，有两年是增长连接状态。由此可见，黄石市工业增长的烟尘减排效果并不显著，这与黄石市长期以来的产业发展特征相关，黄石市产业绿色转型升级非常必要。

从表7-11可以看出，黄石市工业增长与工业废水排放除了2008~2009年为强负脱钩，2013~2014年为增长负脱钩，2014~2015年为衰退连接，其他大部分年份均为强脱钩状态，可见黄石市工业增长在工业废水减排方面已经取得一定成效，还需要继续巩固。

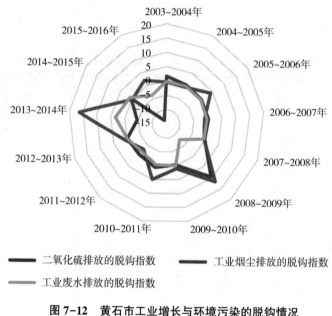

图7-12　黄石市工业增长与环境污染的脱钩情况

三、黄石市工业绿色转型效率分析

在资源环境承载力限度下，作为主要的资源消耗者和污染排放者，工业绿色转型意味着降低对资源的过度消耗及对环境的破坏。基于前文对我国资源型城市工业绿色转型效率的计算结果，黄石市与全国资源型城市的工业绿色转型效率及工业绿色全要素生产率结果如表7-12所示。

表 7-12　2009~2016 年黄石市工业绿色转型效率结果

年份	2009	2010	2011	2012	2013	2014	2015	2016
黄石市	0.172	0.149	0.176	0.276	0.297	0.228	0.271	0.301
全国资源型城市均值	0.366	0.398	0.407	0.416	0.405	0.409	0.414	0.536

相比较全国资源型城市工业绿色转型效率均值（见表 7-12），黄石市工业绿色转型效率远远低于其平均水平。2016 年黄石市工业绿色转型效率值最大，仅为 0.301。表明黄石市在工业化过程中依然属于高投入、高能耗和高排放的粗放型发展模式。但是从时间变化趋势来看，2009~2016 年，黄石市工业绿色转型效率在波动中上升，从 2011 年开始经历了 2011~2014 年、2014~2016 年两个明显的上升阶段，但是上升的幅度并不是很大。表明黄石市工业绿色转型效率整体还是在提高，工业发展粗放的发展方式还是正在逐步改善，但是工业绿色转型效率与全国的效率水平相比还存在一定的差距，转型提升的空间依然很大。

目前，我国资源型城市中有一些城市在产业绿色转型发展方面做了许多有益的探索，转型成效较显著，以徐州市、铜陵市、淮北市、焦作市、景德镇市和枣庄市等为代表。有一些城市还有优化提升的空间，以阜新市、攀枝花市等为代表。为了深入分析黄石市工业绿色转型效率的提升空间与具体路径，本章进一步将黄石市工业绿色转型效率与上述典型资源型城市工业绿色转型效率对比（见表 7-13、图 7-13），进行比较分析。

表 7-13　2009~2016 年部分资源型城市工业绿色转型效率

年份	2009	2010	2011	2012	2013	2014	2015	2016
黄石市	0.172	0.149	0.176	0.276	0.297	0.228	0.271	0.301
铜陵市	0.139	0.167	0.278	0.282	0.263	0.291	0.328	0.383
淮北市	0.136	0.167	0.223	0.279	0.268	0.312	0.300	0.349
景德镇市	0.177	0.137	0.239	0.311	0.237	0.300	0.294	0.327
枣庄市	0.343	0.341	0.361	0.316	0.341	0.306	0.352	0.366
焦作市	0.206	0.292	0.291	0.294	0.312	0.306	0.354	0.524
徐州市	0.250	0.309	0.363	0.423	0.380	0.445	0.492	0.577
阜新市	0.066	0.093	0.108	0.128	0.140	0.159	0.096	0.067
攀枝花市	0.066	0.105	0.122	0.118	0.140	0.191	0.150	0.170

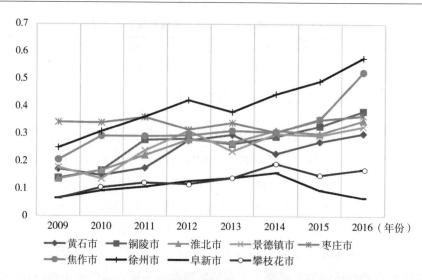

图7-13 2009~2016年部分资源型城市工业绿色转型效率变化趋势

转型成效显著的徐州市、铜陵市、淮北市、景德镇市、枣庄市和焦作市工业绿色转型效率的均值依次为0.405、0.266、0.254、0.252、0.340和0.322，效率值整体水平较高且高于黄石市0.233的工业绿色转型效率均值，并且基本呈现逐年上升的趋势。这些城市之所以转型成效好，共同特点在于，在政府的支持引导下，科学合理地进行产业规划，对传统工业进行改造和优化升级，并积极发展当地特色产业，促进产业结构多元化发展，促进新兴产业的崛起，协同各部门共同走可持续发展之路。如江苏省徐州市注重新产业的培育与壮大，构建现代产业体系，装备制造、农副产品加工、能源、物流商贸旅游、煤盐化工、冶金和建材六大产业实现了超千亿元的产业规模；安徽省铜陵市将铜产业转化为高技术产业培育，成为了国内重要的电子基础材料和元器件生产基地；安徽省淮北市以生态统领转型，通过循环经济的发展思路，进行生态工业、生态农业、绿色服务业和废弃物资源化、无害化处置，再利用四大产业间的有机融合，形成生态产业网络体系，实现"低开采、高利用、低排放"的产业绿色高效发展模式，并且通过采煤沉陷区的综合治理，实现煤城变水城；江西省景德镇市打造陶瓷与科技、文化、艺术、旅游和商贸五个结合，将单一的陶瓷产业转化为综合的文化创意产业；山东省枣庄市、河南省焦作市则大力推进旅游产业的布局与发展。所以，黄石市在进行产业绿色转型规划和实践的过程中，要借鉴这些转型成效显著的资源型城市的有益探索和措施，有利于工业绿色转型效率的提升。

转型成效不优的辽宁省阜新市和四川省攀枝花市工业绿色转型效率的均值依次为 0.107、0.132，效率值整体水平较低且低于黄石市 0.233 的工业绿色转型效率均值，并且随时间变化未见明显的提升趋势。这些城市并没有走出一条适合城市自身产业发展的转型道路，产业结构单一、缺乏具体的转型路径。如辽宁省阜新市，矿产资源是整个阜新经济发展的支柱，随着资源逐步枯竭和国企颓败，而新兴产业未能及时填补空缺。由于没有借力城市群资源配置效应，在第二产业不彰的情形下，无论是重回第一产业还是发展第三产业，都显得颇为乏力；四川省攀枝花市主要通过生态改造与产业转型并行的方式进行产业绿色转型，但是由于受山地地区城市的地理特征限制，使得生态修复与产业转型政策在空间上存在错位，新旧产业没能实现有效对接，生态改造与产业转型形成了同时推进、相互独立的发展状态，影响了转型效率。所以，黄石市在工业绿色转型效率提升的过程中，要规避这些经验和教训，因地制宜，探索适合自身发展特点的产业绿色转型具体路径，以利于达到良好的效果。

对比我国资源型城市工业绿色全要素生产率的测算结果，动态分析黄石市工业绿色转型效率的时期演变规律（见表 7-14）。

表 7-14　2009~2016 年黄石市工业绿色转型全要素生产率结果

时期	2009~2010	2010~2011	2011~2012	2012~2013	2013~2014	2014~2015	2015~2016	年均值
黄石市	0.867	1.178	1.569	1.076	0.767	1.189	1.114	1.083
全国资源型城市均值	1.106	1.093	1.033	0.973	1.018	0.987	1.209	1.057

黄石市工业绿色转型全要素生产率的年际变动幅度较大，其中 2010~2011 年、2011~2012 年、2014~2015 年和 2015~2016 年均实现了工业绿色转型全要素生产率的增长。2009~2016 年黄石市工业绿色全要素生产率指数的几何平均值为 1.083，说明黄石市工业绿色全要素生产率平均增长 8.3%，高于全国资源型城市 5.7% 的平均水平。进一步说明，整体而言，在这一时期

黄石市通过产业绿色转型，工业增长与资源环境的关系正在朝着更为协调的方向发展。

为了进一步分析，黄石市工业绿色转型全要素生产率的增长是来源于绿色技术进步还是绿色技术效率，本章对黄石市工业绿色转型全要素生产率进行了分解（见表7-15）。

表7-15 2009~2016年黄石市工业绿色转型全要素生产率及其成分均值

时期	工业绿色转型全要素生产率	绿色技术进步	绿色技术效率
2009~2010年	0.867	1.085	0.799
2010~2011年	1.178	1.044	1.129
2011~2012年	1.569	1.234	1.271
2012~2013年	1.076	0.923	1.166
2013~2014年	0.767	1.010	0.759
2014~2015年	1.189	1.219	0.976
2015~2016年	1.114	1.076	1.035
均值	1.083	1.079	1.003

从黄石市工业绿色转型全要素生产率的分解来看，绿色技术效率指数的平均值为1.003，表明黄石市绿色技术效率年均增长率仅为0.3%；而绿色技术进步指数的平均值为1.079，表明黄石市绿色技术进步年均增长率为7.9%。由此可见，2009~2016年，黄石市绿色全要素生产率的增长主要来源于绿色技术进步，而绿色技术效率的改善并不明显。2009~2010年、2013~2014年，黄石市工业绿色转型全要素生产率明显下降，主要缘于绿色技术效率的明显下降。说明黄石市工业绿色发展技术的引进、创新，以及工业生产设备硬件改善方面都取得了一定的进步，但是绿色转型的体制机制等软环境的改善还存在明显滞后。随着资金流动性放缓、土地供应日趋紧张、环保约束越来越强和市场门槛全面提高，在要素制约趋紧的现实情况下，只有把宝贵的资源要素配置到高质量的绿色产业发展项目上，才能有利于绿色技术效率的提高。黄石市支持产业绿色转型的相关政策和措施偏向保守，缺乏完善的信息共享机制、畅通的资源配置机制、创新的财政金融机制和严格的协调

执行机制，黄石市资源配置效率不高，即资源配置效率优化不明显的状况依然显著，绿色技术效率的改善与提高是一个长期的系统工程。

第三节　黄石市产业绿色转型的路径与对策分析

黄石市产业绿色转型的成效主要缘于其积极的转型措施，使得黄石市工业绿色转型效率逐步提升，实现了工业绿色全要素生产率的增长。黄石市作为资源衰退型城市，在产业绿色转型的问题上也遵循着一般资源型城市产业转型的共性规律，即在产业绿色转型的过程中同样面临着产业结构失调、能耗水平较高、工业污染和生态破坏严重、人力资本积累缺乏、体制机制不灵活和技术创新能力不足等问题。黄石市要实现产业绿色转型，就必须选择适当的转型路径及对策，破解这些发展瓶颈。

一、黄石市产业绿色转型的路径选择

随着资源逐渐枯竭，黄石市资源型产业上游发展受限，同时前期的资源开发带来了生态环境的严重破坏。在资源环境的约束下，黄石市逐步转向以深加工业为主导的下游产业，并已经在资源深加工业方面取得了快速发展。黄石市已经形成了黑色金属产业集群、有色金属产业集群、建材产业集群和能源产业集群等资源深加工产业集群。在这个过程中，黄石市抓住国内外重大技术创新带来的新的投资机会，积极探索培育发展电子信息业、高端装备制造业、生物医药业、节能环保业、新材料和新能源等一批新兴产业，促进先进制造业的发展。可见，在前期产业优化的基础上，黄石市通过大力改造传统优势产业、培育新兴产业以及推动产业跨界融合发展，探索多元复合的产业发展路径，推动产业绿色转型。

1. 大力改造传统优势产业

黄石市大力改造传统优势产业，通过传统产业绿色化、生态化和技术化改造，使传统产业改革实现"集群化、高新化、绿色低碳化"发展。首先，推进供给侧结构性改革，加快实施淘汰落后生产力。黄石市应着力细分产业结构，坚持用市场办法、法治办法倒逼过剩产能退出市场，引导鼓励钢铁、煤炭行业企业通过主动压减、兼并重组、关闭退出和搬迁改造等形式主动化解过剩产能。同时，资源型企业通过兼并重组、债务和解、破产重组和破产清算的方式，全面清理"僵尸企业"。其次，加快技术创新步伐。积极运用高新技术改造传统产业，引导和支持企业从设备更新、产品升级、智能化和节能减排等方面进行改造升级，让传统产业萌发新的活力，实现产业的高技术化发展。传统产业的改造要采用新技术，尤其是数字技术、智能技术来优化，使传统产业在新技术的改造下获得新的发展空间，激发新的发展活力。黄石市大力实施"百企技改工程"，支持企业采用新设备、新技术、新材料和新工艺，引导和支持企业进行传统产业设施设备的更新换代、智能制造、绿色制造和服务型制造等技术改造。最后，积极推进延伸产业链条，推动传统产业由粗加工到深加工、由地下到地上、由低端向中高端转变。高端装备制造产业是黄石的传统优势产业，通过技术改造和招商引资，黄石市建设了一批高新技术产业化基地。另外，黄石市是重要的铜产业聚集区，以铜产业为代表的有色金属产业仍然是黄石市的支柱产业，通过推进铜精深加工全产业链发展，黄石市已成为全国四大铜精深加工基地之一。

2. 着力培育战略性新兴产业

战略性新兴产业是经济增长的新动能。通过着力培育战略性新兴产业，改变产业被低端"锁定"和"增量"发展不足的现状，以新型产业"孕育"主导产业，实现产业的高质量发展。黄石市大力发展电子信息、生物医药、高端装备制造、新材料和新能源汽车等新兴产业，工业经济高质量发展的"四梁八柱"初步形成。第一，黄石市依托丰富的铜资源优势，着力向产业链上下游延伸，形成集群式发展。黄石市电子信息产业依托产业链发展模式，以做大做强智能终端设备、集成电路封装测试和LED应用等为产业基础，以重点发展PCB、应用电子和平板显示等延伸产业链，以着力培育工业软件、移动互联网及电子商务等软件与信息服务业等新业态拓展产业增长点。第二，黄石市生物医药产业形成具有地方特色的生物医药产业体系，医药产业集群逐步形成，产业布局趋于合理。第三，持续发展先进装备制造产业。黄石市着力促进数控锻压成型设备向高端化、智能化和高性能方向发展。在智能化物流成套装备上，建设智能化输送设备产业集群，促进产品由汽车制造领域向轻工、港口运输、服装和工程机械等领域扩展，建成湖北省具有强劲竞争优势的特色产业基地。第四，着力打造新材料产业。黄石市大力推进特种钢材产品、高纯多晶硅产品开发，重点开发特种专用电缆量产工程，建成国内重要的军事、航天和核电站用电缆研发生产基地。第五，突破发展新能源产业。黄石市大力发展风电配套产业，扩大风电配套摩擦材料、换能设备、摩擦材料及专用电缆产业规模。并且，加大对新能源汽车的研发生产投资。

3. 推动产业跨界融合发展

通过实施"先进制造+现代服务"融合模式、实体经济与互联网、人工智能深度融合模式和"工业+旅游业"融合模式等，积极推进产业跨界融合发展。第一，实施"先进制造+现代服务"融合模式。大力发展现代物流、现代金融、电子商务和研发设计等生产性服务业，推进先进制造业配套设施与配套服务的完善。第二，实施实体经济与互联网、人工智能深度融合模式。鼓励纺织服装等消费品工业利用互联网平台深挖市场需求，并努力打造全国工业互联网产业创新发展先行区。第三，实施"工业+旅游业"融合模式。将采矿业、制造业、工业文化遗留物和工业非物质文化遗产开发成工业旅游的产品与线路，通过工业旅游模式把工业、生态和旅游有机地融为一体。

二、黄石市产业绿色转型的对策分析

黄石市应积极实施科技创新战略、人才引进策略，突破产业发展资金制约，推动体制机制创新等方面措施，克服资源型城市产业发展常常面临的路径锁定制约，推动接续替代产业配套完善，逐步实现产业绿色转型。

1. 实施科技创新战略

黄石市大力实施科技创新战略，以集聚优势科技资源、优化科技创新环境。第一，以科技创新振兴主导产业。以促进产品结构升级、技术结构换代、产业链延伸开发和壮大优势产业集群为重点，着力解决全市重大技术需求，提升主导产业核心竞争力，加快重大新产品新技术开发，提高依靠科技促进产业结构优化升级的能力。第二，以科技创新引领节能环保产业崛起。节能环保产业是为节约资源能源、保护生态环境提供物质基础、技术保障和服务的综合性新兴产业。目前，黄石市节能环保产业主要分布在黄石经济技术开发区、黄石大冶湖高新技术产业园区和长乐山循环经济产业园，基本形成了工业生产线节能成套装备、换热装备和工业窑炉等工业节能产业链，以及大气治理产业链、尾矿资源化和工业废渣资源循环利用产业链。黄石市节能环保产业已形成以高等院校为支撑，企业升级技术中心为主体，生产性服务业为辅助的集群技术服务平台，为产业集群的建设和发展提供了保障。第三，加快创新平台建设，激发科技创新活力。黄石市积极推进建立健全创新平台体系，力争实现主导产业和特色产业技术研究院全覆盖，重点企业市级以上创新平台全覆盖，规上制造企业普遍设立研发机构。同时，积极协调推进黄石科技城建设，着力打造中部地区有影响力的区域性科技创新中心，围绕先进制造、新材料和电子信息等重点产业，积极搭建产业公共创新平台。第四，组建高新技术产业投资集团，成立高新产业发展引导基金，安排创新专项财政资金，引导金融机构加大对创新的覆盖面和支持力度。

2. 实施人才引进战略

针对存在高层次人才质和量不足的短板，黄石市应高度重视人才的引进与培育工作，提升人才在产业绿色转型中的贡献率，为推进战略新兴产业、高新技术产业提供有力的支撑。第一，引进高层次科研、管理人才和急需紧缺专业优秀高技能人才，加强人才集聚。通过开展产业引人倍增、校企合作育人、职业技能提升、权益维护关爱和服务环境优化等行动，扭转黄石市人才短缺的问题；引进高层次创新创业人才，承担重点企业、重大项目的自主创新任务，以国内外的创新创业领军人才、高层次创新创业人才以及"人才+项目"等人才引进模式，针对高端人才给予政策支持。另外，引智平台柔性引进人才，加大院士工作站、博士后工作站、产学研基地和工程技术研发中心等平台的建设力度，创造性拓展招才引智平台。第二，创新人才激励机制，针对人才的需要选择有效的激励手段。完善人才薪酬制度，尤其是智力资本股权激励制度，鼓励企业经营管理骨干和技术骨干持股，支持高层次人才兴办高新技术企业，实现高新技术企业股权多元化。加大知识产权保护力度，推行人力资本及科研成果有偿转让制度。此外，以创新创业服务体系为支撑，以国家级经济技术开发区为依托，专门为人才创业提供投融资、市场和管理等扶持，方便投资规模小、科技含量高、配套能力强和发展前景好的中小企业项目入园，推动科研成果向现实生产力转化。第三，创新人力资源管理理念。通过委托高校、科研院所进行研究开发，通过购买专利、技术引进的方式获取新技术，通过兼并和收购目标企业获取有关技术，通过与关联企业甚至竞争对手联合引进研发，还可以通过将企业的研发中心建在高校和科研院所密集的地区实现产学研合作。

3. 突破新产业发展的资金制约

通过大力推进招商引资和项目建设，加大财政支持力度和创新投融资方式，突破产业绿色转型过程中的资金制约。第一，以产业链招商和精准招商的模式，大力推进招商引资和项目建设。目前，黄石市组建了工业制造、企业总部、农产品加工、文旅产业、电子信息、商贸服务和现代物流七大招商专班，围绕建强、补齐产业链开展招商引资。通过设立产业基金，实现政银企"三位一体"有效串联，集聚好企业、好产业和好项目，积极争取签约落地科技含量高、经济效益好以及环评质量高的优质项目，培育壮大新兴产业，全力吸引外资和民间资本投资。第二，加大财政支持力度，推动创新链、产业链和价值链融合。政府拨付调度资金，重点支持有潜力、有市场和有效益的工业产业集群、龙头骨干企业以及知名品牌项目。政府注入发展资金，支持中小实体经济发展，将中小实体经济发展资金注入中小企业信用担保公司，增强其担保扶持能力。政府划转金融资源，加快资产资源划转步伐，提升黄石市国有资产经营有限公司投融资能力。政府建立产业基金，通过盘活存量资金，整合预算支持企业专项资金实现产业基金筹建，专项用于产业升级。第三，创新投融资方式，加强金融支持。创建投融资平台，鼓励金融机构创新金融产品，扩大信贷规模，探索建立行业性中小企业互助基金等。建立企业多渠道融资机制，对新设立或新迁入且在本地缴纳企业所得税的金融机构总部，对境内外上市和"新三板""四板"挂牌的企业，以及对直接投资黄石市重大基础设施和产业项目的证券公司等机构提供奖励。积极推动"政企银"互动合作，发挥财政资金的杠杆作用，对前景广阔的项目试行无抵押、无担保信用贷款，安排贴息和事后风险补偿金。

4. 体制机制理念创新

在体制机制方面，黄石市实行试点探索、示范先行，为产业绿色转型提供支撑保障。第一，积极推动政府职能的转变，更好地发挥市场在资源配置中的基础性作用。如黄石市推进矿业权市场改革，着力推进"政府主导、市场配置、多元投入、竞争有序"的矿业权市场机制建设，通过严格矿业权出让管理和规范矿产资源勘查开发行为，促进矿产资源潜力优势向经济发展优势转化。第二，推进国企的混合所有制改革，淘汰过剩产能，增强国有企业竞争性。通过引进战略投资者并购重组、股份制改造、协议转让改制重组等混合所有制改革方式，建立现代企业制度，进一步推动投资主体多元化。通过协议转让改制重组。第三，深化和发展创建科技型企业，建立有利于企业科技进步的运行机制和外部环境，引导企业用高新技术改造传统产业、发展高新技术产业和开拓国际市场探索。第四，加速科技成果转化，完善技术市场政策、服务和管理，重点在政策、渠道、计划和奖励等方面为加速科技成果转化形成有力的支撑。对科技成果实行企业化经营，同时大力培育高新技术及其产品市场。第五，深化科研机构改革，合理配置科技资源，充分发挥各层次、各类型科研机构的作用，并鼓励独立科研院所创办科技企业为社会服务。第六，加快高新技术产业开发区的建设和改革，采用建设科技、经济体制综合配套改革试验区的思路，建立适应高新技术产业发展需要的新型体制和机制。第七，深化政府职能优化营商环境。加大改革创新力度，优化市场要素环境、优化诚信法制环境、优化通关流程和作业方式以及优化创新创业环境。

参考文献

［1］石琳．产业结构高度化下的东北资源型城市转型［J］．税务与经济，2019（5）：1-8．

［2］董香书，肖翔．"振兴东北老工业基地"有利于产值还是利润？——来自中国工业企业数据的证据［J］．管理世界，2017（7）：24-34，187-188．

［3］张永平，叶初升．自然资源丰裕与产业结构扭曲：影响机制与多维测度［J］．南京社会科学，2012（6）：1-8．

［4］钱勇．国外资源型城市产业转型的实践、理论与启示［J］．财经问题研究，2005（12）：24-29．

［5］天苗，武友德．资源枯竭型城市产业转型实证研究［J］．经济地理，2006（4）：585-588，597．

［6］董丽晶，张平宇．老工业城市产业转型及其就业变化研究——以沈阳市为例［J］．地理科学，2008（2）：162-168．

［7］OECD. Greening the Global Economy：The Skills Challenges，ILO 2011 and Enabling Local Green Growth［R］．2012．

［8］郑翔，蔡雪雄，李倩．生态文明试验区与福建产业绿色转型对策研究［J］．福建论坛（人文社会科学版），2017（4）：172-176．

［9］朱斌，史轩亚．区域产业绿色转型的综合评价与战略分析——以福建省为例［J］．生态经济，2016，32（9）：100-105．

［10］刘治彦，岳晓燕，赵睿．城市产业绿色转型的态势与对策［J］．宏观经济管理，2012（10）：57-60．

［11］张永恒，郝寿义．高质量发展阶段新旧动力转换的产业优化升级路径［J］．改革，2018（11）：30-39．

［12］付才辉. 新结构经济学的应用研究进展：工具与案例［J］. 制度经济学研究，2018（1）：166-243.

［13］姚平，姜曰木. 技术创新、制度创新与资源型城市产业转型——基于生命周期的视角［J］. 科学管理研究，2012，30（6）：1-4.

［14］毕军，袁增伟. 资源型城市产业转型国际经验及其对中国的启示［J］. 中国发展，2012，12（6）：1-5.

［15］吴春莺. 中国资源型城市产业转型研究［M］. 北京：人民日报出版社，2015.

［16］李烨，潘伟恒，龙梦琦. 资源型产业绿色转型升级的驱动因素［J］. 技术经济，2016，35（4）：65-69，119.

［17］Auty R M. Resource-Based Industrialization：Sowing the Oil in Eight Exporting Countries［M］. Oxford：Clarendon Press，1990.

［18］Gelb A H. Associates，Oil Windfalls，Blessing or Curse？［M］. New York：Oxford University Press，1988.

［19］Auty R M. Sustaining Development in Mineral Economies：the Resource Curse Thesis［M］. London：Routledge，1993.

［20］Sachs J D，Warner A M. Natural Resource Abundance and Economic Growth［Z］. Papers，1995.

［21］Vincent J R. Resource Depletion and Economic Sustainability in Malaysia［J］. Environment and Development Economics，2001，2（1）.

［22］Sachs，J A Warner. Natural Resource Abundance and Economic Growth［N］. NBER Working Paper，1995-10-20（16）.

［23］邵帅，齐中英. 资源输出型地区的技术创新与经济增长——对"资源诅咒"现象的解释［J］. 管理科学学报，2009，12（6）：23-33.

［24］姚予龙，周洪水，谷树忠. 中国资源诅咒的区域差异及其驱动力剖析［J］. 资源科学，2011（1）：18-24.

［25］张辽，李京晓. 资源禀赋与区域经济可持续增长——基于省区面板数据的实证研究［J］. 经济与管理研究，2013，（12）：51-57.

［26］钟成林，胡雪萍. 自然资源禀赋对区域生态效率的影响研究［J］. 大连理工大学学报（社会科学版），2016，37（3）：19-26.

［27］徐康宁，韩剑．中国区域经济的"资源诅咒"效应：地区差距的另一种解释［J］．经济学家，2005（6）：97-103.

［28］徐康宁，王剑．要素禀赋、地理因素与新国际分工［J］．中国社会科学，2006（6）：65-77.

［29］徐康宁，邵军．自然禀赋与经济增长：对"资源诅咒"命题的再检验［J］．世界经济，2006（11）：38-47.

［30］徐康宁，王剑．自然资源丰裕程度与经济发展水平关系的研究［J］．经济研究，2006（1）：78-89.

［31］李天籽．自然资源丰裕度对中国地区经济增长的影响及其传导机制研究［J］．经济科学，2007（6）：66-76.

［32］韩亚芬，孙根年，李琦．资源经济贡献与发展诅咒的互逆关系研究——中国31个省区能源开发利用与经济增长关系的实证分析［J］．资源科学，2007（6）：188-193.

［33］韦结余．中国西部地区能源开发与经济增长关系的实证研究——基于资源诅咒假说［J］．重庆理工大学学报（社会科学），2018，32（9）：47-52.

［34］邵帅，齐中英．自然资源富足对资源型地区创新行为的挤出效应［J］．哈尔滨工程大学学报，2009，30（12）：1440-1445.

［35］邵帅，齐中英．基于"资源诅咒"学说的能源输出型城市R&D行为研究——理论解释及其实证检验［J］．财经研究，2009，35（1）：61-73.

［36］邵帅，杨莉莉．自然资源丰裕、资源产业依赖与中国区域经济增长［J］．管理世界，2010（9）：26-44.

［37］段利民，杜跃平．自然资源禀赋与区域经济增长关系实证研究［J］．生产力研究，2009（24）：117-118.

［38］李栋华，王霄．中国省际经济发展的"资源诅咒"——基于Malmquist和面板数据的分析［J］．暨南学报（哲学社会科学版），2010，32（1）：84-89.

［39］赵美丽．"资源诅咒"假说的验证：基于我国煤炭城市的数据［J］．中国证券期货，2011（9）：178.

［40］张馨，牛叔文，丁永霞，赵春升，孙红杰．中国省域能源资源与

经济增长关系的实证分析——基于"资源诅咒"假说 [J]. 自然资源学报, 2010, 25 (12)：2040-2051.

[41] Papyrakis E, Gerlagh R. The Resource Curse Hypothesis and its Transmission Channels [J]. Journal of Comparative Economics, 2004, 32 (1)：181-193.

[42] 方颖, 纪衎, 赵扬. 中国是否存在"资源诅咒" [J]. 世界经济, 2011, 34 (4)：144-160.

[43] Isham J, Woolcock M, Pritchett L, et al. The Varieties of Resource Experience [J]. World Bank Economic Review, 2005, 19 (2)：141-173 (33).

[44] Perala, Murshed S M. When Do Natural Resource Abundance Lead to a Resource Curse [N]. Discussion Papers, 2004-11-20 (15).

[45] Corden W M, Neary J P. Booming Sector an De-industrialization in a Small Open Economy [J]. Economic Journal , 1982, 92 (1)：825-848.

[46] Gylfason T. Natural Resources, Education, and Economic Development [J]. European Economic Review, 2001, 45 (5)：847-859.

[47] Bernardina Algieri. The Dutch Disease：Evidence from Russia [J]. Economic Change & Restructuring, 2011 (44)：243-277.

[48] Sachs J D, Warner A M. Natural Resources and Economic Development：The Curse of Natural Resources [J]. European Economic Review , 2001 (45)：827-838.

[49] 邵帅, 齐中英. 西部地区的能源开发与经济增长——基于"资源诅咒"假说的实证分析 [J]. 经济研究, 2008 (4)：147-160.

[50] Krueger P. Scale Economics, Product Differentiation, and the Pattern of Trade [J]. American Economic Review, 1980, 70 (5)：950-959.

[51] Torvik R. Natural Resources, Rent Seeking and Welfare [J]. Journal of Development Economics, 2002, 67 (2)：455-470.

[52] Su F, Wei G, Tao R. China Natural Resource Curse in Developing Countries：Empirical Evidence from A Cross-country Study [J]. China & World Economy, 2016, 24 (1)：18-40.

[53] Sala-i-Martin X. X, Subramanian A. Addressing the Natural Resource Curse：An Illustration from Nigeria [Z]. NBER Working Paper, 2003：9804.

［54］ Barbier E B. Corruption and the Political Economy of Resource-Based Development：A Comparison of Asia and Sub-Saharan Africa ［J］. Environmental and Resource Economics, 2010, 46 （4）：511 – 537.

［55］ 张景华. 自然资源是"福音"还是"诅咒"：基于制度的分析 ［J］. 上海经济研究, 2008 （1）：9-17.

［56］ 刘纯彬, 张晨. 资源型城市绿色转型内涵的理论探讨 ［J］. 中国人口·资源与环境, 2009, 19 （5）：6-10.

［57］ 张复明. 资源的优势陷阱和资源型经济转型的途径 ［J］. 中国人口·资源与环境, 2002 （4）：10-15.

［58］ Matsuyama K. Agricultural Productivity, Comparative Advantage and Economic Growth ［J］. Journal of Economic Theory, 1992 （58）：317-334.

［59］ 李虹, 邹庆. 环境规制、资源禀赋与城市产业转型研究——基于资源型城市与非资源型城市的对比分析 ［J］. 经济研究, 2018, 53 （11）：182-198.

［60］ 张峰, 宋晓娜, 董会忠. 资源禀赋对制造业绿色转型升级的驱动机制——基于空间 Durbin 模型的解释 ［J］. 华东经济管理, 2019, 33 （7）：111-119.

［61］ 刘文新, 张平宇, 马延吉. 资源型城市产业结构演变的环境效应研究——以鞍山市为例 ［J］. 干旱区资源与环境, 2007 （2）：17-21.

［62］ 仇方道, 袁荷, 朱传耿, 郭梦梦. 再生性资源型城市工业转型及影响因素 ［J］. 经济地理, 2018, 38 （11）：68-77.

［63］ 张娟. 资源型城市环境规制的经济增长效应及其传导机制——基于创新补偿与产业结构升级的双重视角 ［J］. 中国人口·资源与环境, 2017, 27 （10）：39-46.

［64］ 徐君, 李巧辉, 王育红. 供给侧改革驱动资源型城市转型的机制分析 ［J］. 中国人口·资源与环境, 2016, 26 （10）：53-60.

［65］ 张文忠, 余建辉, 李佳. 资源枯竭城市转型的驱动因素和机理解析 ［J］. 中国科学院院刊, 2016, 31 （1）：92-100.

［66］ 董利红, 严太华. 制度质量、技术和人力资本投入与"资源诅咒"：基于我国省际面板数据的实证机理分析 ［J］. 管理工程学报, 2016, 30

（4）：18-24.

[67] 万建香，汪寿阳．社会资本与技术创新能否打破"资源诅咒"？——基于面板门槛效应的研究［J］．经济研究，2016，51（12）：76-89.

[68] Turlough F. Guerin. A Survry of Sustainable Development Initiatives in the Australian Mining and Minerals Industry［J］. Minerals & Energy-Raw Materials Report，2006，20（314）：11-44.

[69] 彭瑜欣，李华晶．资源型产业绿色技术创新的影响因素研究［J］．资源开发与市场，2018，34（12）：1643-1650.

[70] 岳鸿飞，徐颖，吴璘．技术创新方式选择与中国工业绿色转型的实证分析［J］．中国人口·资源与环境，2017，27（12）：196-206.

[71] 郝祖涛，严良，谢雄标，段旭辉．集群内资源型企业绿色行为决策关键影响因素的识别研究［J］．中国人口·资源与环境，2014，24（10）：170-176.

[72] 刘丹．协同驱动视角下的资源型城市产业转型研究［J］．软科学，2012，26（3）：39-42，46.

[73] 刘丹，姚平．资源型城市产业转型中的创新协同驱动路径分析［J］．管理现代化，2011（6）：10-12.

[74] 肖黎明，景睿．生态文明视域下资源型区域产业转型与技术创新的协同发展［J］．理论探讨，2016（4）：99-103.

[75] 杨冕，杨福霞．中国技术进步实现路径及其时空分异规律［J］．中国人口·资源与环境，2017，27（11）：21-30.

[76] 杜创国，郭戈英．绿色转型的内在结构和表达方式——以太原市的实践为例［J］．中国行政管理，2010（12）：114-117.

[77] 谢荣辉．环境规制、引致创新与中国工业绿色生产率提升［J］．产业经济研究，2017（2）：38-48.

[78] 原毅军，谢荣辉．环境规制与工业绿色生产率增长——对"强波特假说"的再检验［J］．中国软科学，2016（7）：144-154.

[79] 杨洲木，王文平，张斌．低碳绿色型产业升级进程中的政策干预机理——基于新结构经济学理论框架［J］．经济评论，2017（3）：119-

133，147．

[80] 王昀，孙晓华．政府补贴驱动工业转型升级的作用机理 [J]．中国工业经济，2017（10）：99-117．

[81] 韩晶，陈超凡，王赟．制度软约束对制造业绿色转型的影响——基于行业异质性的环境效率视角 [J]．山西财经大学学报，2014，36（12）：59-69．

[82] 王锋正，姜涛．环境规制对资源型产业绿色技术创新的影响——基于行业异质性的视角 [J]．财经问题研究，2015（8）：17-23．

[83] 万会，沈镭．矿业城市发展的影响因素及可持续发展对策 [J]．资源科学，2005（1）：20-25．

[84] 梁坤丽，刘亚丽．环境规制的产业结构调整效应——基于资源型地区的实证分析 [J]．兰州财经大学学报，2018，34（5）：73-82．

[85] 赵洋．我国资源型城市产业绿色转型效率研究——基于地级资源型城市面板数据实证分析 [J]．经济问题探索，2019（7）：94-101．

[86] 周振华．产业结构优化论 [M]．上海：上海人民出版社，2014．

[87] 杨建国，赵海东．资源型城市经济转型模式及优化研究 [J]．财经理论研究，2013（1）：39-44．

[88] 肖宏伟，李佐军，王海芹．中国绿色转型发展评价指标体系研究 [J]．当代经济管理，2013，35（8）：24-30．

[89] 齐建珍．资源型城市经济转型学 [M]．北京：人民出版社，2003．

[90] 庞智强，王必达．资源枯竭地区经济转型评价体系研究 [J]．统计研究，2012，29（2）：73-79．

[91] Herendeen R A, Wildermuth T. Resource-based sustainability indicators: Chase County, Kansas, as example [J]. Ecological Economics, 2002, 42 (1-2): 243-257.

[92] 曾贤刚，段存儒．煤炭资源枯竭型城市绿色转型绩效评价与区域差异研究 [J]．中国人口·资源与环境，2018，28（7）：127-135．

[93] 吴青龙，朱美峰，郭丕斌．基于脱钩理论的资源型经济转型绩效评价研究 [J]．经济问题，2019（6）：121-128．

[94] 侯秀秀，王慧，李俊莉．东营市绿色转型评价研究 [J]．山东师范

大学学报（自然科学版），2018，33（2）：190-196.

［95］车晓翠，张平宇．基于多种量化方法的资源型城市经济转型绩效评价——以大庆市为例［J］．工业技术经济，2011，30（2）：129-136.

［96］刘晓萌，孟祥瑞，何叶荣，汪克亮．基于因子分析的矿业城市转型能力统计分析与测评［J］．湖南科技大学学报（社会科学版），2017，20（3）：109-114.

［97］罗宣，金瑶瑶，王翠翠．转型升级下资源型城市绿色发展效率研究——以中部地区为例［J］．西南交通大学学报（社会科学版），2017，18（6）：77-83.

［98］董锋，龙如银，李晓晖．考虑环境因素的资源型城市转型效率分析——基于 DEA 方法和面板数据［J］．长江流域资源与环境，2012，21（5）：519-524.

［99］张荣光，付俊，杨劬．资源型城市转型效率及影响因素——以四川为例［J］．财经科学，2017（6）：115-123.

［100］白雪洁，汪海凤，闫文凯．资源衰退、科教支持与城市转型——基于坏产出动态 SBM 模型的资源型城市转型效率研究［J］．中国工业经济，2014（11）：30-43.

［101］郭存芝，罗琳琳，叶明．资源型城市可持续发展影响因素的实证分析［J］．中国人口·资源与环境，2014，24（8）：81-89.

［102］Deshmukh S D, Pliska S R. Optimal Consumption and Exploration of Nonrenewable Resources Under uncertainty［J］. Econometrica, 1980, 48（1）: 177-200.

［103］Tong C, Song G B, Chen B R, et al. Macroeconomic Efficiency of Use of Non-renewable Resources in the Industrial Economy during a Period of Rapid Economic Growth in China［J］. Resources, Conservation & Recycling, 2008, 52（5）: 737-746.

［104］武春友，赵奥，王晓岭．中国不可再生能源消耗效率的关键影响因素研究［J］．当代财经，2012（1）：25-32.

［105］张晶．基于超效率的煤炭资源型城市工业生态效率研究［J］．经济问题，2010（11）：57-59.

［106］牛晓奇，石风光．能源、环境约束下的经济增长效率测评——以安阳市工业为例［J］．科技管理研究，2014，34（3）：47-52.

［107］刘晓萌，孟祥瑞，汪克亮．城市工业生态效率测度与评价：安徽的实证［J］．华东经济管理，2016，30（8）：29-34.

［108］陈瑶．中国区域工业绿色发展效率评估——基于 R&D 投入视角［J］．经济问题，2018（12）：77-83.

［109］原毅军，谢荣辉．FDI、环境规制与中国工业绿色全要素生产率增长——基于 Luenberger 指数的实证研究［J］．国际贸易问题，2015（8）：84-93.

［110］颜洪平．中国工业绿色全要素生产率增长及其收敛性研究——基于 GML 指数的实证分析［J］．西北工业大学学报（社会科学版），2016，36（2）：44-51.

［111］Shiyi Chen, Jane Golley. "Green" Productivity Growth in China's Industrial Economy［J］. Energy Economics, 2014, 44（6）：89-98.

［112］陈超凡．中国工业绿色全要素生产率及其影响因素——基于 ML 生产率指数及动态面板模型的实证研究［J］．统计研究，2016，33（3）：53-62.

［113］韩洁平，程序，闫晶，杨晓龙．基于网络超效率 EBM 模型的城市工业生态绿色发展测度研究——以三区十群 47 个重点城市为例［J］．科技管理研究，2019，39（5）：228-236.

［114］周五七．长三角工业绿色全要素生产率增长及其驱动力研究［J］．经济与管理，2019，33（1）：42-48.

［115］呙小明，黄森．"美丽中国"背景下中国区域产业转移对工业绿色效率的影响研究——基于 SBM-undesirable 模型和空间计量模型［J］．重庆大学学报（社会科学版），2018，24（4）：1-11.

［116］丰晓旭，朱春辉，岳鸿飞．四川省产业绿色增长测度——基于全省 21 个市（州）的城市面板数据分析［J］．财经科学，2017（9）：72-83.

［117］徐君，高厚宾，王育红．生态文明视域下资源型城市低碳转型战略框架及路径设计［J］．管理世界，2014（6）：178-179.

［118］叶雪洁，吕莉，王晓蕾．经济地质学视角下的资源型城市产业转

型路径研究——以淮南市为例［J］. 中国软科学，2018（2）：186-192.

［119］支航，金兆怀. 不同类型资源型城市转型的模式与路径探讨［J］. 经济纵横，2016（11）：34-37.

［120］窦睿音，张生玲，刘学敏. 基于系统动力学的资源型城市转型模式实证研究——以鄂尔多斯为例［J］. 干旱区资源与环境，2019，33（8）：18-25.

［121］朱欣民，David Shaw. 欧盟产业衰落区域的综合治理［M］. 成都：西南财经大学出版社，2001.

［122］Houghton D S. Hong-distance Commuting：A New Approach to Mining in Australia［J］. Geographical Journal，1993（3）：281-290.

［123］Bradbury J H. Restructuring Asbestos Mining in Western Canada［J］. The Canadian Geographer，1988，32（4）：296-306.

［124］张米尔，孔令伟. 资源型城市产业转型的模式选择［J］. 西安交通大学学报（社会科学版），2003（1）：29-31，39.

［125］王德鲁，张米尔. 城市衰退产业转型的模式选择［J］. 大连理工大学学报（社会科学版），2003（3）：29-32.

［126］孔瑜，杨大光. 中国资源型城市产业转型的模式选择［J］. 资源开发与市场，2014，30（1）：85-88，49.

［127］Ross D P. From the Roots up：Economic Development as if Community Mattered［M］. Toronto：James Lorimer & Company，1986.

［128］徐红燕，杨莉，马伯永，朱清，李逸川，林芳. 乌海市转型发展的经验及其启示［J］. 中国矿业，2016，25（10）：56-59.

［129］余建辉，张文忠，王岱. 中国资源枯竭城市的转型效果评价［J］. 自然资源学报，2011，26（1）：11-21.

［130］张文忠，余建辉，王岱. 中国资源型城市转型路径和模式研究［J］. 城市与区域规划研究，2017，9（2）：64-80.

［131］孙浩进. 我国资源型城市产业转型的效果、瓶颈与路径创新［J］. 经济管理，2014，36（10）：34-43.

［132］孙毅，景普秋. 资源型区域绿色转型模式及其路径研究［J］. 中国软科学，2012（12）：152-161.

［133］王瀛．循环经济视阈下资源型城市产业转型研究［J］．科技管理研究，2010，30（11）：150-152.

［134］田昕加．基于循环经济的林业产业生态化模式构建——以伊春市为例［J］．农业经济问题，2011，32（9）：86-89.

［135］马丽．基于产业环境耦合类型的沿海地区产业绿色转型路径研究［J］．地理研究，2018，37（8）：1587-1598.

［136］刘客．熊彼特创新理论对中国煤炭产业转型的启示——本质、动力和方向［J］．经济问题，2014（12）：9-14.

［137］Cappelen，Â，L Mjøset. Can Norway Be a Role Model for Natural Resource Abundant Countries?［R］. UNU-WIDER Research Paper，2009.

［138］Wright G，Czelusta J. Mineral Resources and Economic Development［DB/OL］. http：//www-siepr. stanford. edu/workp/swp04004. pdf，2003-10-31.

［139］Saether B，Isaksen A，Karlsen A. Innovation by Coevolution in Natural Resource Industries：The Norwegian Experience［J］.Geoforum，2011，42（3）：373-381.

［140］Torres-Fuchslocher C. Understanding the Development of Technology-intensive Suppliers in Resource-based Developing Economies［J］.Research Policy，2010，39（2）：268-277.

［141］邵帅，齐中英．基于"资源诅咒"学说的能源输出型城市R&D行为研究——理论解释及其实证检验［J］．财经研究，2009，35（1）：61-73.

［142］徐德生，穆东，长青．共生视角下煤炭资源型区域科技创新能力与经济发展协同性研究［J］．科学管理研究，2016，34（4）：64-67.

［143］周喜君，郭淑芬，张变玲，郭丕斌．中国煤炭产业技术创新能力与效率关系研究［J］．经济问题，2017（12）：92-99.

［144］郭丕斌，周喜君，李丹，王婷．煤炭资源型经济转型的困境与出路：基于能源技术创新视角的分析［J］．中国软科学，2013（7）：39-46.

［145］周喜君，郭丕斌．基于技术演化视角的煤炭密集型区域低碳转型路径探索——以山西省为例［J］．经济研究参考，2017（69）：67-73.

［146］张倩，吴梦瑒．煤炭产业绿色转型与绿色技术创新协同发展研究

[J]. 煤炭经济研究，2016，36（12）：28-32.

［147］张艳，李黎聪，杨征. 技术创新是实现产业绿色转型的根本途径[J]. 太原科技，2008（11）：15-16，19.

［148］杜艳春，葛察忠，何理，陆俐呐. 京津冀传统产业绿色转型升级的瓶颈与政策建议[J]. 中国人口·资源与环境，2017，27（S2）：107-110.

［149］Bradbury J H, I. St-Martin. Winding Down in a Quebec Mining Town: A Case Study of Schefferville [J]. The Canadian Geographer, 1983, 27 (2): 128-144.

［150］Jeffrey D. Sachs, Andrew M. Warner. The Curse of Natural Resources [J]. European Economic Review, 2001, 45 (4): 827-838.

［151］钱勇，曹志来. 从脱嵌入到再嵌入：企业组织转型的过程——基于铁煤集团主辅分离改革的案例分析[J]. 管理世界，2011（6）：116-131.

［152］邓向荣，曹红. 产业升级路径选择：遵循抑或偏离比较优势——基于产品空间结构的实证分析[J]. 中国工业经济，2016（2）：52-67.

［153］Grabher G. The Weakness of Strong Ties: The Lockin of Regional Development in the Ruhe Area [R]. The Embedded Firm: On the Socioeconomics of Industrial Networks, London and New York: Routledge, 1993.

［154］张米尔，武春友. 资源型城市产业转型障碍与对策研究[J]. 经济理论与经济管理，2001（2）：35-38.

［155］刘丹，鲁永恒. 煤炭城市产业转型的三维体系研究——基于技术创新与制度创新协同驱动视角[J]. 科技进步与对策，2011，28（23）：87-90.

［156］杜辉. 资源型城市可持续发展保障的策略转换与制度构造[J]. 中国人口·资源与环境，2013，23（2）：88-93.

［157］张秀生，陈先勇. 论中国资源型城市产业发展的现状、困境与对策[J]. 经济评论，2001（6）：96-99.

［158］芮明杰. 产业经济学[M]. 上海：上海财经大学出版社，2016.

［159］D Bell. The Coming of Post-Industrial Society [M]. New York: Basic Books, 1973.

［160］赵儒煜. 后工业社会反论[M]. 吉林：吉林人民出版社，1999.

［161］Dasgupta P，Heal G M．Economic Theory and Exhaustible Resources ［J］．Cambridge Books，1985，14（14）：355．

［162］江永红，陈昊楠．产业结构服务化对全要素生产率增速的影响机理［J］．改革，2018（5）：89-98．

［163］向书坚，朱贺．自然资源型产业效应与资源瓶颈化解途径研究——基于投入产出表的分析［J］．中南财经政法大学学报，2016（6）：3-11，158．

［164］张复明，景普秋．资源型经济的形成：自强机制与个案研究［J］．中国社会科学，2008（5）：117-130，207．

［165］Gylfason T．Resources，Agriculture，and Economic Growth in Transition Economies ［J］．Kyklos，2000（53）：545-580．

［166］中国经济增长前沿课题组，张平，刘霞辉，等．突破经济增长减速的新要素供给理论、体制与政策选择［J］．经济研究，2015，50（11）：6-21．

［167］郭淑芬，马宇红．资源型区域可持续发展能力测度研究［J］．中国人口·资源与环境，2017（7）：72-79．

［168］张生玲，李跃，酒二科，等．路径依赖、市场进入与资源型城市转型［J］．经济理论与经济管理，2016（2）：14-27．

［169］李金滟，宋德勇．专业化、多样化与城市集聚经济——基于中国地级单位面板数据的实证研究［J］．管理世界，2008（2）：25-34．

［170］Nordhaus W D，Weitzman S M L．Lethal Model 2：The Limits to Growth Revisited ［J］．Brookings Papers on Economic Activity，1992（2）：1-59．

［171］谢品杰，穆卓文．中国省际能源尾效及其影响因素［J］．资源科学，2019，41（5）：847-859．

［172］米国芳，长青．能源结构和碳排放约束下中国经济增长"尾效"研究［J］．干旱区资源与环境，2017，31（2）：50-55．

［173］张琳，许晶，王亚辉，李娟．中国城镇化进程中土地资源尾效的空间分异研究［J］．中国土地科学，2014，28（6）：30-36．

［174］刘耀彬，陈斐．中国城市化进程中的资源消耗"尾效"分析［J］．中国工业经济，2007（11）：48-55．

［175］张乐勤．城市化进程中资源约束尾效及其演化特征探析——基于

安徽省的实证 [J]. 现代城市研究, 2016 (5)：117-123.

[176] Romer P M. Increasing Returns and Long-run Growth [J]. Journal of Political Economy, 1986, 94 (5)：1002-1037.

[177] 张兴贤, 王应明. 基于 D-DEA 交叉效率的混合型多属性决策方法 [J]. 统计与决策, 2018, 34 (23)：52-55.

[178] 李赫然. 基于非估计参数的资源型城市绿色经济效率分析研究 [J]. 工业技术经济, 2019, 38 (2)：52-58.

[179] Oh D H. A Global Malmquist-Luenberger Productivity Index-An Application to OECD Countries 1990-2004 [Z]. Working Paper, 2009.

[180] Weitzman M L. The Welfare Significance of a National Product Revisited [Z]. Harvard Institute of Economic Research Working Papers, 1995.

[181] 王凤平, 吴允, 周祎庆. 嵌入全球价值链影响资源型产业技术进步效果及途径的实证研究 [J]. 宏观经济研究, 2019 (6)：83-94.

[182] 赵天石, 刘世丽. 论地方政府在振兴东北等老工业基地中的作用 [J]. 工业技术经济, 2004 (6)：22-23.

[183] 周敏, 林凯旋. 转型背景下资源型城市城镇化路径及模式探究 [C] //多元与包容——2012 中国城市规划年会论文集, 2012.

[184] 王常君, 曲阳阳, 吴相利. 资源枯竭型城市的经济—人口收缩治理研究——基于黑龙江省资源枯竭型城市的现实分析 [J]. 宏观经济研究, 2019 (8)：156-169.

[185] 尉薛菲. 资源型城市经济可持续发展问题研究 [J]. 人民论坛, 2018 (16)：158-159.

[186] Sachs J, Warner A. Fundament al Sources of Long-run Growth [J]. American Economic Review, 1997 (87)：184-188.

[187] 方福前. 寻找供给侧结构性改革的理论源头 [J]. 中国社会科学, 2017 (7)：49-69, 205.

[188] 林卫斌, 苏剑. 理解供给侧改革：能源视角 [J]. 价格理论与实践, 2015 (12)：8-11.

[189] 徐君. 供给侧结构性改革驱动资源型城市转型的战略框架及路径设计 [J]. 企业经济, 2018, 37 (11)：5-12.

［190］汪恩满，方敏，王春芳．供给侧结构性改革视域下地勘产业转型升级研究［J］．资源与产业，2019，21（1）：18-24.

［191］徐君，李巧辉，王育红．供给侧改革驱动资源型城市转型的机制分析［J］．中国人口·资源与环境，2016，26（10）：53-60.

［192］冯志峰．供给侧结构性改革的理论逻辑与实践路径［J］．经济问题，2016（2）：12-17.

［193］安树伟，张双悦．新中国的资源型城市与老工业基地：形成、发展与展望［J］．经济问题，2019（9）：10-17.

［194］郑紫颜，仇方道，王立韬．再生性资源型城市产业结构转型对经济增长贡献的异质性［J］．世界地理研究，2019，28（4）：115-123.

［195］景普秋．基于矿产开发特殊性的收益分配机制研究［J］．中国工业经济，2010（9）：15-25.

［196］张复明．矿产开发负效应与资源生态环境补偿机制研究［J］．中国工业经济，2009（12）：1-11.

［197］Leong W，Mohaddes K．Institutions and the Volatility Curse［M］．Cambridge：University of Cambridge，2011.

［198］陈治．资源型城市生产要素配置与经济增长关系实证分析［J］．统计与决策，2015（12）：131-133.

［199］高见，邬晓霞．山西资源型经济转型突破发展的支持政策研究［J］．经济问题，2018（9）：17-21.

［200］赵凌云，杨明杏，董慧丽．发展中转型、转型中跨越的生动实践——黄石、潜江、大冶、钟祥资源枯竭型城市转型发展调研报告［J］．湖北社会科学，2011（7）：65-68.

［201］安景文，李松林，梁志霞，柳霞．产业结构视角下京津冀都市圈经济差异测度［J］．城市问题，2018（9）：48-54.

［202］王迎涛．河南国际旅游产业结构的偏离—份额分析及优化研究［J］．地域研究与开发，2018，37（4）：110-113，137.

［203］刘玉，潘瑜春，唐林楠．基于 Esteban-Marquillas 拓展模型的中国农业增长的演进特征［J］．自然资源学报，2017，32（11）：1869-1882.

附　录

附录 1　资源型城市采掘业专业化指数

城市	年份														
	2003	2004	2005	2006	2007	2008	2009	2010	2011	2012	2013	2014	2015	2016	2017
再生型城市															
唐山市	3.089	2.926	3.041	2.747	2.710	2.879	2.872	2.943	2.979	2.906	3.864	3.976	4.258	4.270	4.486
包头市	0.698	0.718	0.799	0.689	0.685	0.672	0.684	0.692	0.612	0.694	0.564	0.576	0.839	1.022	0.806
鞍山市	0.520	0.527	0.623	0.494	0.516	0.375	0.214	0.203	0.220	0.250	0.132	0.169	0.169	0.231	0.290
盘锦市	5.641	5.030	4.901	4.498	4.623	5.583	6.690	6.699	5.461	2.761	6.201	6.756	7.624	8.321	9.084
通化市	0.745	0.714	0.689	1.845	1.853	1.886	1.870	1.922	1.797	1.862	1.043	0.963	0.918	0.841	1.196
徐州市	3.705	3.753	3.792	3.621	3.262	3.241	3.171	3.109	3.082	3.162	2.472	2.441	2.467	2.222	2.269
宿迁市	0.195	0.150	0.106	0.190	0.207	0.260	0.256	0.296	0.239	0.147	0.082	0.094	0.090	0.079	0.053
马鞍山市	11.504	11.058	10.015	9.849	9.923	9.693	10.246	10.628	9.436	10.221	10.528	11.462	11.706	11.728	11.436
淄博市	3.507	3.530	3.322	3.381	3.376	3.403	3.229	3.361	3.118	3.332	2.892	3.008	3.192	3.143	3.165
临沂市	4.516	4.398	3.644	3.347	3.602	3.626	3.707	4.090	3.391	3.924	3.400	3.692	3.673	3.023	2.946

续表

再生型城市

| 城市 | 年份 | | | | | | | | | | | | | | |
---	2003	2004	2005	2006	2007	2008	2009	2010	2011	2012	2013	2014	2015	2016	2017
洛阳市	4.134	4.152	4.303	4.069	4.305	4.286	4.289	4.369	4.285	5.086	4.731	5.087	5.207	5.104	5.244
南阳市	0.545	0.754	0.909	0.946	0.960	1.020	1.099	1.190	1.166	1.326	1.563	1.517	1.535	1.611	1.741
丽江市	0.203	0.041	0.042	0.117	1.639	1.383	1.829	2.286	2.569	3.082	2.139	0.764	0.882	0.658	0.361
张掖市	0.474	0.533	0.581	0.290	0.537	0.481	0.698	0.692	0.967	0.783	0.915	1.181	1.159	1.139	0.987

成熟型城市

| 城市 | 年份 | | | | | | | | | | | | | | |
---	2003	2004	2005	2006	2007	2008	2009	2010	2011	2012	2013	2014	2015	2016	2017
邯郸市	3.216	3.288	3.171	2.971	2.840	2.788	2.349	2.764	2.529	2.591	2.330	2.737	2.790	2.802	3.307
张家口市	1.159	1.190	1.210	1.268	1.385	1.417	1.490	1.632	1.856	2.029	1.641	1.604	1.652	1.365	1.373
邢台市	1.699	1.698	1.723	1.588	1.658	2.076	2.184	2.273	2.276	1.965	1.860	1.942	1.897	1.925	2.622
承德市	1.249	1.221	1.311	1.201	1.271	1.193	1.364	1.411	1.352	1.237	1.134	0.784	0.008	0.961	0.954
大同市	6.228	6.976	7.248	6.832	7.051	6.735	7.666	7.988	8.093	8.236	9.229	10.933	12.219	12.996	13.885
阳泉市	9.003	9.679	10.093	9.726	10.141	10.638	10.639	11.284	11.559	12.377	14.021	13.913	14.997	16.295	16.888
长治市	3.873	4.275	4.748	5.027	5.229	5.404	5.417	5.973	5.723	6.503	8.710	9.301	10.594	11.134	11.652
晋城市	7.389	7.751	8.224	8.163	8.653	9.007	9.644	10.303	10.724	10.986	11.854	12.319	13.829	15.069	15.540
忻州市	1.880	1.893	1.939	1.951	1.984	2.287	2.652	2.759	3.485	3.756	4.483	4.036	4.554	4.627	5.107

续表

成熟型城市

城市	2003	2004	2005	2006	2007	2008	2009	2010	2011	2012	2013	2014	2015	2016	2017
晋中市	4.372	4.915	5.296	5.117	3.749	4.347	4.264	4.960	5.536	6.473	7.920	8.516	8.724	8.569	9.110
吕梁市	1.544	1.680	2.885	4.067	4.298	5.639	4.468	4.912	5.005	5.994	7.926	8.454	9.086	9.731	9.314
临汾市	2.687	2.759	2.926	2.807	2.710	2.500	2.534	2.797	2.811	3.399	5.003	5.356	6.077	6.598	6.896
运城市	0.112	0.140	0.144	0.138	0.153	0.146	0.100	0.089	0.036	0.039	0.072	0.133	0.285	0.283	0.393
赤峰市	3.154	2.869	2.863	2.784	2.678	2.527	2.628	2.715	2.488	2.674	2.306	2.444	2.805	2.824	2.947
本溪市	1.612	1.554	1.642	1.639	1.708	1.690	1.640	1.768	1.789	1.690	1.337	1.337	1.666	2.034	2.119
吉林市	0.701	0.866	0.797	0.733	0.815	0.803	0.812	0.756	0.721	0.869	0.882	0.898	1.010	0.934	0.813
鸡西市	5.921	5.741	5.896	6.631	7.197	6.959	6.952	6.639	6.552	6.774	10.124	7.708	6.745	7.895	6.493
黑河市	1.387	1.374	0.346	0.322	0.373	0.301	0.259	0.266	0.340	0.399	0.421	0.413	0.460	0.905	1.150
大庆市	4.922	4.782	5.538	5.240	5.128	4.922	5.133	5.418	5.227	5.422	6.716	7.230	8.149	8.707	9.164
湖州市	0.016	0.071	0.070	0.051	0.032	0.021	0.137	0.095	0.081	0.055	0.043	0.065	0.141	0.083	0.020
宣城市	0.090	4.279	4.598	4.521	4.470	4.662	4.633	4.804	1.376	1.374	1.214	3.102	5.423	5.400	0.001
宿州市	0.525	0.474	0.516	0.465	0.335	0.373	0.391	0.419	0.348	0.346	0.120	0.117	0.052	0.054	1.401
滁州市	0.116	0.141	0.210	0.219	0.132	0.137	0.140	0.148	0.103	0.108	0.132	0.197	0.166	0.144	0.224
池州市	0.353	0.427	1.806	2.957	2.522	2.704	3.134	4.414	5.026	3.585	3.436	3.197	3.041	2.974	3.073
淮南市	0.710	0.495	0.341	0.299	0.254	0.253	0.158	0.144	0.113	0.115	0.160	0.186	0.197	0.282	0.283
亳州市	0.166	0.189	0.203	0.199	0.194	0.177	0.329	0.214	1.788	0.397	0.153	0.171	0.183	0.192	0.163
三明市	0.129	0.162	0.167	0.200	0.324	0.249	0.274	0.236	0.188	0.179	0.204	0.213	0.205	0.236	0.291

续表

成熟型城市

城市	年份														
	2003	2004	2005	2006	2007	2008	2009	2010	2011	2012	2013	2014	2015	2016	2017
南平市	0.033	0.032	0.043	0.038	0.039	0.039	0.049	0.061	0.057	0.060	0.073	0.001	0.001	0.002	0.269
龙岩市	0.064	0.012	0.047	0.052	0.108	0.047	0.009	0.008	0.015	0.016	0.019	0.003	0.003	0.004	0.003
赣州市	2.172	1.781	1.647	1.465	1.315	1.385	1.267	1.447	1.374	1.487	1.493	1.430	1.387	1.113	1.089
宜春市	0.381	0.565	0.766	0.606	0.583	0.692	0.593	0.503	0.315	0.505	0.389	0.434	0.432	0.929	0.298
济宁市	0.567	0.711	0.867	0.793	0.869	0.889	1.089	1.162	1.173	1.201	1.225	1.202	1.187	1.198	1.243
东营市	0.390	0.344	0.229	0.199	0.167	0.131	0.148	0.093	0.154	0.131	0.051	0.038	0.050	0.059	0.067
莱芜市	7.490	7.478	7.944	7.484	8.119	8.238	8.790	8.489	8.785	9.398	9.309	8.989	9.543	9.479	9.620
平顶山市	0.675	0.712	0.878	0.797	0.790	0.697	0.631	0.637	0.668	0.742	0.832	0.739	0.634	0.623	0.548
鹤壁市	2.536	3.002	3.100	3.046	3.234	3.181	3.468	3.358	3.760	4.670	4.999	2.105	1.809	1.933	2.128
三门峡市	3.507	3.598	3.536	3.060	3.303	3.441	3.495	3.596	4.197	4.185	3.476	4.297	4.354	3.842	3.317
鄂州市	0.436	0.511	0.509	0.547	0.944	1.257	1.282	1.433	2.120	1.289	1.814	1.873	1.955	1.755	1.887
衡阳市	0.728	0.774	0.806	0.710	0.707	0.694	0.640	0.640	0.533	0.607	0.743	0.582	0.562	0.460	0.367
邵阳市	0.063	0.056	0.088	0.074	0.127	0.110	0.174	0.007	0.265	0.159	0.254	0.284	0.221	0.235	0.224
郴州市	1.778	1.379	0.857	0.875	1.005	0.890	0.920	2.655	2.400	2.413	2.493	2.486	1.607	1.506	1.419
娄底市	0.483	0.455	0.461	0.405	0.317	0.341	0.363	0.469	0.528	0.551	0.593	0.481	0.312	0.290	0.233
云浮市	0.236	0.217	0.128	0.086	0.183	0.219	0.206	0.206	0.292	0.330	0.028	0.027	0.039	0.040	0.042
河池市	0.573	0.605	0.610	0.437	0.401	0.619	0.747	0.751	0.649	0.619	0.466	0.393	0.435	0.252	0.239
自贡市	0.575	0.505	0.544	0.549	0.793	0.865	1.154	0.889	0.893	0.797	0.703	0.666	0.736	0.790	0.876

成熟型城市

城市	年份														
	2003	2004	2005	2006	2007	2008	2009	2010	2011	2012	2013	2014	2015	2016	2017
攀枝花市	2.818	2.754	2.782	2.760	2.864	2.642	2.677	2.624	2.515	2.455	2.398	2.732	4.309	4.685	4.887
广元市	3.735	3.567	3.619	2.964	2.505	2.295	1.762	0.434	1.453	1.781	2.154	2.016	1.882	1.826	1.506
广安市	1.281	1.405	1.510	1.444	1.364	1.361	2.081	2.289	2.240	2.394	2.297	2.178	1.770	1.637	1.340
达州市	1.320	1.512	1.732	1.642	1.758	1.793	1.618	1.803	1.954	1.378	2.126	2.046	2.113	2.265	3.796
雅安市	1.118	0.960	0.658	0.643	0.640	0.630	0.786	0.751	0.797	0.504	0.861	0.795	0.800	0.797	0.727
安顺市	0.558	0.601	0.562	0.582	0.575	0.565	1.041	1.095	1.224	1.574	1.678	1.489	1.132	1.047	0.987
曲靖市	1.183	1.178	1.118	1.423	2.963	2.350	3.755	4.001	3.800	4.595	5.182	5.968	5.368	5.351	4.584
普洱市	0.379	0.328	0.331	0.299	0.428	0.299	0.321	0.387	0.422	0.442	0.632	0.642	0.519	0.643	0.635
保山市	0.168	0.356	0.580	0.552	0.854	0.257	0.420	0.668	0.629	0.635	0.776	0.763	0.537	0.491	0.469
临沧市	0.105	0.437	0.691	0.591	0.728	1.066	0.859	0.402	0.201	0.409	0.653	0.647	0.637	0.448	0.370
宝鸡市	0.366	0.382	0.403	0.442	0.456	0.484	0.475	0.487	0.531	0.611	0.705	0.661	0.826	0.839	1.094
渭南市	3.022	3.132	3.089	2.885	2.836	2.897	2.426	2.428	2.765	2.840	2.874	3.226	3.165	3.557	3.872
平凉市	3.298	2.830	4.506	4.263	3.954	4.254	4.138	4.349	4.607	5.298	6.165	5.917	6.436	6.531	6.434
克拉玛依市	10.887	11.525	10.897	11.185	9.774	11.244	11.207	10.900	10.637	11.728	12.999	14.026	14.518	15.395	15.121

成长型城市

城市	年份														
	2003	2004	2005	2006	2007	2008	2009	2010	2011	2012	2013	2014	2015	2016	2017
朔州市	5.475	6.052	6.234	5.999	5.686	5.593	5.137	5.146	5.782	6.243	7.481	8.564	9.187	8.829	9.289
呼伦贝尔市	2.042	2.116	2.424	2.487	2.413	2.401	2.485	2.558	2.522	2.604	2.364	2.451	2.692	2.489	2.587
鄂尔多斯市	3.401	3.704	3.465	3.359	3.869	4.002	3.920	4.181	5.949	6.386	7.851	7.881	1.288	8.295	8.010
松原市	5.222	5.264	5.858	6.725	7.346	7.168	7.854	6.094	5.246	5.000	5.570	6.145	6.789	7.075	7.666
贺州市	1.774	1.869	2.535	2.547	3.077	3.081	2.221	2.123	1.912	2.449	2.954	3.094	3.390	3.701	4.582
南充市	0.028	0.028	0.029	0.027	0.027	0.026	0.026	0.009	0.009	0.012	0.102	0.126	0.148	0.166	0.021
六盘水市	7.128	7.501	7.749	7.935	7.748	7.877	8.093	3.483	8.408	9.565	10.256	10.891	11.434	11.394	11.292
昭通市	0.647	0.758	0.652	0.908	1.287	1.486	1.526	1.690	3.637	3.715	4.014	1.911	2.056	2.114	1.912
咸阳	0.385	0.412	0.537	0.629	0.830	0.788	0.858	0.953	1.198	1.455	1.295	1.639	1.780	1.901	2.449
延安市	3.861	4.125	4.779	5.066	5.958	6.534	6.036	6.525	7.000	7.467	8.313	7.820	8.489	8.911	9.189
榆林市	1.568	1.684	1.704	1.813	2.066	2.207	3.554	3.461	3.900	4.066	5.414	5.710	6.316	6.565	6.607
武威市	0.558	0.726	0.778	0.738	0.810	0.757	0.724	0.816	0.775	0.820	0.959	1.042	0.918	0.812	0.692

衰退型城市

城市	年份														
	2003	2004	2005	2006	2007	2008	2009	2010	2011	2012	2013	2014	2015	2016	2017
乌海市	6.138	6.877	6.336	4.684	4.552	4.500	5.822	6.978	6.646	6.331	7.420	7.786	0.299	0.286	0.600
抚顺市	2.820	2.826	2.900	2.766	2.729	2.857	3.018	3.130	2.954	3.110	3.227	3.801	4.323	4.885	5.125

续表

衰退型城市

城市	年份														
	2003	2004	2005	2006	2007	2008	2009	2010	2011	2012	2013	2014	2015	2016	2017
阜新市	4.991	6.182	5.633	5.542	5.741	6.154	6.221	6.195	6.467	7.070	7.483	7.830	8.026	4.903	5.286
辽源市	5.681	5.896	5.343	6.300	6.049	6.124	6.339	6.556	6.653	6.935	5.044	5.402	5.674	5.701	5.455
白山市	3.050	2.911	2.867	3.053	3.487	3.596	2.857	2.924	2.202	5.253	5.267	5.537	5.627	5.475	5.678
鹤岗市	6.165	7.218	8.403	7.480	7.251	6.974	6.891	7.341	7.205	7.495	8.502	8.449	6.670	7.855	7.654
双鸭山市	4.372	4.516	9.722	4.496	4.307	4.020	3.635	3.666	8.577	8.507	9.248	6.878	9.110	7.665	6.990
七台河市	12.494	13.302	13.459	12.216	12.144	12.748	13.282	13.421	13.441	13.967	15.730	17.140	17.927	15.357	15.868
伊春市	0.388	0.258	0.273	0.242	0.278	0.287	0.338	0.339	0.301	0.333	0.061	0.140	0.156	0.109	0.126
铜陵市	3.745	3.595	3.353	2.751	2.668	2.664	2.656	2.693	2.097	1.867	4.150	4.341	4.236	4.462	4.305
淮北市	0.474	0.044	0.058	0.084	0.089	0.116	0.119	0.099	0.165	0.173	0.035	0.050	0.034	0.056	0.027
景德镇市	2.901	2.713	2.703	2.726	2.613	3.278	2.766	3.090	2.678	3.323	2.748	2.618	2.891	2.412	2.017
萍乡市	0.720	1.016	0.682	0.823	0.745	0.873	0.376	0.481	0.647	0.909	0.575	0.625	0.711	0.531	0.580
新余市	0.024	0.020	0.008	0.007	0.007	0.016	0.049	0.049	0.048	0.047	0.168	0.231	0.210	0.231	0.268
枣庄市	3.730	3.682	4.424	4.140	4.458	3.794	3.597	3.603	4.348	4.381	3.042	3.385	3.462	3.653	3.860
濮阳市	0.471	0.293	0.277	0.236	0.254	0.234	0.344	0.378	0.586	0.656	0.624	0.345	0.332	0.376	0.002
焦作市	3.465	3.223	3.149	3.104	3.195	3.200	3.264	3.332	3.480	3.338	2.759	2.728	2.615	2.165	2.036
黄石市	0.085	0.091	0.082	0.110	0.084	0.256	0.322	0.288	0.477	0.627	0.357	0.387	0.471	0.546	0.599
韶关市	0.201	0.198	0.243	0.225	0.227	0.267	0.255	0.221	0.219	0.209	0.101	0.105	0.101	0.077	0.083

续表

衰退型城市

城市	年份														
	2003	2004	2005	2006	2007	2008	2009	2010	2011	2012	2013	2014	2015	2016	2017
泸州市	0.051	0.092	0.121	0.140	0.151	0.163	0.172	0.249	0.171	0.294	0.174	0.171	0.163	0.257	0.355
铜川市	7.383	7.311	8.069	7.377	7.603	7.577	6.185	6.251	5.664	7.252	7.954	7.909	8.681	8.264	8.043
白银市	3.109	3.528	4.235	3.959	3.839	3.458	3.590	3.851	4.044	3.915	3.540	3.940	3.990	4.110	4.175
石嘴山市	0.926	0.156	0.171	0.027	0.057	0.174	0.084	0.996	1.094	1.746	0.030	0.723	0.536	0.910	0.594

附录 2　资源型城市制造业专业化指数

再生型城市

城市	年份														
	2003	2004	2005	2006	2007	2008	2009	2010	2011	2012	2013	2014	2015	2016	2017
唐山市	1.057	1.049	1.036	1.008	1.032	0.993	1.058	1.008	1.007	1.139	0.904	0.919	0.902	0.874	0.904
包头市	1.812	1.774	1.700	1.559	1.225	1.248	1.276	1.322	1.388	1.443	1.300	1.262	1.234	1.226	1.167
鞍山市	1.458	1.426	1.350	1.304	1.291	1.305	1.379	1.302	1.335	1.325	1.183	1.190	1.226	1.158	1.191
盘锦市	0.373	0.340	0.313	0.311	0.312	0.260	0.252	0.250	0.276	0.337	0.274	0.283	0.304	0.277	0.280
通化市	1.012	0.976	0.935	0.868	0.868	0.842	0.884	0.856	0.852	0.844	1.328	1.382	1.458	1.461	0.785
徐州市	0.689	0.633	0.627	0.622	0.628	0.639	0.667	0.677	0.709	0.784	0.723	0.738	0.768	0.798	0.788
宿迁市	0.761	0.789	0.724	0.674	0.668	0.703	0.910	0.937	1.003	1.069	0.999	1.115	1.146	1.282	1.268
马鞍山市	0.928	0.905	1.000	0.956	0.952	0.960	0.965	0.937	0.814	0.778	0.712	0.717	0.757	0.780	0.792
淄博市	1.508	1.452	1.501	1.407	1.368	1.387	1.391	1.351	1.282	1.289	1.108	1.070	1.124	1.133	1.150

再生型城市

城市	年份														
	2003	2004	2005	2006	2007	2008	2009	2010	2011	2012	2013	2014	2015	2016	2017
临沂市	0.765	0.725	0.881	0.862	0.830	0.772	0.845	0.873	0.725	0.778	0.916	1.047	1.071	1.095	1.123
洛阳市	1.021	0.956	0.865	0.856	0.838	0.838	0.818	0.788	0.807	0.765	0.923	0.951	1.051	1.052	1.073
南阳市	0.859	0.850	0.814	0.822	0.811	0.790	0.808	0.790	0.857	0.865	0.841	0.887	0.891	0.942	0.866
丽江市	0.283	0.250	0.208	0.197	0.316	0.337	0.368	0.305	0.293	0.203	0.191	0.198	0.189	0.183	0.129
张掖市	0.580	0.627	0.608	0.557	0.537	0.496	0.542	0.525	0.445	0.451	0.367	0.354	0.339	0.344	0.346

成熟型城市

城市	年份														
	2003	2004	2005	2006	2007	2008	2009	2010	2011	2012	2013	2014	2015	2016	2017
邯郸市	0.834	0.779	0.751	0.701	0.698	0.610	0.511	0.557	0.536	0.455	0.705	0.674	0.660	0.672	0.609
张家口市	1.034	0.992	0.871	0.827	0.802	0.762	0.717	0.662	0.631	0.614	0.557	0.506	0.489	0.464	0.438
邢台市	0.682	0.651	0.602	0.585	0.585	0.557	0.586	0.539	0.527	0.784	0.733	0.734	0.747	0.758	0.489
承德市	0.744	0.713	0.782	0.773	0.729	0.664	0.679	0.644	0.588	0.563	0.590	0.558	0.554	0.514	0.425
大同市	0.543	0.516	0.502	0.453	0.391	0.351	0.323	0.311	0.380	0.414	0.405	0.356	0.367	0.364	0.345
阳泉市	0.567	0.472	0.426	0.395	0.379	0.321	0.327	0.311	0.314	0.299	0.323	0.319	0.355	0.358	0.379
长治市	0.954	0.934	0.834	0.744	0.798	0.763	0.776	0.728	0.702	0.681	0.671	0.646	0.581	0.562	0.612
晋城市	0.385	0.334	0.323	0.335	0.327	0.310	0.315	0.291	0.260	0.284	0.548	0.593	0.578	0.558	0.629

续表

成熟型城市

城市	年份														
	2003	2004	2005	2006	2007	2008	2009	2010	2011	2012	2013	2014	2015	2016	2017
忻州市	0.557	0.536	0.445	0.399	0.376	0.322	0.274	0.272	0.241	0.242	0.202	0.209	0.201	0.174	0.170
晋中市	0.831	0.750	0.697	0.633	0.873	0.781	0.736	0.657	0.571	0.512	0.366	0.335	0.343	0.371	0.370
吕梁市	0.433	0.497	0.597	0.590	0.518	0.655	0.597	0.585	0.561	0.616	0.551	0.559	0.589	0.573	0.587
临汾市	0.724	0.675	0.648	0.618	0.602	0.601	0.567	0.546	0.509	0.449	0.400	0.394	0.394	0.372	0.368
运城市	1.169	1.149	1.137	1.095	1.069	1.037	1.058	1.057	0.997	1.016	0.800	0.886	0.894	0.867	0.815
赤峰市	0.436	0.416	0.403	0.383	0.376	0.385	0.424	0.408	0.434	0.414	0.470	0.475	0.468	0.472	0.424
本溪市	1.519	1.493	1.378	1.351	1.299	1.306	1.328	1.230	1.155	1.114	0.916	0.875	1.009	1.100	1.123
吉林市	1.252	1.165	1.065	1.057	1.031	1.028	1.074	1.056	1.126	1.153	1.005	1.035	1.060	1.044	1.037
鸡西市	0.386	0.419	0.369	0.297	0.282	0.245	0.265	0.233	0.220	0.238	0.232	0.208	0.217	0.232	0.199
黑河市	0.432	0.442	0.185	0.187	0.163	0.133	0.133	0.100	0.150	0.185	0.203	0.206	0.215	0.163	0.178
大庆市	0.567	0.580	0.571	0.545	0.577	0.565	0.490	0.472	0.537	0.515	0.444	0.448	0.426	0.421	0.441
湖州市	0.693	1.080	1.497	1.631	1.709	1.757	1.772	1.751	1.475	1.363	1.281	1.309	1.298	1.350	1.389
宣城市	1.036	0.761	0.711	0.716	0.656	0.633	0.684	0.707	0.461	0.527	0.533	0.909	0.897	0.930	1.128
宿州市	0.514	0.413	0.386	0.432	0.399	0.337	0.393	0.399	0.457	0.426	0.572	0.576	0.628	0.634	0.634
滁州市	0.849	0.810	0.744	0.769	0.749	0.671	0.667	0.616	0.634	0.707	0.989	0.965	1.085	1.129	1.289
池州市	0.612	0.535	0.459	0.425	0.488	0.425	0.419	0.417	0.368	0.423	0.554	0.626	0.628	0.683	0.736
淮南市	0.727	0.663	0.691	0.623	0.514	0.507	0.649	0.596	0.553	0.587	0.698	0.549	0.404	0.376	0.386
亳州市	0.604	0.548	0.560	0.544	0.528	0.522	0.479	0.524	0.467	0.573	0.673	0.695	0.758	0.740	0.760

成熟型城市

城市	年份														
	2003	2004	2005	2006	2007	2008	2009	2010	2011	2012	2013	2014	2015	2016	2017
三明市	1.118	1.100	1.095	1.080	1.020	0.985	0.981	0.937	0.805	0.782	0.681	0.655	0.621	0.609	0.601
南平市	0.920	1.002	1.045	1.133	1.119	1.134	1.146	1.121	1.042	1.063	0.712	0.680	0.723	0.723	0.765
龙岩市	0.716	0.810	0.843	0.862	0.920	0.979	1.005	0.927	0.993	0.902	0.885	0.646	0.628	0.628	0.609
赣州市	0.656	0.736	0.802	0.889	0.868	0.921	0.939	0.949	0.914	1.047	1.097	1.080	1.050	1.090	0.998
宜春市	0.419	0.422	0.521	0.714	0.798	0.780	0.756	0.804	1.157	1.157	0.994	1.283	1.314	1.366	1.393
济宁市	0.983	0.925	0.894	0.899	0.865	0.858	0.750	0.775	0.782	0.769	0.862	0.843	0.860	0.887	0.982
东营市	1.083	0.993	1.005	1.112	1.144	1.137	1.107	1.102	1.230	1.199	1.073	1.046	0.996	1.053	0.996
莱芜市	1.302	1.271	1.177	1.158	1.118	1.144	1.080	1.155	1.156	1.139	1.127	1.145	1.257	1.301	1.371
平顶山市	1.037	1.041	1.011	0.984	0.958	0.964	0.984	1.003	0.998	0.981	0.892	0.971	0.970	0.960	0.987
鹤壁市	0.818	0.889	0.921	0.886	0.847	0.863	0.926	0.991	0.959	0.961	1.225	1.547	1.615	1.592	1.659
三门峡市	0.779	0.688	0.675	0.624	0.596	0.546	0.653	0.598	0.548	0.528	0.586	0.615	0.611	0.683	0.696
鄂州市	1.571	1.553	1.578	1.408	1.412	1.375	1.287	1.381	1.468	1.585	1.353	1.350	1.333	1.298	1.282
衡阳市	0.835	0.801	0.699	0.678	0.621	0.677	0.743	0.652	0.827	0.823	0.786	0.696	0.684	0.666	0.679
邵阳市	0.493	0.394	0.349	0.336	0.336	0.284	0.298	0.315	0.346	0.398	0.441	0.464	0.478	0.468	0.462
郴州市	0.404	0.532	0.503	0.427	0.479	0.513	0.517	0.497	0.588	0.580	0.552	0.561	0.568	0.510	0.520
娄底市	0.913	0.925	0.853	0.808	0.842	0.850	0.857	0.832	0.943	0.830	0.754	0.762	0.769	0.706	0.695
云浮市	1.193	1.309	1.386	1.395	1.365	1.366	1.358	1.344	1.314	1.272	1.334	1.393	1.354	1.420	1.212
河池市	0.552	0.519	0.505	0.494	0.515	0.474	0.462	0.465	0.443	0.441	0.524	0.509	0.515	0.373	0.361

续表

成熟型城市

城市	2003	2004	2005	2006	2007	2008	2009	2010	2011	2012	2013	2014	2015	2016	2017
自贡市	1.135	1.073	1.029	1.040	1.010	1.011	0.935	0.754	0.798	0.748	0.787	0.768	0.700	0.650	0.594
攀枝花市	1.742	1.736	1.663	1.568	1.542	1.547	1.619	1.588	1.518	1.537	1.080	1.243	1.054	0.947	0.913
广元市	0.458	0.480	0.424	0.383	0.352	0.349	0.260	0.252	0.282	0.295	0.297	0.274	0.274	0.278	0.271
广安市	0.160	0.132	0.111	0.098	0.093	0.103	0.065	0.042	0.041	0.032	0.166	0.170	0.163	0.181	0.752
达州市	0.476	0.431	0.390	0.376	0.362	0.341	0.325	0.309	0.340	0.205	0.332	0.327	0.350	0.356	0.504
雅安市	0.710	0.565	0.528	0.526	0.524	0.536	0.516	0.460	0.462	0.550	0.461	0.423	0.465	0.445	0.417
安顺市	0.646	0.565	0.525	0.531	0.495	0.369	0.421	0.449	0.462	0.776	0.797	0.752	0.974	0.927	1.082
曲靖市	0.867	0.871	0.819	0.763	0.739	0.803	0.770	0.792	0.764	0.679	0.634	0.654	0.647	0.658	0.717
普洱市	0.811	0.748	0.741	0.720	0.703	0.709	0.690	0.713	0.628	0.607	0.736	0.724	0.742	0.534	0.691
保山市	0.592	0.535	0.531	0.567	0.575	0.547	0.524	0.529	0.514	0.596	0.546	0.598	0.601	0.627	0.635
临沧市	0.399	0.508	0.524	0.514	0.567	0.614	0.627	0.432	0.462	0.541	0.562	0.627	0.618	0.630	0.540
宝鸡市	1.418	1.317	1.330	1.306	1.286	1.255	1.214	1.171	1.178	1.213	1.271	1.212	1.211	1.244	1.258
渭南市	0.637	0.607	0.592	0.582	0.619	0.624	0.701	0.662	0.637	0.572	0.654	0.609	0.618	0.606	0.631
平凉市	0.394	0.303	0.269	0.262	0.226	0.233	0.224	0.219	0.134	0.077	0.106	0.123	0.114	0.115	0.093
克拉玛依市	0.616	0.601	0.529	0.540	0.720	0.594	0.706	0.672	0.638	0.636	0.600	0.595	0.567	0.573	0.544

年份

成长型城市

城市	年份														
	2003	2004	2005	2006	2007	2008	2009	2010	2011	2012	2013	2014	2015	2016	2017
朔州市	0.412	0.353	0.312	0.308	0.294	0.278	0.265	0.260	0.234	0.220	0.207	0.201	0.199	0.184	0.230
呼伦贝尔市	0.297	0.295	0.286	0.275	0.274	0.215	0.194	0.186	0.178	0.223	0.263	0.271	0.273	0.264	0.148
鄂尔多斯市	0.908	0.820	0.758	0.816	0.738	0.620	0.608	0.578	0.498	0.563	0.571	0.594	0.563	0.588	0.631
松原市	0.268	0.260	0.201	0.189	0.213	0.231	0.199	0.224	0.240	0.251	0.581	0.575	0.576	0.593	0.533
贺州市	0.477	0.445	0.422	0.382	0.349	0.355	0.280	0.405	0.361	0.321	0.483	0.460	0.387	0.348	0.356
南充市	0.272	0.249	0.252	0.225	0.195	0.186	0.199	0.295	0.292	0.370	0.638	0.661	0.695	0.648	0.639
六盘水市	0.709	0.656	0.627	0.606	0.578	0.514	0.504	0.765	0.552	0.547	0.485	0.405	0.348	0.340	0.336
昭通市	0.328	0.288	0.314	0.308	0.287	0.262	0.304	0.294	0.265	0.223	0.218	0.245	0.229	0.220	0.244
咸阳	1.078	1.027	1.045	0.961	0.906	0.882	0.869	0.842	0.807	0.762	1.045	1.030	0.999	0.988	0.833
延安市	0.250	0.220	0.205	0.190	0.169	0.171	0.157	0.149	0.131	0.130	0.251	0.247	0.263	0.253	0.292
榆林市	0.203	0.208	0.227	0.224	0.236	0.234	0.221	0.185	0.217	0.194	0.469	0.504	0.495	0.512	0.550
武威市	0.553	0.432	0.398	0.388	0.594	0.559	0.494	0.428	0.400	0.368	0.408	0.444	0.388	0.399	0.348

衰退型城市

城市	年份														
	2003	2004	2005	2006	2007	2008	2009	2010	2011	2012	2013	2014	2015	2016	2017
乌海市	0.977	0.836	0.868	0.779	0.720	0.735	0.475	0.466	0.437	0.538	0.380	0.370	1.238	1.155	1.018
抚顺市	1.119	1.115	1.084	1.073	1.074	1.110	1.115	1.085	1.026	1.004	0.745	0.731	0.786	0.866	0.919

续表

衰退型城市

| 城市 | 年份 | | | | | | | | | | | | | | |
---	2003	2004	2005	2006	2007	2008	2009	2010	2011	2012	2013	2014	2015	2016	2017
阜新市	0.401	0.455	0.475	0.429	0.432	0.382	0.368	0.325	0.396	0.406	0.365	0.278	0.274	0.216	0.237
辽源市	0.582	0.560	0.496	0.380	0.358	0.348	0.349	0.313	0.291	0.291	0.906	1.031	1.098	1.174	1.298
白山市	0.716	0.703	0.736	0.605	0.416	0.424	0.563	0.544	0.527	0.567	0.468	0.455	0.485	0.455	0.449
鹤岗市	0.284	0.247	0.204	0.188	0.169	0.164	0.183	0.183	0.202	0.183	0.252	0.351	0.484	0.302	0.290
双鸭山市	0.244	0.260	0.228	0.292	0.235	0.166	0.151	0.174	0.131	0.135	0.200	0.240	0.171	0.256	0.165
七台河市	0.312	0.323	0.316	0.316	0.310	0.144	0.144	0.145	0.238	0.265	0.220	0.214	0.215	0.225	0.245
伊春市	0.908	0.887	0.842	0.802	0.683	0.517	0.479	0.428	0.468	0.430	0.439	0.426	0.307	0.251	0.254
铜陵市	1.561	1.437	1.436	1.403	1.314	1.285	1.342	1.309	1.473	1.499	1.227	1.222	1.114	1.132	1.167
淮北市	0.703	0.702	0.622	0.553	0.471	0.492	1.014	1.005	1.055	0.961	1.080	1.029	0.850	0.801	0.930
景德镇市	1.219	1.229	1.307	1.208	1.167	1.025	1.099	1.152	1.204	1.130	1.075	1.138	1.078	1.242	1.301
萍乡市	1.168	1.107	1.007	0.961	0.973	0.874	1.020	0.961	0.706	0.741	1.203	1.268	1.255	1.341	1.241
新余市	0.755	0.781	0.809	0.745	0.722	1.246	1.613	1.575	1.632	1.678	1.585	1.674	1.733	1.778	1.681
枣庄市	0.835	0.778	0.770	0.760	0.714	0.678	0.681	0.671	0.571	0.593	0.791	0.819	0.851	0.866	0.794
濮阳市	0.734	0.742	0.616	0.439	0.432	0.397	0.406	0.413	0.523	0.516	0.872	0.894	0.887	0.977	1.028
焦作市	1.065	1.109	1.196	1.163	1.073	1.047	1.009	0.997	0.996	1.065	1.229	1.317	1.508	1.650	1.795
黄石市	1.412	1.506	1.481	1.456	1.440	1.384	1.383	1.472	1.432	1.421	1.320	1.256	1.283	1.221	1.244
韶关市	1.123	1.119	1.108	1.121	1.113	1.177	1.154	1.166	1.102	1.170	0.951	0.938	0.985	1.000	0.956

续表

衰退型城市

城市	年份														
	2003	2004	2005	2006	2007	2008	2009	2010	2011	2012	2013	2014	2015	2016	2017
泸州市	0.791	0.782	0.732	0.697	0.595	0.599	0.616	0.547	0.553	0.608	0.612	0.571	0.555	0.495	0.518
铜川市	0.784	0.737	0.629	0.619	0.560	0.486	0.417	0.365	0.333	0.368	0.503	0.439	0.517	0.574	0.603
白银市	1.243	1.216	1.124	0.971	0.898	0.922	0.887	0.848	0.780	0.706	0.652	0.638	0.632	0.637	0.653
石嘴山市	1.404	1.495	1.292	1.263	1.235	1.273	1.371	1.229	1.233	1.141	1.235	1.159	1.124	1.152	1.271

附录 3 资源型城市产业多样化指数

再生型城市

城市	年份														
	2003	2004	2005	2006	2007	2008	2009	2010	2011	2012	2013	2014	2015	2016	2017
唐山市	4.069	4.028	3.746	4.399	4.101	4.021	3.903	3.929	3.995	3.344	3.065	3.02	2.633	2.67	2.089
包头市	2.024	2.14	2.27	2.608	4.179	4.055	3.77	3.306	3.14	3.063	3.931	4.29	3.922	4.086	4.001
鞍山市	2.744	2.971	3.387	3.703	3.803	3.649	3.605	3.817	3.271	3.334	4.483	4.737	4.735	5.105	4.609
盘锦市	0.901	0.869	0.847	0.84	0.842	0.8	0.826	0.82	0.89	1.006	0.983	0.954	0.936	0.89	0.861
通化市	6.039	4.446	3.701	3.858	3.488	3.288	3.203	3.038	2.721	2.614	3.247	3.077	2.682	2.69	2.406
徐州市	2.361	2.228	2.172	2.278	2.191	2.182	2.243	2.154	2.088	2.047	2.546	2.684	2.582	2.81	2.719
宿迁市	2.342	2.235	1.957	1.972	1.964	1.988	2.302	2.382	2.477	2.377	1.93	2.148	2.018	2.155	2.223
马鞍山市	1.098	1.138	1.295	1.25	1.275	1.3	1.242	1.235	1.415	1.384	1.549	1.532	1.637	1.726	1.839
淄博市	1.991	2.1	1.949	1.952	2.128	2.121	2.166	2.337	2.485	2.376	2.469	2.518	2.446	2.614	2.466

续表

再生型城市

城市	年份														
	2003	2004	2005	2006	2007	2008	2009	2010	2011	2012	2013	2014	2015	2016	2017
临沂市	2.031	1.959	2.549	2.605	2.461	2.264	2.277	2.369	2.205	2.211	3.606	3.588	3.497	3.983	3.631
洛阳市	3.038	3.041	2.731	2.775	2.657	2.557	2.575	2.578	2.621	2.241	3.142	3.048	2.886	3.085	2.958
南阳市	3.836	4.179	4.197	4.431	4.45	4.122	4.195	4.109	4.288	4.283	3.912	3.828	3.438	3.582	3.086
丽江市	1.525	1.389	1.29	1.278	1.691	1.808	1.853	1.634	1.629	1.572	1.468	1.485	1.444	1.398	1.389
张掖市	1.942	2.041	1.914	1.863	1.753	1.726	1.765	1.723	1.576	1.455	1.649	1.54	1.488	1.491	1.405

成熟型城市

城市	年份														
	2003	2004	2005	2006	2007	2008	2009	2010	2011	2012	2013	2014	2015	2016	2017
邯郸市	3.115	2.991	2.822	2.843	2.647	2.387	2.274	2.116	2.044	1.974	2.554	2.6	2.443	2.579	1.667
张家口市	4.672	4.718	4.128	3.794	3.328	3.02	2.629	2.438	2.344	2.32	1.871	1.76	1.772	1.792	1.398
邢台市	2.108	2.042	1.931	1.938	1.89	1.771	1.764	1.733	1.616	2.421	2.092	2.011	1.944	2.023	1.215
承德市	3.154	2.813	2.728	2.85	2.765	2.371	2.249	2.119	1.91	1.888	2.18	2.008	1.873	1.895	1.478
大同市	1.386	1.319	1.429	1.398	1.367	1.409	1.37	1.35	1.443	1.448	1.364	1.254	1.21	1.227	1.216
阳泉市	1.376	1.251	1.264	1.23	1.223	1.144	1.159	1.124	1.106	1.09	1.11	1.182	1.186	1.159	1.178
长治市	2.887	2.696	2.385	2.187	2.267	2.132	2.133	2.011	1.911	1.636	1.455	1.428	1.31	1.355	1.382
晋城市	1.446	1.377	1.376	1.364	1.302	1.255	1.238	1.208	1.184	1.189	1.319	1.359	1.329	1.283	1.313

续表

成熟型城市

城市	年份														
	2003	2004	2005	2006	2007	2008	2009	2010	2011	2012	2013	2014	2015	2016	2017
忻州市	2.086	2.061	1.872	1.756	1.73	1.642	1.543	1.544	1.475	1.454	1.282	1.309	1.278	1.307	1.302
晋中市	2.535	2.265	2.096	1.988	3.144	2.593	2.408	2.239	1.754	1.499	1.283	1.214	1.217	1.244	1.21
吕梁市	1.544	1.69	1.625	1.611	1.522	1.571	1.493	1.45	1.392	1.352	1.192	1.243	1.237	1.227	1.219
临汾市	2.533	2.413	2.312	2.218	2.153	2.14	1.92	1.858	1.705	1.705	1.265	1.238	1.202	1.198	1.191
运城市	2.93	2.96	2.911	3.051	2.828	2.661	2.452	2.372	2.113	1.972	1.771	2.09	1.916	1.888	1.863
赤峰市	1.7	1.633	1.575	1.764	1.847	1.828	1.736	1.689	1.595	1.512	1.75	1.674	1.531	1.522	1.411
本溪市	2.516	2.572	2.898	3.242	3.339	3.118	3.27	3.559	3.711	3.482	3.568	3.578	3.858	3.91	3.249
吉林市	5.062	5.423	3.821	4.15	3.927	3.671	3.348	3.136	3.417	2.997	3.486	3.272	2.823	2.745	2.427
鸡西市	1.295	1.306	1.194	1.067	1.018	1.012	1.053	1.065	1.059	1.082	1.109	1.098	1.057	1.07	1.087
黑河市	1.203	1.191	1.067	1.063	1.039	0.976	0.931	0.915	0.938	0.971	0.951	0.959	0.99	1.102	1.102
大庆市	1.545	1.59	1.537	1.468	1.54	1.454	1.419	1.426	1.58	1.598	1.471	1.463	1.402	1.373	1.38
湖州市	2.676	3.726	2.478	2.553	2.292	2.105	2.147	2.037	2.167	2.237	2.649	2.66	2.429	2.473	2.321
宣城市	2.335	2.008	1.748	1.808	1.686	1.625	1.841	1.792	0.998	1.088	1.238	2.391	2.005	2.047	2.335
宿州市	2.266	1.917	1.859	1.908	1.818	1.731	1.856	1.878	1.889	1.718	2.218	2.256	1.791	1.716	1.764
滁州市	3.399	3.053	2.748	2.671	2.61	2.236	2.087	1.915	1.837	1.776	2.308	2.418	2.398	2.325	2.372
池州市	2.134	2.183	1.795	1.783	1.926	1.843	1.7	1.587	1.673	1.641	2.327	2.308	2.313	2.369	2.535
淮南市	2.946	2.465	2.545	2.49	2.191	2.272	2.624	2.324	2.202	2.424	2.2	1.97	1.646	1.66	1.718
亳州市	1.835	1.805	1.658	1.588	1.682	1.727	1.646	1.668	1.634	1.536	1.773	1.769	1.952	1.989	2.179

续表

成熟型城市

城市	2003	2004	2005	2006	2007	2008	2009	2010	2011	2012	2013	2014	2015	2016	2017
三明市	2.951	3.001	2.907	3.279	3.586	3.477	3.472	3.201	3.161	2.904	1.996	2.039	2.045	2.011	2.067
南平市	3.091	3.546	3.376	3.493	3.531	3.386	3.391	3.295	3.814	3.495	2.329	2.306	2.362	2.472	2.784
龙岩市	2.492	2.695	2.781	3.018	3.479	3.796	3.89	3.31	4.01	3.114	3.584	3.002	2.89	2.761	2.647
赣州市	1.956	2.14	2.261	2.635	2.599	2.715	2.594	2.61	2.549	2.417	2.317	2.314	2.207	2.111	2.157
宜春市	2.117	2.101	2.18	2.486	2.675	2.613	2.338	2.358	2.963	2.881	2.289	2.549	2.416	2.555	2.434
济宁市	2.989	2.879	3.09	3.359	2.967	3.079	2.533	2.576	2.648	3.207	3.707	3.449	3.161	3.333	3.882
东营市	3.955	3.851	3.067	3.017	2.855	2.997	2.967	2.918	3.221	3.183	3.019	3.334	3.714	3.679	3.775
莱芜市	1.365	1.39	1.435	1.471	1.433	1.376	1.38	1.386	1.334	1.339	1.545	1.668	1.528	1.572	1.528
平顶山市	4.085	4.224	4.251	4.444	4.479	4.495	4.014	4.366	3.975	3.706	2.794	3.268	3.03	3.212	3.107
鹤壁市	3.094	3.29	3.403	3.526	3.309	3.325	3.027	3.17	3.297	2.977	2.309	2.345	2.25	2.365	2.21
三门峡市	2.773	2.443	2.393	2.395	2.267	2.131	2.51	2.391	2.226	1.985	1.773	1.78	1.766	2.046	1.986
鄂州市	2.608	2.692	2.392	2.307	2.603	2.563	2.298	2.167	2.227	2.363	2.853	2.492	2.57	2.557	2.392
衡阳市	3.519	3.309	2.482	2.439	2.264	2.404	2.326	2.249	2.677	2.643	2.626	2.367	2.259	2.342	2.233
邵阳市	2.049	1.714	1.519	1.554	1.588	1.548	1.522	1.533	1.63	1.657	1.708	1.796	1.66	1.663	1.649
郴州市	1.89	2.086	1.75	1.798	1.895	2.054	2.089	1.84	2.08	2.166	1.987	2.036	2.184	2.228	2.323
娄底市	3.308	3.281	2.286	2.315	2.606	2.779	2.839	2.654	2.878	2.516	2.478	2.517	2.224	2.062	2.024
云浮市	2.391	2.303	2.223	2.334	2.318	2.304	2.277	2.227	2.134	1.977	2.018	2.032	1.887	2.015	2.045
河池市	2.24	2.18	2.019	1.963	1.926	1.886	1.913	1.894	1.805	1.633	1.47	1.413	1.401	1.288	1.213

年份

续表

成熟型城市

城市	年份														
	2003	2004	2005	2006	2007	2008	2009	2010	2011	2012	2013	2014	2015	2016	2017
自贡市	3.977	4.313	4.197	4.354	4.349	4.29	4.667	3.095	3.275	2.382	2.915	2.98	2.652	2.523	2.411
攀枝花市	1.651	1.711	1.799	1.93	1.957	2.074	1.955	2.046	2.099	2.011	2.524	3.237	3.204	3.066	2.908
广元市	1.626	1.592	1.493	1.575	1.607	1.688	1.442	1.332	1.427	1.321	1.196	1.391	1.39	1.534	1.575
广安市	1.371	1.384	1.294	1.342	1.335	1.362	1.261	1.253	1.184	1.12	1.097	1.166	1.301	1.346	2.901
达州市	2.317	2.066	1.944	2.01	1.942	1.794	1.757	1.729	1.743	1.505	1.605	1.66	1.674	1.75	2.59
雅安市	2.401	2.016	1.806	1.848	1.914	1.96	1.754	1.691	1.646	1.567	1.432	1.471	1.531	1.571	1.727
安顺市	2.353	2.312	2.064	2.128	1.961	1.699	1.918	1.885	2.276	2.103	2.012	2.01	2.057	2.186	2.17
曲靖市	2.736	2.425	2.283	2.215	2.395	2.46	2.154	2.161	2.094	2.05	2.177	2.13	2.12	2.147	2.252
普洱市	2.321	1.95	1.9	1.892	2.195	2.104	2.334	2.118	2.119	2.123	2.308	2.317	2.105	1.954	2.173
保山市	2.019	2.039	1.965	2.178	2.282	2.003	1.938	2.033	2.031	2.277	2.129	2.162	2.077	2.157	2.065
临沧市	1.455	1.804	1.797	1.696	1.805	1.825	1.651	1.344	1.664	1.801	1.89	1.982	1.736	1.687	1.564
宝鸡市	3.114	3.402	3.132	3.334	3.177	3.453	3.535	3.924	3.6	3.108	3.275	3.66	3.75	3.617	3.666
渭南市	2.275	2.124	2.005	2.075	2.138	2.053	2.339	2.161	1.924	1.697	2.065	2.019	2.115	2.107	2.079
平凉市	1.823	1.666	1.468	1.519	1.463	1.37	1.45	1.432	1.384	1.317	1.126	1.336	1.312	1.353	1.306
克拉玛依市	1.014	0.998	1.008	1.011	1.126	0.984	1.059	1.113	1.131	1.125	1.181	1.151	1.084	1.095	1.046

成长型城市

城市	年份														
	2003	2004	2005	2006	2007	2008	2009	2010	2011	2012	2013	2014	2015	2016	2017
朔州市	1.544	1.433	1.358	1.358	1.391	1.41	1.475	1.453	1.36	1.41	1.287	1.233	1.244	1.299	1.228
呼伦贝尔市	1.287	1.309	1.236	1.246	1.236	1.281	1.279	1.27	1.229	1.246	1.242	1.251	1.241	1.273	1.179
鄂尔多斯市	2.307	2.008	1.948	2.106	1.996	1.615	1.56	1.489	1.282	1.279	1.405	1.425	1.493	1.569	1.635
松原市	1.651	1.627	1.309	1.284	1.27	1.308	1.252	1.345	1.371	1.34	1.539	1.502	1.466	1.54	1.399
贺州市	1.85	1.755	1.608	1.65	1.478	1.516	1.464	1.533	1.418	1.315	1.22	1.207	1.119	1.111	1.116
南充市	1.334	1.35	1.35	1.384	1.356	1.321	1.359	1.587	1.608	1.543	1.981	2.155	2.276	2.302	2.286
六盘水市	1.566	1.476	1.446	1.412	1.425	1.322	1.28	1.787	1.305	1.254	1.165	1.129	1.091	1.113	1.156
昭通市	1.722	1.648	1.629	1.627	1.545	1.399	1.417	1.403	1.299	1.281	1.09	1.156	1.11	1.16	1.243
咸阳	3.383	3.422	4.01	4.611	4.361	4.133	3.269	3.145	3.28	2.685	3.828	3.801	3.779	4.007	2.762
延安市	1.555	1.48	1.427	1.391	1.287	1.263	1.209	1.183	1.084	1.041	1.19	1.324	1.255	1.291	1.278
榆林市	1.484	1.466	1.412	1.404	1.349	1.347	1.319	1.236	1.22	1.182	1.387	1.451	1.449	1.521	1.586
武威市	2.183	1.784	1.707	1.584	1.608	1.571	1.49	1.768	1.549	1.469	1.826	1.695	1.588	1.619	1.616

衰退型城市

城市	年份														
	2003	2004	2005	2006	2007	2008	2009	2010	2011	2012	2013	2014	2015	2016	2017
乌海市	1.662	1.524	1.636	1.715	1.713	1.699	1.4	1.398	1.427	1.59	1.478	1.428	2.575	2.786	3.325
抚顺市	2.92	3.021	3.255	3.456	3.63	3.251	3.147	3.272	3.782	4.079	3.031	3.263	3.081	2.639	2.531

续表

衰退型城市

城市	年份														
	2003	2004	2005	2006	2007	2008	2009	2010	2011	2012	2013	2014	2015	2016	2017
阜新市	1.819	1.78	1.798	1.744	1.693	1.568	1.517	1.571	1.594	1.551	1.528	1.403	1.339	1.306	1.306
辽源市	1.996	1.928	1.656	1.463	1.423	1.391	1.361	1.289	1.22	1.159	2.428	2.172	1.983	1.949	1.952
白山市	1.935	1.974	1.925	1.955	1.713	1.561	1.673	1.575	1.467	1.41	1.352	1.318	1.337	1.346	1.33
鹤岗市	1.006	0.957	0.863	0.858	0.845	0.843	0.849	0.853	0.849	0.865	0.991	1.118	1.148	1.062	1.03
双鸭山市	1.006	0.989	1.118	0.97	0.879	0.869	0.908	0.902	1.106	1.081	1.17	1.299	1.121	1.302	1.159
七台河市	1.001	0.924	0.926	0.938	0.941	0.876	0.915	0.915	0.931	0.947	0.916	0.912	0.927	1.012	1.035
伊春市	1.198	1.156	1.08	1.064	1.016	0.964	0.95	0.907	0.916	0.973	0.961	0.979	0.931	0.91	0.921
铜陵市	1.811	2.113	2.208	2.387	2.27	2.113	2.102	2.209	2.562	2.602	2.56	2.514	3.453	3.64	3.334
淮北市	2.428	1.818	1.518	1.567	1.457	1.507	2.166	2.22	2.048	1.766	3.201	3.247	2.401	2.161	2.536
景德镇市	2.859	2.824	2.547	2.667	2.87	3.335	3.411	2.848	3.134	2.796	3.785	3.47	3.41	2.948	2.537
萍乡市	3.371	3.793	3.648	3.167	3.334	2.67	2.585	2.358	2.406	1.979	2.705	2.544	2.33	2.473	2.599
新余市	1.054	1.081	1.132	1.041	1.046	1.505	2.038	2.137	2.008	1.857	2.37	2.268	2.146	2.152	2.462
枣庄市	2.433	2.362	2.411	2.419	2.138	2.377	2.354	2.385	2.005	1.889	2.645	2.877	2.595	2.674	2.363
濮阳市	2.56	2.566	2.274	1.874	1.765	1.688	1.748	1.731	1.803	1.667	2.615	2.522	2.683	3.239	3.127
焦作市	2.863	2.812	2.594	2.831	3.07	3.074	3.095	3.13	3.067	3.014	2.697	2.452	2.09	2.129	1.888
黄石市	3.613	2.92	2.665	2.75	2.841	2.893	3.319	2.109	2.889	2.662	3.13	3.371	3.116	3.488	3.239
韶关市	3.677	3.666	3.531	3.876	4.374	3.814	4.543	4.349	4.431	3.522	3.339	3.592	3.704	3.915	3.91

续表

衰退型城市

城市	年份														
	2003	2004	2005	2006	2007	2008	2009	2010	2011	2012	2013	2014	2015	2016	2017
泸州市	2.71	2.641	2.447	2.47	1.983	1.914	1.914	1.834	1.903	2.006	1.925	1.818	1.782	1.717	1.941
铜川市	1.8	1.76	1.6	1.614	1.585	1.393	1.588	1.498	1.505	1.316	1.48	1.526	1.542	1.574	1.642
白银市	2.312	2.159	2.258	2.542	2.34	2.222	2.036	1.89	1.652	1.574	1.867	1.742	1.719	1.582	1.675
石嘴山市	2.348	2.016	2.397	2.358	2.327	2.363	2.061	2.98	2.568	2.571	2.124	2.502	2.269	2.297	2.079

附录 4　资源型城市三大产业超前系数

再生型城市

城市	T1=2003~2011 年			T2=2011~2016 年			T=2003~2016 年		
	一产	二产	三产	一产	二产	三产	一产	二产	三产
唐山市	-1.224	1.309	1.134	1.382	0.419	2.016	-2.122	0.98	2.602
包头市	23.15	0.963	1.218	0.647	0.328	1.909	-2.386	-0.035	2.979
鞍山市	1.9	0.813	1.374	0.245	1.513	0.43	5.219	-4.968	8.895
盘锦市	3.66	0.891	2.037	-2.85	3.957	-6.183	1.918	-2.951	14.92
通化市	-0.453	1.666	1.09	0.338	0.501	1.872	-3.49	1.67	2.535
徐州市	-4.476	1.102	1.463	0.981	0.653	1.433	-1.878	0.17	3.337
宿迁市	-1.254	1.377	1.921	0.401	1.097	1.134	-2.947	2.099	3.426
马鞍山市	-1.31	1.129	0.815	0.825	0.204	3.118	-0.349	0.033	3.576
淄博市	6.902	0.943	1.281	0.847	0.499	1.848	-1.783	-0.28	3.69

续表

再生型城市

城市	T1=2003~2011年			T2=2011~2016年			T=2003~2016年		
	一产	二产	三产	一产	二产	三产	一产	二产	三产
临沂市	-8.841	1.044	1.545	0.631	0.565	1.635	-2.504	-0.105	3.997
洛阳市	-0.447	1.296	0.785	0.361	0.197	2.734	-2.15	-0.382	4.337
南阳市	-0.167	1.436	1.768	0.579	0.409	2.398	-2.609	0.067	6.872
丽江市	0.285	2.338	0.795	0.755	0.843	1.261	-1.877	3.073	1.303
张掖市	0.4	1.633	1.412	0.774	0.264	1.973	-1.328	-0.468	5.051

成熟型城市

城市	T1=2003~2011年			T2=2011~2016年			T=2003~2016年		
	一产	二产	三产	一产	二产	三产	一产	二产	三产
邯郸市	0.111	1.233	0.872	0.966	0.163	2.417	-0.247	0.207	2.754
张家口市	-0.031	0.885	0.979	1.531	0.343	1.515	3.103	-0.584	2.031
邢台市	-1.408	1.095	1.462	0.608	0.436	2.28	-1.644	-0.422	5.705
承德市	0.305	1.549	0.582	1.442	0.291	2.069	0.201	0.851	1.626
大同市	1.209	0.49	1.914	1.337	-0.577	2.787	0.193	-2.469	6.64
阳泉市	7.561	0.949	1.132	1.205	-0.262	2.915	-0.892	-0.711	3.853
长治市	-1.871	1.41	0.877	5.935	-5.122	15.09	-3.548	-0.254	5.246
晋城市	-0.161	1.435	0.453	1.642	-0.306	3.736	-0.621	0.311	2.364

续表

成熟型城市

城市	T1=2003~2011年			T2=2011~2016年			T=2003~2016年		
	一产	二产	三产	一产	二产	三产	一产	二产	三产
忻州市	-0.659	1.546	0.984	0.525	0.36	1.979	-2.633	1.095	2.554
晋中市	-4.902	1.103	1.393	2.067	-0.176	2.508	-1.248	-0.553	4.439
吕梁市	-1.453	1.734	0.34	-0.928	2.787	-4.602	-2.752	1.147	2.291
临汾市	-14.258	1.029	1.367	4.625	-3.558	9.666	-0.679	-1.372	6.947
运城市	0.921	0.297	2.304	1.114	-0.504	3.023	2.056	-2.53	8.044
赤峰市	0.083	2.237	0.548	0.89	0.592	1.769	-1.799	2.781	1.205
本溪市	-0.219	1.445	0.524	-1.033	1.853	-0.351	3.382	-1.197	3.803
吉林市	0.109	1.651	0.721	0.82	-0.492	2.956	-1.789	0.905	2.024
鸡西市	0.64	1.065	0.991	18.02	-19.714	14.248	4.75	-3.816	4.108
黑河市	0.83	0.039	-0.171	0.919	0.63	1.298	5.071	-1.656	-0.596
大庆市	-0.186	0.829	2.043	-1.3	1.73	-2.598	19.338	-3.629	30.167
湖州市	-9.342	1.041	1.434	0.191	0.686	1.599	-3.499	0.131	3.747
宣城市	0.397	2.26	0.407	0.434	0.756	1.653	-2.671	2.387	1.613
宿州市	0.484	4.005	0.735	0.287	0.839	1.801	-3.132	5.814	2.811
滁州市	0.944	1.998	-0.146	0.447	0.905	1.579	-1.105	2.223	0.738
池州市	-0.143	1.857	0.991	0.455	0.683	1.678	-2.619	1.902	2.663
淮南市	0.403	1.962	-0.046	3.121	-0.041	2.883	2.408	0.396	1.42
亳州市	0.507	3.165	0.805	0.385	0.941	1.539	-2.789	4.7	2.276

续表

成熟型城市

城市	T1＝2003~2011年			T2＝2011~2016年			T＝2003~2016年		
	一产	二产	三产	一产	二产	三产	一产	二产	三产
三明市	0.103	1.805	0.942	0.767	0.982	1.139	-2.045	2.564	1.255
南平市	0.901	1.965	0.284	0.814	1.001	1.129	0.066	2.725	0.077
龙岩市	0.038	2.099	0.558	0.871	0.718	1.563	-2.326	2.39	1.318
赣州市	0.273	2.69	0.719	0.67	0.7	1.564	-2.592	3.055	1.987
宜春市	0.253	2.933	0.108	0.754	0.397	2.685	-2.438	2.367	2.624
济宁市	0.288	1.368	0.787	0.76	0.555	1.761	-0.935	0.349	2.634
东营市	1.794	0.62	3.411	0.755	0.432	2.677	-1.905	-0.816	11.548
莱芜市	-0.399	1.295	0.789	2.275	-0.327	3.192	-0.233	-0.046	3.03
平顶山市	0.115	1.662	0.263	1.317	-0.352	4.392	-1.047	0.033	3.515
鹤壁市	0.118	2.299	-0.316	0.198	0.778	2.366	-3.395	2.911	0.527
三门峡市	0.283	1.798	-0.031	1.814	0.196	3.097	0.086	1.182	0.989
鄂州市	0.783	1.519	0.313	0.95	0.799	1.438	0.42	1.373	0.663
衡阳市	0.431	2.416	0.409	0.746	0.629	1.644	-1.689	2.311	1.418
邵阳市	0.683	2.615	0.47	0.636	0.785	1.486	-1.449	2.871	1.506
郴州市	0.21	2.726	0.125	0.689	0.75	1.574	-2.654	3.48	0.427
娄底市	0.639	2.117	0.079	0.865	0.69	1.653	-0.509	2.066	0.57
云浮市	0.525	1.906	1.47	0.504	0.933	1.466	-2.668	1.951	3.581
河池市	0.478	2.142	0.83	0.913	-0.196	2.461	-1.263	0.471	3.364

续表

成熟型城市

城市	T1=2003~2011年			T2=2011~2016年			T=2003~2016年		
	一产	二产	三产	一产	二产	三产	一产	二产	三产
自贡市	0.346	2.476	0.023	0.644	0.943	1.275	-2.261	3.736	-0.384
攀枝花市	-1.164	1.276	0.518	0.729	0.817	1.72	-2.21	1.017	1.745
广元市	0.332	3.174	0.813	0.425	1.111	1.202	-3.062	5.815	1.187
广安市	0.37	2.56	0.444	0.566	1.013	1.256	-2.438	4.095	0.567
达州市	0.46	2.951	0.13	0.772	0.301	2.723	-1.862	2.624	2.268
雅安市	0.216	1.628	0.718	0.622	0.814	1.634	-1.876	1.586	2.175
安顺市	2.681	0.745	2.632	1.236	0.698	1.184	-1.028	-0.486	4.581
曲靖市	-0.107	1.223	1.006	1.04	0.777	1.4	-0.045	0.921	1.965
普洱市	0.798	1.816	0.602	0.797	0.896	1.288	-0.146	2.105	1.103
保山市	0.738	3.34	0.47	0.573	1.181	1.202	-1.413	6.159	0.653
临沧市	0.573	1.9	0.945	0.745	0.768	1.577	-0.922	1.586	2.888
宝鸡市	0.815	1.857	-0.078	0.519	0.991	1.23	-0.696	2.781	-0.858
渭南市	0.339	2.007	0.412	0.896	0.575	1.768	-1.017	2.105	0.973
平凉市	0.611	2.221	0.314	2.445	-0.962	3.091	1.396	-0.316	2.066
克拉玛依市	3.765	1.183	-0.134	-1.247	1.761	-5.583	13.463	-0.917	12.163

成长型城市

城市	T1 = 2003~2011 年			T2 = 2011~2016 年			T = 2003~2016 年		
	一产	二产	三产	一产	二产	三产	一产	二产	三产
朔州市	-3.735	1.275	1.204	3.255	-2.824	6.802	-2.787	-0.132	4.416
呼伦贝尔市	0.582	2.716	0.324	0.38	1.011	1.302	-1.464	5.164	-0.166
鄂尔多斯市	-21.826	1.085	1.408	0.8	0.732	1.445	-3.012	0.863	2.917
松原市	-1.824	1.339	2.166	0.779	0.152	2.346	-2.472	0.738	6.406
贺州市	0.375	2.889	1.032	0.909	0.62	1.622	-2.519	3.039	2.815
南充市	0.589	3.541	-0.178	0.794	0.748	1.683	-1.365	5.024	-0.155
六盘水市	-3.355	1.246	1.301	2.557	0.628	1.474	-0.609	0.241	3.236
昭通市	0.483	3.327	0.199	0.977	0.689	1.474	-1.501	4.097	0.532
咸阳市	0.681	1.847	0.21	0.486	1.151	1.048	-1.055	3.317	-0.551
延安市	-1.437	1.412	0.515	-13.02	10.822	-31.144	-0.391	0.14	3.965
榆林市	-4.79	1.374	0.74	2.158	0.15	3.284	-1.661	1.289	1.714
武威市	0.605	2.322	0.629	0.89	0.691	1.478	-0.966	1.882	1.869

衰退型城市

城市	T1 = 2003~2011 年			T2 = 2011~2016 年			T = 2003~2016		
	一产	二产	三产	一产	二产	三产	一产	二产	三产
乌海市	-18.008	1.059	0.965	0.643	-0.435	4.99	-3.023	-0.294	4.794
抚顺市	-0.96	1.138	0.938	0.774	1.582	-0.019	-0.58	-0.648	4.229

衰退型城市

城市	T1=2003~2011年			T2=2011~2016年			T=2003~2016年		
	一产	二产	三产	一产	二产	三产	一产	二产	三产
阜新市	1.227	1.396	0.508	0.818	3.188	-1.854	1.75	-1.849	3.495
辽源市	-0.082	2.948	0.33	0.401	0.946	1.281	-3.171	5.516	-0.178
白山市	-0.692	1.71	0.992	0.676	0.626	1.809	-3.128	1.859	2.336
鹤岗市	1.161	1.653	-0.023	-0.177	3.014	-1.615	4.216	-2.117	2.326
双鸭山市	1.621	1.435	-0.009	0.077	4.494	-5.07	3.872	-3.367	4.189
七台河市	0.356	1.988	0.013	-0.669	2.003	-0.751	3.865	-2.234	4.393
伊春市	0.889	0.095	0.48	4.874	-4.591	3.914	11.928	-6.31	3.021
铜陵市	-0.843	1.789	-0.011	5.293	0.484	2.304	1.238	1.163	0.715
淮北市	0.105	1.867	0.097	0.709	0.507	2.394	-2.038	1.449	1.447
景德镇市	0.671	1.601	0.21	0.788	0.638	1.841	-0.252	1.204	1
萍乡市	-0.619	1.389	0.653	0.318	0.516	2.384	-2.513	0.546	3.219
新余市	-1.198	1.634	0.549	1.357	0.102	3.127	-2.325	0.948	2.398
枣庄市	-2.212	1.162	1.179	0.758	0.519	1.92	-2.013	0.276	3.467
濮阳市	0.496	1.425	0.332	0.423	0.586	2.7	-1.557	0.392	4.184
焦作市	0.15	1.842	-0.028	0.383	0.552	2.54	-2.386	1.517	1.323
黄石市	0.832	1.757	0.02	1.606	0.608	1.662	1.895	1.345	0.345
韶关市	1.504	0.549	2.41	0.98	0.581	1.415	-1.588	-0.959	5.179
泸州市	0.301	2.826	-0.046	0.561	0.973	1.312	-1.159	3.163	0.093

续表

城市	衰退型城市								
	T1=2003~2011年			T2=2011~2016年			T=2003~2016年		
	一产	二产	三产	一产	二产	三产	一产	二产	三产
铜川市	0.713	2.03	-0.053	1.136	0.253	2.61	0.354	1.635	0.431
白银市	0.108	1.371	0.75	2.692	-0.989	4.038	1.081	-1.197	4.432
石嘴山市	-1.582	1.317	0.825	0.622	0.925	1.235	-2.431	1.599	1.006

附录 5　资源型城市产业向量夹角

再生型城市

城市	矢量夹角（度）			产业结构年均变动率（%）		
	2003~2011	2011~2016	2003~2016	2003~2011	2011~2016	2003~2016
唐山市	5.977	5.517	6.783	1.505	2.004	0.871
包头市	3.55	9.828	12.811	0.869	3.402	1.843
鞍山市	3.139	19.824	22.802	0.74	7.024	3.025
盘锦市	4.281	24.024	27.367	1.109	9.018	3.731
通化市	10.283	6.594	10.851	2.26	2.316	1.572
徐州市	6.27	8.474	12.297	1.45	2.73	1.738
宿迁市	15.685	4.317	19.976	3.383	1.67	2.724
马鞍山市	2.656	14.141	11.754	0.796	5.17	1.683
淄博市	2.13	9.004	10.874	0.53	3.152	1.538
临沂市	5.606	9.262	13.366	1.215	3.172	1.892

续表

再生型城市

城市	矢量夹角（度）			产业结构年均变动率（%）		
	2003~2011	2011~2016	2003~2016	2003~2011	2011~2016	2003~2016
洛阳市	4.116	18.033	15.125	1.131	6.324	2.139
南阳市	9.014	13.716	18.06	2.029	4.606	2.357
丽江市	14.293	5.155	13.21	2.933	1.818	1.673
张掖市	8.559	15.203	17.748	1.753	4.838	2.278

成熟型城市

城市	矢量夹角（度）			产业结构年均变动率（%）		
	2003~2011	2011~2016	2003~2016	2003~2011	2011~2016	2003~2016
邯郸市	3.034	9.448	7.397	0.751	3.04	1.002
张家口市	1.666	8.081	9.215	0.361	2.75	1.249
邢台市	3.509	12.142	14.116	0.801	4.13	1.937
承德市	8.613	10.494	3.363	2.028	3.616	0.446
大同市	8.511	16.807	25.284	1.883	5.686	3.295
阳泉市	1.406	13.082	14.425	0.353	4.562	1.964
长治市	6.932	18.501	15.739	1.966	6.788	2.308
晋城市	7.467	13.912	6.652	1.914	5.03	0.94
忻州市	9.447	10.009	10.405	2.005	3.404	1.365

续表

城市	成熟型城市					
	矢量夹角（度）			产业结构年均变动率（%）		
	2003~2011	2011~2016	2003~2016	2003~2011	2011~2016	2003~2016
晋中市	5.634	13.69	15.941	1.368	4.748	2.168
吕梁市	16.297	18.2	8.392	4.796	7.166	1.208
临汾市	3.265	18.557	20.29	0.785	6.59	2.733
运城市	10.965	15.917	26.845	2.409	4.916	3.373
赤峰市	18.764	8.789	13.801	4.154	2.862	1.711
本溪市	7.25	20.893	13.686	1.859	7.774	1.846
吉林市	7.522	9.562	5.437	1.774	3.09	0.731
鸡西市	0.695	21.211	20.575	0.135	7.072	2.637
黑河市	19.543	3.81	17.36	4.114	1.344	2.333
大庆市	2.21	23.535	25.743	0.82	10.392	4.502
湖州市	3.987	8.406	11.502	0.91	3.092	1.68
宣城市	12.655	8.676	10.646	2.865	3.116	1.477
宿州市	22.604	12.819	27.504	4.339	4.206	3.529
滁州市	10.225	7.511	7.11	2.025	2.604	0.942
池州市	14.009	9.96	15.522	2.729	3.522	2.129
淮南市	14.523	18.482	4.115	3.484	7.146	0.605
亳州市	17.435	9.406	21.971	3.315	2.956	2.785
三明市	10.707	1.901	11.342	2.164	0.648	1.455

续表

成熟型城市

城市	矢量夹角（度）			产业结构年均变动率（%）		
	2003~2011	2011~2016	2003~2016	2003~2011	2011~2016	2003~2016
南平市	9.225	2.304	8.583	1.795	0.684	1.106
龙岩市	14.513	7.116	10.927	3.388	2.42	1.474
赣州市	17.926	9.217	16.275	3.645	3.148	2.157
宜春市	23.488	18.739	16.868	5.353	6.306	2.259
济宁市	4.132	10.367	7.641	1.001	3.462	1.066
东营市	8.326	9.814	18.103	2.396	3.834	2.949
莱芜市	3.731	11.556	8.494	1.021	4.156	1.153
平顶山市	9.458	18.861	10.5	2.536	6.618	1.466
鹤壁市	16.974	8.206	13.319	4.703	3.472	2.043
三门峡市	13.347	12.516	1.372	3.408	4.928	0.202
鄂州市	8.089	5.579	2.681	1.794	1.924	0.401
衡阳市	15.203	10.532	9.868	3.321	3.498	1.309
邵阳市	12.032	8.371	11.122	2.503	2.848	1.403
郴州市	20.297	7.8	14.814	4.726	2.786	2.045
娄底市	14.805	9.063	6.819	3.221	3.028	0.945
云浮市	8.015	7.226	13.615	1.639	2.322	1.734
河池市	11.492	15.162	12.232	2.248	4.552	1.517
自贡市	17.473	3.06	15.941	4.103	1.156	2.335

续表

成熟型城市

城市	矢量夹角（度）			产业结构年均变动率（%）		
	2003~2011	2011~2016	2003~2016	2003~2011	2011~2016	2003~2016
攀枝花市	3.792	5.002	2.566	1.301	2.166	0.386
广元市	21.233	5.14	25.235	4.074	1.856	2.944
广安市	16.963	3.915	18.224	3.656	1.28	2.29
达州市	21.005	15.684	14.635	4.543	5.056	1.885
雅安市	7.842	6.556	8.276	1.855	2.408	1.188
安顺市	15.704	8.2	20.62	3.236	2.826	2.745
曲靖市	4.006	4.608	4.428	0.83	1.518	0.555
普洱市	7.919	5.594	6.963	1.619	1.842	0.809
保山市	13.978	7.601	18.737	2.959	2.538	2.249
临沧市	9.633	10.426	13.666	1.775	3.45	1.667
宝鸡市	14.905	2.516	13.466	3.298	0.912	1.995
渭南市	14.754	9.221	7.955	3.313	2.98	0.969
平凉市	12.371	28.102	15.985	2.673	9.404	1.972
克拉玛依市	2.982	16.568	13.59	1.021	7.914	2.435

成长型城市

城市	矢量夹角（度）			产业结构年均变动率（%）		
	2003~2011	2011~2016	2003~2016	2003~2011	2011~2016	2003~2016
朔州市	8.85	17.739	18.616	2.31	6.108	2.682
呼伦贝尔市	19.986	4.269	19.478	4.201	1.362	2.608
鄂尔多斯市	9.694	5.051	12.681	2.478	1.804	1.788
松原市	18.838	10.099	23.833	4.036	3.204	2.842
贺州市	17.987	7.878	16.605	3.316	2.452	2.138
南充市	24.944	7.808	19.545	5.289	2.656	2.512
六盘水市	7.294	12.215	12.155	1.99	4.972	1.712
昭通市	21.277	7.906	15.285	4.535	2.414	1.89
咸阳	13.445	4.398	16.082	2.885	1.642	2.321
延安市	9.27	19.903	12.627	2.915	8.086	1.801
榆林市	11.896	10.314	7.744	3.521	4.194	1.249
武威市	10.959	8.229	8.774	2.235	2.588	1.132

衰退型城市

城市	矢量夹角（度）			产业结构年均变动率（%）		
	2003~2011	2011~2016	2003~2016	2003~2011	2011~2016	2003~2016
乌海市	1.312	17.122	16.405	0.453	6.52	2.446
抚顺市	1.765	11.616	10.455	0.488	4.044	1.415

续表

衰退型城市

城市	矢量夹角（度）			产业结构年均变动率（%）		
	2003~2011	2011~2016	2003~2016	2003~2011	2011~2016	2003~2016
阜新市	7.504	22.851	15.567	1.493	6.914	1.904
辽源市	27.382	3.274	26.358	6.298	1.244	3.708
白山市	12.64	6.709	12.106	2.794	2.394	1.814
鹤岗市	9.854	21.469	13.877	1.986	7.13	1.738
双鸭山市	10.949	30.627	22.709	2.335	9.7	2.915
七台河市	13.473	29.499	16.031	3.271	10.72	2.11
伊春市	10.366	21.656	30.143	2.135	7.254	3.707
铜陵市	15.473	13.659	1.875	4.19	6.094	0.264
淮北市	12.513	11.656	4.938	3.286	4.298	0.792
景德镇市	9.656	8.916	1.509	2.225	3.208	0.22
萍乡市	6.156	13.461	9.792	1.775	5.036	1.44
新余市	13.089	16.493	8.969	3.619	5.97	1.195
枣庄市	3.873	9.507	10.423	1.026	3.288	1.505
濮阳市	5.256	14.13	10.29	1.445	5.356	1.483
焦作市	12.599	11.44	4.912	3.355	4.452	0.803
黄石市	10.37	7.342	3.209	2.31	2.846	0.453
韶关市	11.032	7.614	17.976	2.436	2.386	2.417

续表

衰退型城市

城市	矢量夹角（度）			产业结构年均变动率（％）		
	2003~2011	2011~2016	2003~2016	2003~2011	2011~2016	2003~2016
泸州市	21.831	3.49	21.125	5.093	1.258	3.035
铜川市	18.03	13.417	4.644	3.974	4.704	0.636
白银市	4.649	19.828	15.824	1.188	6.862	1.908
石嘴山市	5.687	1.983	5.031	1.611	0.794	0.785

附录6 资源型城市工业绿色转型超效率

再生型城市

城市	年份							
	2009	2010	2011	2012	2013	2014	2015	2016
唐山市	0.150	1.172	0.225	0.202	0.226	0.197	0.181	0.234
包头市	0.141	0.144	0.142	0.150	0.156	0.163	0.161	0.161
鞍山市	0.114	0.144	0.149	0.160	0.180	0.197	0.129	0.073
盘锦市	0.177	0.228	0.253	0.337	0.281	0.302	0.265	0.152
通化市	0.146	0.207	0.318	0.368	0.343	0.356	0.390	1.028
徐州市	0.250	0.309	0.363	0.423	0.380	0.445	0.492	0.577
宿迁市	0.266	0.266	0.297	0.376	0.352	0.342	0.392	0.415
马鞍山市	0.082	0.106	0.129	0.145	0.170	0.174	0.178	0.226
淄博市	0.240	0.302	0.341	0.382	0.419	0.419	0.375	0.416
临沂市	0.314	0.321	0.389	0.456	0.494	0.512	1.034	0.462
洛阳市	0.162	0.197	0.244	0.251	0.272	0.291	0.307	0.396
南阳市	0.217	0.324	0.332	0.292	0.281	0.275	0.431	1.070
丽江市	0.096	0.118	0.095	0.110	1.100	0.098	0.162	0.223
张掖市	0.092	0.093	0.102	0.199	0.233	0.137	0.164	0.167

成熟型城市

城市	年份							
	2009	2010	2011	2012	2013	2014	2015	2016
邯郸市	0.261	0.330	0.355	0.384	0.256	0.263	0.221	0.260
张家口市	0.087	0.096	0.110	0.117	0.130	0.138	0.139	0.127
邢台市	0.169	0.222	0.241	0.280	0.287	0.317	0.338	0.297
承德市	0.146	0.182	0.233	0.249	0.255	0.252	0.242	0.249
大同市	0.059	0.076	0.095	0.100	0.084	0.083	0.082	0.062
阳泉市	0.074	0.092	0.080	0.128	0.104	0.082	0.109	0.084
长治市	0.153	0.170	0.196	0.217	0.205	0.186	0.151	0.195
晋城市	0.136	0.155	0.184	0.183	0.140	0.134	0.130	0.122
忻州市	0.097	0.155	0.195	0.228	0.217	0.210	0.168	0.196
晋中市	0.218	0.213	0.243	0.227	0.207	0.191	0.166	0.180

成熟型城市

城市	年份							
	2009	2010	2011	2012	2013	2014	2015	2016
吕梁市	0.303	0.224	1.008	1.100	0.692	0.420	0.422	0.526
临汾市	0.210	0.307	0.380	0.318	0.334	0.294	0.214	0.229
运城市	0.158	0.224	0.295	0.211	0.456	0.304	0.233	0.271
赤峰市	0.171	0.184	0.209	0.263	0.271	0.241	0.248	0.251
本溪市	0.078	0.117	0.163	0.183	0.206	0.198	0.133	0.072
吉林市	0.131	0.149	0.171	0.196	0.207	0.194	0.188	0.233
鸡西市	0.072	0.082	0.083	0.098	0.101	0.071	0.066	0.057
黑河市	0.072	0.108	0.106	0.101	0.106	0.112	0.089	0.102
大庆市	0.096	0.128	0.170	0.172	0.172	0.177	0.116	0.117
湖州市	0.287	0.327	0.347	0.395	0.433	0.449	0.454	0.470
宣城市	0.377	0.580	1.016	0.457	0.465	0.572	0.539	1.030
宿州市	0.176	0.230	0.349	0.296	0.339	0.380	0.403	0.425
滁州市	0.284	0.410	0.615	0.457	0.572	0.511	0.516	1.019
池州市	0.106	0.150	0.170	0.204	0.187	0.199	0.304	0.315
淮南市	0.078	0.088	0.102	0.113	0.108	0.103	0.105	0.131
亳州市	0.229	0.257	0.331	0.392	0.422	0.422	0.427	0.446
三明市	0.177	0.238	0.347	0.376	0.437	0.485	0.685	1.051
南平市	0.126	0.198	0.233	0.298	0.355	0.415	0.417	0.525
龙岩市	0.193	0.246	0.285	0.200	0.231	0.290	0.289	0.374
赣州市	0.269	0.375	0.510	1.002	0.495	0.429	0.442	0.525
宜春市	0.469	0.501	0.500	0.549	0.721	1.014	1.006	1.034
济宁市	0.242	0.262	0.274	0.318	0.289	0.307	0.295	0.320
东营市	0.310	0.401	0.534	0.650	0.812	1.022	1.036	1.021
莱芜市	0.168	0.154	0.274	0.232	0.225	0.242	0.235	0.246
平顶山市	0.149	0.194	0.237	0.201	0.194	0.207	0.201	0.237
鹤壁市	0.173	0.240	0.246	0.311	0.293	0.275	0.314	0.360
三门峡市	0.344	0.409	0.599	1.018	1.019	1.011	1.036	1.094
鄂州市	0.105	0.130	0.355	0.230	1.041	0.338	0.277	0.365
衡阳市	0.166	0.235	0.288	0.263	0.287	0.224	0.194	0.222

成熟型城市

城市	年份							
	2009	2010	2011	2012	2013	2014	2015	2016
邵阳市	0.225	0.293	0.381	0.431	0.411	0.497	0.672	1.022
郴州市	0.218	0.274	0.351	0.411	0.417	0.484	0.547	0.615
娄底市	0.162	0.227	0.424	0.291	0.258	0.251	0.259	0.313
云浮市	0.199	0.236	0.252	0.242	0.318	0.385	1.016	0.493
河池市	0.079	0.105	0.150	0.093	0.107	0.193	0.207	0.313
自贡市	0.293	0.355	0.424	0.389	0.525	0.534	0.642	1.091
攀枝花市	0.066	0.105	0.122	0.118	0.140	1.191	0.150	0.170
广元市	0.104	0.168	0.205	0.252	0.225	0.225	0.232	0.300
广安市	0.318	0.359	0.557	0.600	0.503	0.547	1.003	0.555
达州市	0.266	0.338	0.257	0.258	0.225	0.194	0.200	0.247
雅安市	0.112	0.166	0.302	0.141	0.111	0.125	0.135	0.179
安顺市	0.095	0.080	0.116	0.130	0.151	0.155	0.146	0.215
曲靖市	0.137	0.152	0.168	0.254	0.225	0.221	0.228	0.300
普洱市	0.045	0.063	0.083	0.104	0.079	0.074	0.079	0.088
保山市	0.092	1.013	0.088	0.108	0.136	0.145	0.166	0.162
临沧市	0.114	0.082	0.094	0.136	0.155	0.140	0.188	0.209
宝鸡市	0.194	0.232	0.272	0.326	0.361	0.341	0.407	0.463
渭南市	0.231	0.268	0.357	1.010	0.764	1.018	0.847	1.027
平凉市	0.062	0.080	0.090	0.105	0.116	0.114	0.072	0.079
克拉玛依市	0.099	0.144	0.181	0.171	0.160	0.156	0.100	0.093

成长型城市

城市	年份							
	2009	2010	2011	2012	2013	2014	2015	2016
朔州市	0.222	0.186	0.205	0.209	0.203	0.163	0.102	0.117
呼伦贝尔市	0.185	0.226	0.336	0.282	0.276	0.248	0.249	0.313
鄂尔多斯市	0.526	0.324	1.013	1.041	1.021	1.007	1.059	1.064
松原市	0.229	0.308	0.330	0.301	0.272	0.296	0.292	1.072

成长型城市

城市	年份							
	2009	2010	2011	2012	2013	2014	2015	2016
贺州市	0.080	0.110	0.134	0.147	0.148	0.153	0.181	0.216
南充市	0.474	0.432	0.417	0.455	0.491	0.631	0.742	1.064
六盘水市	0.359	0.142	0.154	0.146	0.168	0.200	0.204	0.285
昭通市	0.124	0.138	0.132	0.128	0.116	0.104	0.124	0.116
咸阳	0.273	0.430	0.485	0.661	0.452	0.537	0.543	1.133
延安市	0.372	0.500	0.538	0.473	0.435	0.444	0.307	0.271
榆林市	0.470	1.100	0.573	0.454	0.270	0.306	0.226	0.350
武威市	0.116	0.134	0.216	0.293	0.286	0.312	0.245	0.296

衰退型城市

城市	年份							
	2009	2010	2011	2012	2013	2014	2015	2016
乌海市	0.089	0.085	0.102	0.123	0.131	0.095	0.141	0.175
抚顺市	0.124	0.164	0.195	0.213	0.254	0.251	0.083	0.079
阜新市	0.066	0.093	0.108	0.128	0.140	0.159	0.096	0.067
辽源市	0.166	0.255	0.343	0.373	0.322	0.358	0.368	1.043
白山市	0.189	0.227	0.324	0.304	0.361	0.344	0.420	0.607
鹤岗市	0.071	0.082	0.096	0.094	0.081	0.056	0.047	0.055
双鸭山市	0.097	0.121	0.149	0.181	0.187	0.070	0.064	0.063
七台河市	0.093	0.110	0.119	0.085	0.064	0.049	0.046	0.047
伊春市	0.068	0.103	0.079	0.080	0.094	0.051	0.038	0.040
铜陵市	0.139	0.167	0.278	0.282	0.263	0.291	0.328	0.383
淮北市	0.136	0.167	0.223	0.279	0.268	0.312	0.300	0.349
景德镇市	0.177	0.137	0.239	0.311	0.237	0.300	0.294	0.327
萍乡市	0.231	0.279	0.311	0.404	0.294	0.320	0.288	0.299
新余市	0.155	0.187	0.205	0.201	0.197	0.207	0.183	0.177
枣庄市	0.343	0.341	0.361	0.316	0.341	0.306	0.352	0.366
濮阳市	0.214	0.274	0.364	0.330	0.371	0.397	0.481	1.153

衰退型城市

城市	年份							
	2009	2010	2011	2012	2013	2014	2015	2016
焦作市	0.206	0.292	0.291	0.294	0.312	0.306	0.354	0.524
黄石市	0.138	0.132	0.170	0.245	0.264	0.224	0.245	0.262
韶关市	0.114	0.140	0.144	0.156	0.170	0.169	0.163	0.176
泸州市	0.180	0.223	0.328	0.263	0.282	0.341	0.400	0.459
铜川市	0.074	0.097	0.162	0.205	0.179	0.252	0.253	0.228
白银市	0.065	0.073	0.093	0.115	0.129	0.134	0.108	0.129
石嘴山市	0.079	0.092	0.100	0.114	0.109	0.122	0.126	0.140

附录 7 资源型城市工业绿色全要素生产率

再生型城市

城市	2009~2010			2010~2011			2011~2012			2012~2013			2013~2014			2014~2015			2015~2016		
	GTFP	TC	EC	GTFP	TC	EC	GTFP	TC	EC	GTFP	TC	EC	GTFP	TC	EC	GTFP	TC	EC	GTFP	TC	EC
唐山市	6.514	6.514	1	0.874	1.131	0.772	0.926	0.957	0.967	1.289	0.906	1.423	0.226	0.226	1	0.899	3.427	0.262	1.123	1.131	0.993
包头市	1.027	1.189	0.864	1.112	1.164	0.955	0.985	1.034	0.953	1.067	0.978	1.09	1.09	1.277	0.779	1.055	1.087	0.97	1.032	1.019	1.013
鞍山市	1.286	1.16	1.109	1.09	1.093	0.997	0.985	0.98	1.005	0.718	1.155	0.621	1.037	1.242	0.856	1.1	1.037	1.06	1.166	1.134	1.028
盘锦市	1.205	2.461	0.49	1.112	1.032	1.078	0.91	1.026	0.887	0.583	1.178	0.495	1.227	0.601	2.042	1.498	1.498	1	0.673	1.74	0.387
通化市	1.162	1.095	1.061	1.028	1.08	0.952	1.14	1.142	0.998	2.431	1.24	1.96	1.38	0.876	1.575	1.098	0.989	1.11	0.876	1.026	0.854
徐州市	1.196	1.196	1	1.486	1.164	1.276	1.292	0.845	1.529	1.292	1.292	1	1.481	1.481	1	1.546	1.546	1	0.566	1.105	0.513
宿迁市	0.86	1.034	0.832	1.004	1.108	0.906	1.173	1.025	1.144	1.082	1.125	0.961	1.017	0.992	1.025	1.224	0.675	1.814	0.954	1.833	0.52
马鞍山市	1.223	0.859	1.423	1.003	1.061	0.945	1.042	1.082	0.963	1.309	1.204	1.087	1.12	1.146	0.977	1.142	1.098	1.041	1.184	1.131	1.047
淄博市	1.7	1.7	1	0.856	0.856	1	0.543	1.038	0.523	1.393	0.728	1.912	1.152	1.264	0.912	1.354	1.354	1	1.378	1.378	1
临沂市	1.213	1.213	1	1.345	1.345	1	1	1	1	0.488	0.739	0.66	1.264	1.264	1	1.535	1.535	1	1.271	1.271	1
洛阳市	1.252	0.512	2.447	1.069	1.113	0.961	1.055	0.965	1.094	1.307	0.954	1.37	1.201	3.482	0.345	1.043	1.049	0.995	1.077	1.106	0.974
南阳市	1.445	0.655	2.206	1.03	1.144	0.9	1.501	0.771	1.947	2.292	1.501	1.527	1.029	1.559	0.66	0.893	1.258	0.71	0.945	1.185	0.798
丽江市	1	1	1	1	1	1	0.853	0.853	1	1.172	1.172	1	1	1	1	0.697	0.697	1	1.434	1.434	1
张掖市	0.418	0.925	0.452	0.611	0.611	1	1.234	1.234	1	1.08	1.6	0.675	0.985	0.844	1.167	1.332	0.702	1.898	1.062	1.062	1

年份

成熟型城市

城市	2009~2010			2010~2011			2011~2012			2012~2013			2013~2014			2014~2015			2015~2016		
	GTFP	TC	EC	GTFP	TC	EC	GTFP	TC	EC	GTFP	TC	EC	GTFP	TC	EC	GTFP	TC	EC	GTFP	TC	EC
邯郸市	1.236	1.236	1	1.037	1.139	0.91	0.863	0.989	0.872	1.178	0.967	1.217	1.055	1.907	0.553	1.083	0.599	1.809	0.688	2.175	0.316
张家口市	1.078	1.02	1.057	1.044	1.1	0.949	1.068	1.169	0.914	1.031	0.972	1.061	1.044	1.217	0.858	1.039	1.086	0.957	1.075	0.814	1.321
邢台市	1.192	1.12	1.065	1.141	1.088	1.048	1.069	1.065	1.003	0.907	1.014	0.894	1.047	1.194	0.877	1.159	1.149	1.008	1.01	0.984	1.026
承德市	1.184	1.01	1.172	0.975	1.293	0.754	1.011	1.089	0.928	0.993	1.112	0.893	1.204	0.969	1.243	1.145	0.536	2.138	1.012	1.927	0.525
大同市	1.254	1.145	1.095	0.993	1.018	0.976	0.999	1.127	0.887	0.938	0.943	0.994	1.081	1.187	0.911	1.034	1.074	0.962	0.834	0.791	1.053
阳泉市	1.09	1.055	1.033	0.903	1.124	0.803	1.557	0.881	1.767	0.703	1.466	0.48	0.798	1.033	0.772	1.671	0.309	5.409	0.794	2.621	0.303
长治市	1.105	1.441	0.767	0.947	0.993	0.954	0.897	0.972	0.923	1.224	1.058	1.157	1.069	0.97	1.102	1.108	1.214	0.913	0.97	0.966	1.004
晋城市	1.028	1.035	0.994	0.945	0.894	1.058	1.026	1.038	0.989	0.958	0.961	0.997	1.073	0.94	1.141	0.984	1.191	0.827	0.783	0.99	0.791
忻州市	1.173	1.136	1.033	0.987	1.076	0.918	0.65	0.992	0.655	1.503	1.039	1.447	1.006	0.858	1.173	1.062	0.924	1.149	0.947	0.921	1.028
晋中市	0.918	1.268	0.724	0.967	1.067	0.907	0.977	0.982	0.994	0.884	1.085	0.815	0.992	1.046	0.948	0.908	1.084	0.838	0.939	0.861	1.09
吕梁市	0.743	1.88	0.395	1.442	1.442	1	0.47	0.47	1	1.244	1.244	1	3.132	1.237	2.531	1	1	1	0.694	0.694	1
临汾市	1.393	1.132	1.231	0.919	0.973	0.944	0.812	0.931	0.872	1.071	0.901	1.189	1.082	1.016	1.065	0.809	1.191	0.679	1.053	1.02	1.032
运城市	1.173	1.173	1	0.758	1.828	0.414	0.868	0.97	0.895	1.212	1.03	1.177	1.189	2.556	0.465	0.719	1.254	0.573	1.833	0.488	3.756
赤峰市	0.984	0.91	1.081	0.895	1.2	0.746	1.04	1.102	0.943	1.071	1.089	0.984	1.054	1.246	0.846	1.214	0.831	1.461	1.034	1.115	0.927
本溪市	1.347	0.846	1.591	0.949	1.121	0.846	0.7	1.124	0.623	0.717	0.989	0.725	1.323	1.123	1.178	1.156	0.974	1.186	1.124	1.102	1.02
吉林市	1.127	1.122	1.005	0.931	1.107	0.841	1.001	1.028	0.974	1.225	1.069	1.146	1.148	1.243	0.924	1.16	1.017	1.14	1.047	1.06	0.988
鸡西市	0.871	1.074	0.811	1.215	1.234	0.985	0.737	0.577	1.278	1.023	0.408	2.507	0.889	0.938	0.948	1.089	1.055	1.032	1.09	0.727	1.501
黑河市	1	1	1	0.979	0.979	1	1.214	1.214	1	1	1	1	0.783	0.783	1	0.783	0.783	1	1.075	1.075	1

年份

续表

成熟型城市

年份

城市	2009~2010			2010~2011			2011~2012			2012~2013			2013~2014			2014~2015			2015~2016		
	GTFP	TC	EC	GTFP	TC	EC	GTFP	TC	EC	GTFP	TC	EC	GTFP	TC	EC	GTFP	TC	EC	GTFP	TC	EC
大庆市	1.396	1.176	1.187	1.038	1.106	0.938	0.689	0.966	0.714	1.032	1.158	0.891	1.321	1.153	1.145	1.046	1.162	0.9	0.972	1.013	0.96
湖州市	1.137	0.878	1.295	1.036	1.557	0.665	1	1.099	0.91	1.08	1.027	1.052	1.14	0.837	1.363	0.562	0.562	1	1.13	1.13	1
宣城市	1.751	1.751	1	1.259	1.259	1	0.895	0.895	1	0.773	0.773	1	1.457	1.457	1	0.562	0.562	1	0.892	0.892	1
宿州市	1.095	0.773	1.417	1.072	1.033	1.038	1.033	1.136	0.909	0.999	1.316	0.759	1.177	0.974	1.209	0.935	1.169	0.8	1.035	0.971	1.066
滁州市	1.265	0.892	1.418	0.935	0.854	1.095	0.996	0.996	1	1.933	1.935	0.999	0.477	0.477	1	0.477	0.477	1	1.274	1.274	1
池州市	1.03	0.9	1.145	1.011	1.356	0.746	1.356	1.054	1.287	1.184	1.273	0.93	0.963	0.963	1	1.097	1.137	0.965	0.856	0.55	1.557
淮南市	1.065	0.98	1.087	1.148	1.062	1.081	1.059	1.167	0.907	1.261	1.006	1.254	1.121	1.21	0.926	1.121	1.147	0.977	0.904	0.732	1.236
亳州市	0.725	1.022	0.709	0.982	0.927	1.059	0.963	0.963	1	1.059	1.417	0.747	0.981	0.696	1.41	1.162	1.162	1	0.999	0.999	1
三明市	1.201	0.944	1.272	1.327	1.126	1.178	1.43	1.43	1	1.396	1.396	1	1.091	0.952	1.146	1.091	0.926	1.178	1.175	0.804	1.461
南平市	1.584	1.224	1.295	1.159	1.082	1.071	0.909	1.154	0.788	1.395	1.503	0.928	1.203	0.83	1.449	1.203	1.004	1.198	1.22	0.746	1.635
龙岩市	1.127	0.892	1.264	1.037	1.035	1.002	1.031	1.201	0.858	1.281	1.234	1.038	1.037	1.191	0.871	0.762	1.01	0.755	1.093	0.959	1.14
赣州市	1.242	0.694	1.79	1.257	1.033	1.217	1.038	1.038	1	1.847	1.847	1	1.257	1.257	1	0.936	0.936	1	0.505	0.505	1
宜春市	0.597	0.597	1	0.994	1.238	0.803	1	1	1	0.847	0.847	1	0.994	0.994	1	1.084	1.084	1	1.256	1.256	1
济宁市	1.031	1.23	0.838	0.997	1.091	0.914	0.992	0.989	1.003	1.084	0.953	1.137	1.152	1.21	0.952	1.152	1.107	1.04	0.913	1.081	0.844
东营市	1.234	1.234	1	1.275	1.192	1.07	1	1	1	1.161	1.01	1.149	1.186	1.186	1	1.186	1.186	1	1.252	1.252	1
莱芜市	0.864	2.215	0.39	1.383	1.178	1.174	0.986	1.252	0.788	1.382	0.539	2.564	0.835	0.539	1.549	0.835	2.459	0.34	1.068	0.866	1.232
平顶山市	1.218	1.094	1.113	1.194	1.06	1.127	0.994	1.09	0.912	1.253	0.999	1.254	0.868	1.23	0.706	0.868	1.112	0.78	0.97	1.03	0.942

续表

成熟型城市

年份

城市	2009~2010			2010~2011			2011~2012			2012~2013			2013~2014			2014~2015			2015~2016		
	GTFP	TC	EC	GTFP	TC	EC	GTFP	TC	EC	GTFP	TC	EC	GTFP	TC	EC	GTFP	TC	EC	GTFP	TC	EC
鹤壁市	1.181	0.972	1.214	0.949	1.029	0.922	1.349	1.179	1.144	1.21	1.127	1.074	0.965	0.925	1.043	1.212	0.89	1.362	0.909	1.246	0.729
三门峡市	1.108	1.108	1	1	1	1	1	1	1	1	1	1	1.353	1.353	1	1.548	1.548	1	1	1	1
鄂州市	0.991	0.863	1.148	0.416	0.736	0.565	0.762	1.199	0.635	1.262	1.043	1.21	3.367	1.073	3.139	0.417	0.932	0.447	3.638	1.626	2.237
衡阳市	1.308	0.819	1.597	0.733	1.135	0.646	0.831	1.1	0.756	1.151	1.159	0.993	1.466	0.861	1.702	0.884	1.627	0.543	1.047	1.179	0.887
邵阳市	1.139	1.064	1.07	1.201	1.201	1	1.9	1.9	1	1	1	1	1.114	0.707	1.576	1.107	1.107	1	0.879	0.879	1
郴州市	1.089	0.899	1.211	1.172	1.108	1.058	1.122	0.973	1.153	1.188	1.127	1.055	1.225	1.192	1.027	1.197	0.927	1.29	1.061	1.17	0.907
娄底市	1.161	1.154	1.006	0.973	1.037	0.938	0.994	1.132	0.878	1.345	0.985	1.366	2.904	1.306	2.223	0.436	0.436	1	0.738	1.925	0.383
云浮市	1.03	1.134	0.908	1.145	1.145	1	2.095	2.095	1	0.578	0.578	1	1.011	0.476	2.124	0.897	0.897	1	1.107	1.107	1
河池市	1.072	1.042	1.029	1.342	0.508	2.642	1.082	1.082	1	2.201	2.201	1	1.633	0.458	3.563	0.746	2.236	0.334	1.047	0.924	1.134
自贡市	1.064	1.064	1	1.003	1.003	1	1.185	1.185	1	1.526	1.526	1	1.262	1.262	1	0.82	0.82	1	1.279	1.279	1
攀枝花市	1.238	0.829	1.494	6.487	1.401	4.63	0.157	0.876	0.179	1.116	1.123	0.994	1.07	1.289	0.83	0.993	1.119	0.888	1.103	0.825	1.337
广元市	2.596	1.274	2.039	0.994	0.994	1	1.029	1.029	1	2.013	2.013	1	0.438	0.806	0.543	1.182	0.642	1.841	0.94	0.94	1
广安市	1	1	1	1.073	1.073	1	1.331	1.331	1	1	1	1	1	1	1	1	1	1	0.7	0.7	1
达州市	1.182	0.781	1.514	0.794	1.249	0.636	1.154	1.066	1.083	1.282	1.067	1.202	0.821	1.547	0.531	1.066	1.289	0.828	0.909	0.736	1.235
雅安市	1.264	0.984	1.284	1.031	1.031	1	1.049	1.049	1	2.319	2.319	1	2.121	1.19	1.782	0.554	0.554	1	0.72	0.72	1
安顺市	0.698	1.232	0.567	0.98	1.006	0.974	0.801	0.84	0.953	1.658	0.707	2.344	1.145	0.958	1.196	0.965	0.974	0.991	0.993	0.88	1.128
曲靖市	1.066	1.295	0.823	1.03	1.075	0.958	1.033	1.073	0.963	1.217	1.044	1.166	0.996	1.032	0.965	1.475	0.97	1.52	0.861	0.935	0.921

续表

成熟型城市

城市	2009~2010			2010~2011			2011~2012			2012~2013			2013~2014			2014~2015			2015~2016		
	GTFP	TC	EC	GTFP	TC	EC	GTFP	TC	EC	GTFP	TC	EC	GTFP	TC	EC	GTFP	TC	EC	GTFP	TC	EC
普洱市	1.175	0.74	1.586	0.899	0.899	1	0.997	0.997	1	1.04	2.203	0.472	0.961	0.742	1.295	0.953	0.953	1	0.679	0.679	1
保山市	1.235	1.235	1	1.011	1.089	0.928	1.052	0.688	1.529	0.97	1.888	0.514	0.319	0.319	0.551	1.096	0.988	0.551	1.035	0.81	1.278
临沧市	1	1	1	0.639	0.606	1	1.184	1.184	1	0.993	0.993	1	0.639	0.639	1	1.564	1.564	1	0.781	0.781	1
宝鸡市	1.089	1.066	1.022	0.981	1.012	0.97	1.132	1.147	0.987	1.138	1.112	1.023	1.09	0.896	1.217	1.177	1.067	1.103	1.15	1.14	1.009
渭南市	0.963	2.738	0.352	1.184	1.172	1	0.873	0.873	1	1.145	1.145	1	1.185	0.417	2.842	2.444	2.444	1	0.853	0.853	1
平凉市	1.124	0.631	1.781	0.961	0.749	1.284	0.978	1.203	0.813	1.07	0.573	1.866	0.811	1.323	0.613	0.878	1.127	0.78	0.991	0.922	1.075
克拉玛依市	1.295	0.852	1.52	1.021	0.297	3.439	0.741	2.582	0.287	0.97	1.81	0.536	1.216	0.344	3.535	0.903	2.427	0.372	0.979	1.253	0.782

年份

成长型城市

城市	2009~2010			2010~2011			2011~2012			2012~2013			2013~2014			2014~2015			2015~2016		
	GTFP	TC	EC	GTFP	TC	EC	GTFP	TC	EC	GTFP	TC	EC	GTFP	TC	EC	GTFP	TC	EC	GTFP	TC	EC
朔州市	0.929	0.948	0.98	1.062	0.863	1.178	0.799	1.082	0.738	1.299	1.155	0.837	1.268	1.268	1	1.056	0.405	2.607	0.906	1.943	0.466
呼伦贝尔市	1.065	1.292	0.824	1.377	0.914	0.979	1.011	1.058	0.933	1.305	0.947	0.955	0.476	0.476	2.892	0.752	1.461	0.514	1.008	1.193	0.845
鄂尔多斯市	0.547	0.547	1	2.769	2.769	1	1	1	1	2.741	2.769	0.985	2.203	2.203	1	1	1	1	1	1	1
松原市	1.449	0.928	1.562	0.956	0.885	1.08	1.002	1.017	0.985	1.244	1.244	1	1.339	1.875	0.714	1.235	1.72	0.718	0.851	0.889	0.958

年份

续表

成长型城市

城市	年份																				
	2009~2010			2010~2011			2011~2012			2012~2013			2013~2014			2014~2015			2015~2016		
	GTFP	TC	EC	GTFP	TC	EC	GTFP	TC	EC	GTFP	TC	EC	GTFP	TC	EC	GTFP	TC	EC	GTFP	TC	EC
贺州市	1.113	1.014	1.097	1.044	1.003	1	1.234	1.234	1	2.16	2.16	1		0.508	2.057	1.204	1.204	1	0.669	0.669	1
南充市	0.723	0.723	1	0.765	1.518	1	1.316	1.316	1	1	1	1		0.765	1	0.925	0.925	1	0.978	0.978	1
六盘水市	0.578	1.876	0.308	0.821	0.983	1.107	1.18	1.06	1.112	1.349	1.011	1.334		1.044	0.786	0.88	1.102	0.799	1.102	0.857	1.286
昭通市	1	1	1	0.523	1.468	0.631	1.134	0.716	1.584	1.055	1.055	1		0.523	1	0.859	0.859	1	0.911	0.911	1
咸阳	1.612	1.324	1.218	1.049	1.172	1	1.005	1.005	1	1.822	1.822	1		0.631	1.662	1.846	1.846	1	0.466	0.466	1
延安市	1	1	1	0.793	1.009	1	0.691	0.691	1	0.929	0.929	1		0.793	1	0.774	0.774	1	0.973	0.973	1
榆林市	1.648	1.648	1	0.97	1.077	0.901	0.797	1.017	0.784	1.445	0.968	1.493	0.613			0.857	1.334	0.642	0.603	1.057	0.571
武威市	1.085	1.085	1	1.614	1.05	1	1.097	1.097	1	1.457	1.457	1		1.614	1	1	1	1	0.596	0.596	1

衰退型城市

城市	年份																				
	2009~2010			2010~2011			2011~2012			2012~2013			2013~2014			2014~2015			2015~2016		
	GTFP	TC	EC	GTFP	TC	EC	GTFP	TC	EC	GTFP	TC	EC	GTFP	TC	EC	GTFP	TC	EC	GTFP	TC	EC
乌海市	0.897	4.678	0.192	0.808	1.229	0.657	1.216	1.162	1.046	1.276	1.071	1.191	0.981	1.122	0.874	1.348	0.991	1.361	1.071	0.638	1.678
抚顺市	1.205	0.797	1.512	0.96	2.815	0.341	0.42	0.937	0.448	0.987	1.2	0.823	1.129	1.29	0.93	1.129	0.408	2.77	1.169	1.169	1
阜新市	1.169	0.879	1.331	1.171	1.112	1.053	0.814	0.857	0.949	1.117	0.972	1.149	1.19	1.19	0.802	1.069	1.101	0.972	1.033	0.783	1.319

续表

衰退型城市

年份

城市	2009~2010			2010~2011			2011~2012			2012~2013			2013~2014			2014~2015			2015~2016		
	GTFP	TC	EC	GTFP	TC	EC	GTFP	TC	EC	GTFP	TC	EC	GTFP	TC	EC	GTFP	TC	EC	GTFP	TC	EC
辽源市	1.377	0.608	2.263	1.062	1.606	0.661	1.116	1.185	0.941	2.269	1.413	1.606	1.062	1.062	1	1	1	1	0.804	0.804	1
白山市	1.115	0.932	1.197	0.934	1.369	0.683	1.216	0.83	1.465	2.158	2.158	1	1.169	0.806	1.45	0.86	0.939	0.917	1.166	0.861	1.354
鹤岗市	0.993	1.05	0.945	0.92	0.472	1.948	0.968	2.66	0.364	1.224	0.446	2.748	1.025	0.926	1.107	0.95	0.992	0.957	1.035	0.464	2.229
双鸭山市	1.003	1.102	0.91	0.647	1.098	0.59	1.051	0.82	1.282	0.982	1.385	0.709	1.064	1.064	1	1.148	1.119	1.026	1.015	0.733	1.384
七台河市	1.077	1.088	0.99	0.915	0.898	1.018	1.088	0.38	2.86	1.126	3.916	0.287	1.017	0.834	1.22	0.772	1.158	0.667	1.03	0.653	1.578
伊春市	1.122	0.883	1.27	0.818	0.787	1	1.079	1.079	1	1.401	3.059	0.458	0.819	0.338	2.422	0.997	2.585	0.386	1.062	0.41	2.593
铜陵市	0.747	0.919	0.813	1.178	1.084	1.087	1.181	1.138	1.037	1.152	1.183	0.975	1.507	1.015	1.485	0.995	1.017	0.978	0.894	1.111	0.805
淮北市	1.042	1.037	1.004	1.127	1.137	0.991	1.018	1.162	0.876	1.2	0.902	1.33	1.145	0.987	1.16	1.211	1.129	1.072	0.964	0.891	1.082
景德镇市	0.727	1.134	0.641	1.115	0.883	1.263	0.979	1.116	0.877	1.088	1.189	0.914	1.588	0.82	1.937	1.332	1.263	1.054	0.77	0.972	0.793
萍乡市	1.108	1.108	1	1.094	1.203	0.909	0.987	1.2	0.822	1.077	0.938	1.148	1.049	2.137	0.491	1.227	0.602	2.037	0.749	1.466	0.511
新余市	1.072	1.072	1	0.983	1.181	0.832	1.109	1.163	0.953	1.105	0.985	1.123	0.864	1.141	0.757	0.988	1.159	0.852	0.968	0.821	1.179
枣庄市	1.016	1.016	1	0.929	1.083	0.857	1.109	1.024	1.083	1.053	1.054	0.999	1.044	1.568	0.666	0.896	1.278	0.701	1.046	1.096	0.954
濮阳市	1.177	0.88	1.338	1.077	1.09	0.988	1.144	1.047	1.092	1.985	1.247	1.592	1.187	1.03	1.152	0.966	1.162	0.832	0.981	0.966	1.015
焦作市	1.341	1.055	1.271	1.036	1.126	0.92	1.102	0.914	1.206	1.436	0.64	2.244	1.021	1.194	0.855	1.027	1.112	0.923	1.062	1.282	0.828
黄石市	0.867	1.085	0.799	0.767	1.01	0.759	1.189	1.219	0.976	1.114	1.076	1.035	1.179	1.044	1.129	1.569	1.234	1.271	1.076	0.923	1.166

续表

衰退型城市

城市	年份																				
	2009~2010			2010~2011			2011~2012			2012~2013			2013~2014			2014~2015			2015~2016		
	GTFP	TC	EC	GTFP	TC	EC	GTFP	TC	EC	GTFP	TC	EC	GTFP	TC	EC	GTFP	TC	EC	GTFP	TC	EC
韶关市	1.029	1.017	1.012	1.001	1.185	0.845	0.958	1.1	0.871	1.049	1.094	0.959	0.907	0.922	0.983	1.132	1.101	1.028	1.043	0.94	1.11
泸州市	1.102	0.925	1.192	1.167	1.022	1.142	1.143	1.178	0.971	1.184	1.346	0.88	1.304	0.601	2.17	0.84	1.448	0.58	1.012	1.166	0.869
铜川市	1.278	1.146	1.114	1.263	1.263	1	0.987	0.987	1	1.831	1.831	1	1.047	0.63	1.662	1.107	1.107	1	0.854	0.854	1
白银市	0.998	0.935	1.068	0.99	0.99	1	0.982	2.686	0.366	1.446	1.468	0.985	1.1	1.139	0.966	1.155	0.819	1.41	1.138	0.299	3.806
石嘴山市	0.957	1.101	0.869	1.043	1.259	0.828	1.082	1.052	1.029	1.164	1.058	1.1	0.99	1.222	0.81	1.129	0.957	1.179	0.935	0.676	1.382